LE
MARCHÉ MONÉTAIRE
ET SES CRISES
DEPUIS CINQUANTE ANS

PAR

M. ÉMILE DE LAVELEYE

PROFESSEUR D'ÉCONOMIE POLITIQUE
A L'UNIVERSITÉ DE LIÉGE

PARIS
GUILLAUMIN ET Cie, ÉDITEURS
De la Collection des principaux Économistes, du Journal des Économistes,
*Du Dictionnaire de l'Économie politique, du Dictionnaire universel
du Commerce et de la Navigation, etc.*
RUE RICHELIEU, 14.

1865

Paris.— Imprimerie de P.-A. BOURDIER et Cⁱᵉ, rue des Poitevins, 6.

LE
MARCHÉ MONÉTAIRE
ET SES CRISES
DEPUIS CINQUANTE ANS

PAR

M. ÉMILE DE LAVELEYE

PROFESSEUR D'ÉCONOMIE POLITIQUE
A L'UNIVERSITÉ DE LIÉGE

PARIS
GUILLAUMIN ET Cᶦᵉ, ÉDITEURS
De la Collection des principaux Économistes, du Journal des Économistes,
Du Dictionnaire de l'Économie politique, du Dictionnaire universel
du Commerce et de la Navigation, etc.
RUE RICHELIEU, 14.
—
1865

INTRODUCTION

La théorie des crises monétaires et commerciales est une des questions les plus importantes, mais en même temps les plus obscures de l'économie politique.

« Je suis loin de croire, disait à ce sujet M. Stuart Mill, que sur une matière si nouvelle, si difficile et qui n'a commencé à être bien comprise que par les débats de ces dernières années, l'expérience et la discussion n'aient plus rien à nous découvrir. Je suis convaincu qu'il en sortira des lumières nouvelles lorsque la connaissance des faits et des principes nécessaires pour éclaircir la question, sera répandue chez un plus grand nombre de personnes. »

Comme l'avait prévu l'éminent économiste anglais, les faits qui se sont produits sur le marché monétaire

en 1857, 1861 et 1863-1864, ont permis de mieux discerner les causes d'où résultent ces grandes perturbations financières. Ces faits sont exposés dans cette étude
avec quelques détails, au risque de fatiguer le lecteur
par leur monotomie; mais il faut signaler les moindres
circonstances quand il s'agit d'analyser des phénomènes aussi complexes, résultant de causes aussi peu
apparentes.

Les lois qui règlent les fluctuations de la circulation
et le mouvement des échanges, semblent maintenant
assez connues pour qu'on puisse presque toujours annoncer à l'avance les dangers qui menacent le marché
monétaire. On verra que plus d'une fois ces prédictions
financières se sont réalisées plus exactement sans contredit que celles de la météorologie, et il n'est pas besoin
d'insister pour montrer toute l'importance de cette découverte récente de la science économique, car on voit
aussitôt à quelles pertes, à quelles catastrophes peut
échapper l'homme d'affaires qui, connaissant les vrais
principes, voudra se livrer à un examen attentif des
faits du monde commercial. Il saura prévoir l'approche
du gros temps et des moments difficiles mieux même
que le marin, qui n'a pour se renseigner que le baromètre et l'état du ciel. Il serait téméraire peut-être
d'espérer que l'avenir sera complétement préservé des

désastres qui dans le passé ont désolé le marché monétaire, mais il est du moins permis de croire que,
s'il doit encore traverser de mauvais jours et des
périodes orageuses, le progrès des connaissances
financières saura en atténuer les plus fâcheuses conséquences.

LE
MARCHÉ MONÉTAIRE

ET SES CRISES

DEPUIS CINQUANTE ANS

PREMIÈRE PARTIE

HISTORIQUE DES CRISES

CHAPITRE I

LES CRISES MONÉTAIRES ET COMMERCIALES [1].

Depuis la fin du siècle dernier, il se produit de temps en temps dans l'ordre économique un phénomène nouveau et redoutable, qui a donné lieu en Angleterre à des débats approfondis dès l'origine, mais qui, jusqu'à ces dernières années, n'avait pas provoqué d'études spéciales de la part des théoriciens du continent, sans doute parce que de ce côté-ci du détroit on avait eu beaucoup moins à

---

1. On peut consulter sur ces questions de nombreux ouvrages, dont les suivants sont les plus importants : *Geschichte der Handelskrisen*, von Max Wirth, Frankfurt-am-Main ; *Les Crises commerciales*, par le docteur Clément Juglar ; *The Economist* ; *Die Geschichte der Preise*, von Th. Tooke und W. Newmarch, deutsch und mit Zusætzen versehen von Dr C. W. Asher, Dresden ; le *Dictionnaire d'économie politique*, de M. Mac Leod, au mot Crises commerciales, et celui publié par M. Guillaumin, au même mot.

souffrir du fléau. Je veux parler des crises monétaires et commerciales. Ces crises sont les tempêtes du monde des affaires. Elles font penser à ces ouragans terribles, à ces cyclones qui, dans les régions tropicales, se déchaînent à l'improviste, arrachant les arbres, brisant les navires, abattant les maisons, et semant de débris la terre et les eaux. Semblables à ces terribles convulsions des éléments, les crises exercent leurs ravages dans la sphère des échanges; elles renversent les maisons de commerce les mieux assises, elles jettent à bas les banques les plus solides, elles appauvrissent les riches, tuent les pauvres, et couvrent le sol de ruines. Les tempêtes du monde financier et celles du monde physique naissent et se propagent à peu près de la même manière. A la suite d'une série de beaux jours, la terre s'échauffe, l'atmosphère se charge d'électricité, les forces de la nature se tendent comme pour la lutte; bientôt le ciel se couvre, l'orage se prépare, approche et se déchaîne enfin, ravageant des contrées entières dans son vol destructeur. Ainsi dans le domaine économique vient d'abord une période où tout favorise les entreprises les plus diverses; la confiance est illimitée, l'or coule à flots; les fonds publics, les valeurs haussent de prix; l'intérêt baisse; l'aisance, la prospérité pénètrent partout. Soudain un point noir paraît dans le ciel serein, la nuée sombre grandit, s'étend et menace; la défiance se propage, le crédit se resserre, les bourses se ferment, l'argent disparaît, enfin la crise éclate et passe d'un pays à l'autre, laissant partout des traces désastreuses de son passage.

L'étude purement théorique de ces grands bouleversements économiques offrirait déjà un très-vif intérêt; mais ils commandent l'attention à un titre plus pressant, car ils atteignent et frappent plus ou moins toutes les classes de la société : les industries, pour qui les débouchés se ferment; l'agriculture, qui vend mal ses produits; les grandes compagnies, dont le chiffre d'affaires se restreint; les spéculateurs, qui voient avec effroi s'affaisser les meilleures valeurs; les artistes, que la commande délaisse; les plus puissants États même, dont les impôts rendent moins, et jusqu'à l'humble ouvrière, qui s'aperçoit que l'argent devient rare sans qu'elle puisse deviner la raison de cette gêne dont chacun se plaint. Jadis les crises locales demeuraient circonscrites dans un cercle étroit; aujourd'hui celles même qui sont produites par des causes locales ne tardent point à se généraliser. Les relations des peuples entre eux sont devenues si fréquentes, si intimes, que si, dans la circulation des valeurs qui enserre le globe entier de ses mille réseaux, il se produit quelque engorgement, quelque embarras, aussitôt le coup se répercute, et dans certaines circonstances donne naissance à une crise universelle. Il devient donc de plus en plus urgent d'étudier de près les lois qui président au développement de ces terribles phénomènes, afin d'arriver à connaître les causes qui les occasionnent et les symptômes qui les annoncent. Par l'examen persévérant des faits, les sciences naturelles ont réussi à découvrir la marche des grands courants qui sillonnent la profondeur des océans et la direction habituelle des vents qui soufflent à leur surface. Le baromètre et le télégraphe électrique leur permettent d'annoncer quelque temps à l'avance l'approche des ouragans, et le navigateur prudent, dûment averti, cargue ses voiles, reste au port, s'affermit sur ses ancres et échappe ainsi au naufrage. Il serait désirable que la science économique pût rendre le même service à tous ceux qui s'occupent de la production ou de l'échange. Si elle parvenait à déterminer aussi les signes précurseurs des tourmentes financières, ceux qui sont engagés dans des transactions commerciales ou industrielles prendraient leurs précautions et éviteraient souvent bien des pertes, bien des désastres.

Sans négliger les faits que nous offrent la France, les États-Unis et l'Allemagne, nous étudierons les crises monétaires principalement en Angleterre, parce que c'est là qu'elles se manifestent avec le plus d'intensité et de régularité. Grâce aux documents officiels, aux enquêtes parlementaires et aux recherches des hommes spéciaux, c'est là encore qu'on peut le mieux en saisir les caractères distinctifs. Nous tracerons d'abord l'historique des crises principales ; nous essayerons plus tard de découvrir la loi qui préside à la naissance et au développement du phénomène, en cherchant à tirer de cette étude les enseignements qu'elle peut offrir pour la pratique aussi bien que pour la théorie.

CHAPITRE II

Quand on aborde l'examen des crises commerciales en Angleterre, il est un fait qui frappe aussitôt, c'est le retour régulier et presque périodique de ces désastreuses perturbations. Des crises sérieuses ont éclaté en 1810, 1815, 1818, 1825, 1837, 1847, 1857, revenant ainsi au moins une fois tous les dix ans. Nous ne dirons que quelques mots des trois premières crises, celles de 1810, 1815 et 1818, parce qu'elles se produisirent sous l'empire de circonstances très-particulières, et notamment sous le régime d'un papier-monnaie à cours forcé. Nous y reconnaîtrons néanmoins sans peine les caractères essentiels du phénomène que nous avons à étudier. Dès le début de cette lutte gigantesque que l'Angleterre soutint pendant vingt-deux ans contre la France, en 1797 déjà, le parlement avait autorisé la Banque à suspendre le remboursement de ses billets. Comme cet établissement eut la sagesse de limiter ses émissions, — jusqu'en 1810 elles flottèrent entre 15 et 17 millions de livres sterling, — la valeur de ses *banknotes* se soutint et se releva souvent au niveau de l'or après une dépréciation momentanée. On ne peut point dire que cette circulation toute fiduciaire ait arrêté les progrès de la richesse publique, car celle-ci prit un si prodigieux essor, grâce à l'emploi de la vapeur et des machines nouvelles, que l'Angleterre put faire face à des dépenses de guerre, couvertes par l'impôt et l'emprunt, qu'on estime à 45 milliards de francs. Ce n'est point non plus le billet de banque à cours forcé qui produisit la crise de 1810 ; elle fut amenée par certaines causes que nous retrouverons dans toutes celles qui suivirent.

L'affranchissement des colonies espagnoles et portugaises à la suite de l'invasion de l'Espagne par les armées françaises semblait devoir ouvrir un marché illimité au commerce anglais. Celui-ci aussitôt inonda l'Amérique du Sud de produits de tout genre avec un empressement désordonné qui a fait époque dans les annales des exportations britanniques. En quelques semaines, on importa plus de marchandises à Rio-Janeiro et à Buenos-Ayres qu'on n'en avait demandé dans l'espace de vingt ans. On alla jusqu'à envoyer une cargaison de patins à des pays qui ignoraient ce que c'est que la neige et la glace, et la colonie de Sydney reçut assez de sel d'Epsom pour faire purger tous les habitants pendant cinquante ans une fois par semaine. En même temps que le commerce se livrait à ces spéculations peu réfléchies, un grand nombre de sociétés par actions se fondaient. Une liste insérée dans le *Monthly Magazine* du 12 janvier 1808 en indique quarante-deux, — chiffre considérable pour l'époque, — et de 1808 à 1810 le nombre des *country-banks* s'éleva de six cents à sept cent vingt. Tandis que d'un côté ce développement rapide du commerce et de l'industrie absorbait les capitaux, de l'autre les subventions aux puissances continentales et les importations extraordinaires de blé, de coton, de laine, de soie, etc. [1], qu'il fallait payer aussitôt, enlevèrent l'or qui restait dans la circulation, et ainsi l'intermédiaire des échanges devenait plus rare au moment même où on en avait le plus grand besoin. La réserve métallique de la banque tomba de 6 millions de livres sterling à 3 millions ; mais comme elle n'était pas tenue au remboursement, elle porta sa circulation en billets de 17 à 24 millions. Néanmoins le crédit se contracta, la défiance entrava le cours régulier des affaires, et les banqueroutes éclatèrent. Les négociants qui avaient fait des expéditions mal entendues vers l'Amérique furent les premiers frappés. Bientôt un grand nombre de maisons très-solides furent entraînées. Un journal financier de l'époque assure que la moitié des commerçants suspendirent leurs payements, et beaucoup de *country-banks* en firent autant. Le 11 avril 1811, le parlement décida qu'on ferait une avance de 6 millions sterling, en bons de l'Échiquier, aux négociants qui en seraient dignes ; mais déjà le fort de la crise était passé, et le succès des armées anglaises en Espagne comme l'ouverture du marché russe amenèrent une nouvelle période de prospérité.

1. Les importations de céréales et les subventions aux puissances du continent absorbèrent seules en 1810 plus d'un demi-milliard de francs. Le froment avait atteint le prix de famine de 118 shillings le *quarter*. Les importations comparées de 1808 et de 1810 s'élevèrent pour le coton de 43 millions de livres à 136 millions, pour la laine de 2 à 10 millions, pour la soie de 637,102 à 1,342,475.

Les crises de 1815 et 1818 furent moins graves. Celle de 1815 fut produite surtout par un excès de spéculation, auquel avaient donné lieu les espérances exagérées basées sur le retour de la paix. Cette fois les banques locales furent les principales victimes ; deux cent quarante d'entre elles succombèrent. 1816 fut encore une année difficile, mais l'année 1817 s'ouvrit sous les plus favorables auspices. Les affaires reprirent leur essor, la confiance reparut ; l'or était abondant, et la réserve métallique de la Banque s'éleva à 11,668,260 livres sterling, chiffre énorme qui n'avait jamais été atteint, et qui permit même de reprendre momentanément les payements en espèces. Malheureusement cette situation favorable ne dura pas longtemps. L'abondance de l'argent en Angleterre y avait naturellement fait baisser le taux de l'intérêt. Les emprunts émis par la France, l'Autriche et la Russie offraient au contraire des placements très-avantageux, qui séduisirent les capitalistes anglais. Pendant l'automne de 1817 et durant toute l'année 1818, il se fit de grandes importations de céréales et d'autres marchandises à des prix élevés [1]. Il en résulta la nécessité de faire à l'étranger de fortes remises. Le change devint défavorable et comme conséquence inévitable l'or s'écoula rapidement. La réserve métallique de la Banque, qui dépassait 11 millions de livres sterling au 31 août 1817, tomba à 8 millions en mars, à 6 en avril et à 5 en novembre 1818. Les suites ordinaires d'une diminution dans la quantité des instruments de l'échange

1. Le chiffre des importations pour la consommation intérieure monta de 11,306,934 livres sterling en 1816 à 23,019,773 en 1818.

ne tardèrent point à se déclarer : contraction du crédit, avilissement de toutes les valeurs, pertes sur les marchandises importées, faillites, crise. La Banque avait dû suspendre ses remboursements en argent, tout volontaires du reste. Quand la situation se fut de nouveau détendue en 1819, le parlement, sous l'inspiration de Robert Peel, vota le bill pour la reprise des payements en espèces, qui eut lieu effectivement en mai 1821, quand la réserve métallique atteignit le chiffre, inouï jusqu'alors, de 11,900,000 livres sterling.

Après ce coup d'œil rapide jeté sur les crises relativement graves de 1810, 1815 et 1818, nous allons maintenant étudier de plus près celle de 1825, qui nous offrira des caractères presque semblables, mais sur une plus large échelle. Le souvenir de cette grande convulsion économique s'est conservé en Angleterre comme celui du tremblement de terre de Lisbonne en Portugal ou des éruptions du Vésuve à Naples, et ceux qui y ont assisté n'en parlent encore qu'en frémissant. Les romans mêmes font intervenir les catastrophes de la terrible année dans la trame de leurs fictions [1]. Le grand incendie de Londres ne laissa pas après lui une plus profonde impression. A partir de 1822 s'ouvrit une ère de prospérité sans exemple. Le commerce et l'industrie prirent un prodigieux essor. La consommation

---

1. Dans un roman intitulé *A Gentleman*, qui a obtenu naguère un légitime succès en Angleterre, la physionomie de la crise de 1825 est admirablement décrite. La détresse des industriels, la misère des ouvriers, les *riots*, les émeutes, les *runs* sur les banques, tout cela est peint sur le vif. Le héros, John Halifax, sauve la banque locale en y apportant un sac rempli d'or au moment où la foule réclame le remboursement.

des filatures de coton s'éleva en peu d'années de **250,000**
à **1** million de balles. L'argent était si abondant que la réserve métallique de la Banque se maintint presque constamment, en 1823 et 1824, aux environs de 12 millions
de livres sterling. Le gouvernement profita de cette situation favorable du marché monétaire pour convertir successivement les anciens emprunts 5 p. 100 en 4 1/2 et le 4
p. 100 en 3 1/2. Les consolidés 3 p. 100 suivaient une
marche ascendante continue. En avril 1823, ils étaient à
73, en octobre à 83, en janvier 1824 à 86, et en novembre
ils avaient atteint le taux inouï de 96. Il y avait surabondance, pléthore du capital, qui avait cessé de trouver dans
le pays un placement rémunérateur. C'est alors qu'on
commença de jeter les yeux au dehors pour chercher un
emploi plus avantageux. Les emprunts des États européens
contractés dans les années précédentes avaient donné de
beaux revenus et des bénéfices considérables par suite de
la hausse de toutes les valeurs. Séduits par ces résultats
brillants, les capitalistes se montrèrent disposés à prêter
leur argent à tous les États besoigneux des deux mondes.
Les jeunes républiques de l'Amérique du Sud, nouvelle-
ment reconnues, se jetèrent avec avidité sur ces trésors
inépuisables qui leur arrivaient des sombres pays du fer et
du charbon. De 1821 à 1824, l'Angleterre souscrivit à des
emprunts étrangers pour un capital de 48,480,000 livres
sterling, soit 1 milliard 200 millions de francs. Sur la liste,
nous voyons figurer le Mexique pour 6,400,000 livres
sterling, la Colombie pour 6,700,000, le Chili pour
1,000,000, Buenos-Ayres pour 1,000,000, Guatemala pour

1,400,000, le Pérou pour 1,300,000, Guadaxalara pour
600,000. Nul État, si inconnu, si dépourvu fût-il, ne frap-
pait en vain à la porte du grand banquier de l'univers.

Ces larges écoulements ne semblaient toutefois pas suf-
fire à absorber le flot montant de la richesse nationale. De
toutes parts surgirent des sociétés par actions. Vinrent
d'abord les compagnies pour l'exploitation des mines de
métaux précieux en Amérique. Les récits des voyageurs
les plus compétents, ceux de Humboldt entre autres, tou-
chant la merveilleuse richesse des gîtes argentifères du
Mexique et du Pérou, enflammaient les imaginations. Par
suite des luttes de l'indépendance, les mines avaient été
délaissées ; mais si les filons fameux de la Valenciana et de
la Veta-Grande avaient donné de si fabuleux produits avec
le travail primitif des Indiens, que de trésors ne livreraient-
ils pas à l'industrie britannique, munie de ses machines
perfectionnées et des forces illimitées de la vapeur ! Les
noms sonores de ces districts lointains exerçaient une fas-
cination irrésistible. On croyait que les merveilles du Po-
tosi seraient dépassées, et on s'attendait à voir couler des
hauteurs de Zacatecas et de Guanaxato des fleuves inin-
terrompus de métaux précieux. Les actions des compagnies
minières étaient disputées avec fureur, et par suite montaient avec un élan vertigineux. Celles de l'*Anglo-Mexican*,
du *Brasilian* et du *Columbian*, sur lesquelles 10 livres
étaient versées, se cotaient en décembre 1824 au delà de
100 livres, et en janvier 1825 elles atteignaient respectivement 158, 166 et 182. Le *Real del Monte*, avec 70 livres versées, en valait 1,350. En même temps se fondaient

d'innombrables sociétés industrielles. Parmi les principales, on comptait 20 sociétés pour établir des chemins
de fer, 22 banques et maisons d'assurances, 11 compagnies pour le gaz, 9 pour des canaux, 27 pour des manufactures, beaucoup d'autres enfin pour fonder des brasse-
ries, construire des bateaux à vapeur, bâtir des docks, etc.
En tout, les souscriptions connues dépassèrent 100 millions de livres ou 2 milliards et demi de francs. Dans la
session de 1825, le parlement reçut 438 demandes de concession et en accorda 286. Les entreprises les plus incon-
sidérées trouvaient des actionnaires confiants. On vit s'établir ainsi une société pour percer l'isthme de Panama, dont
on ne connaissait pas encore la configuration, une autre
pour pêcher des perles sur les côtes de la Colombie, une
autre enfin pour convertir en beurre le lait des vaches des
pampas de Buenos-Ayres et pour y multiplier les poulets,
afin d'en envoyer les œufs au marché de Londres. La confiance était sans bornes, parce que tout le monde gagnait
et que toutes les valeurs faisaient prime. Il suffisait de
souscrire à n'importe quoi et de posséder le moindre titre
mobilier pour réaliser des bénéfices. La fable du roi Midas
se réalisait, et nul ne songeait à s'en plaindre : tout ce
qu'on touchait se changeait en or. Toutes les classes se
lancèrent dans l'arène de la spéculation ; chacun prenait
part à ce *steeple-chase* universel, qui avait pour but la
fortune acquise sans effort. Comme il ne fallait verser d'a-
bord que 5 ou 10 p. 100 des sommes souscrites, il semblait facile de gagner beaucoup en exposant très-peu. C'é-
tait un entraînement de plus auquel bien peu résistèrent.

« On vit alors, dit l'*Annual Register* de 1824, des hommes de tout rang et de tout caractère, les prudents et les audacieux, les novices et les roués, les gens les plus simples comme les plus habiles, les plus méfiants comme les plus confiants, des ducs, des lords, des avocats, des médecins, des théologiens, des philosophes, des poëtes, des ouvriers et de petits employés, des femmes, des veuves, des jeunes filles, exposer une partie de leur avoir en des entreprises dont ils connaissaient à peine le nom, et dont ils ignoraient certainement le but. »

L'argent facilement acquis se dépense facilement aussi, dit-on. Tant de fortunes si rapidement accrues, tant de bénéfices, sans perte aucune, répartis entre tant de mains, amenèrent un accroissement correspondant dans la demande de toutes les marchandises, et comme l'offre ne pouvait immédiatement y faire face, le prix de toutes choses s'éleva. Le coton monta de 8 *pence* la livre en 1824 à 17 *pence* en 1825. Le tabac, le sucre, le café, les épices, la soie, se vendirent de 30 à 100 p. 100 plus cher d'une année à l'autre. Il en résulta des profits énormes pour tous les détenteurs, et la fièvre de la spéculation se tourna bientôt aussi de ce côté. Les négociants ne se contentèrent pas de spéculer sur les produits existants dans le pays ; déterminés par les hauts prix, ils envoyèrent des ordres considérables à l'étranger. Par suite, en 1825, les importations des principales marchandises furent à peu près doublées. Elles s'élevèrent, pour le coton, de 149 millions de livres en 1824, à 228 millions en 1825, pour la laine, de 22 millions à 43, pour le lin, de 742,000 livres à 1,055,233.

L'Angleterre offrit alors un prodigieux spectacle. Cette petite île, à peine sortie d'une longue guerre, où elle avait dépensé plus de 45 milliards, malgré sa dette de 23 milliards, malgré les impôts énormes qui semblaient devoir l'accabler, se croyait assez riche pour contracter en moins de deux ans jusqu'à 4 milliards d'engagements. Relativement à un si gigantesque mouvement d'affaires, il semble que l'instrument des échanges, numéraire et billets, devait être très-insuffisant. La Banque n'avait pas augmenté sa circulation fiduciaire ; le montant de ses *notes* n'avait guère dépassé la moyenne, ordinaire alors, de 20 millions de livres. Les banques provinciales, jouissant depuis 1822 de l'autorisation d'émettre des billets au-dessous de 5 livres, avaient, il est vrai, affirme-t-on, porté leurs émissions de 4 millions à 11 millions. Ce papier, lancé dans la circulation, put contribuer à la hausse des prix ; il ne détermina pas cependant la crise, comme on l'a prétendu, car la plupart des opérations se faisaient à terme et par des crédits aux livres, et n'exigeaient pas de payements immédiats, ni par conséquent l'emploi des billets. Les spéculateurs achetaient au moyen de la puissance d'acquisition que représentait leur avoir tout entier ; c'était donc comme si toutes les fortunes, monnayées par le crédit, étaient venues se faire concurrence sur le marché, ce qui avait amené cette hausse extraordinaire de toutes les valeurs et de toutes les marchandises. La hausse se soutint aussi longtemps que l'argent fut abondant, et que par suite la confiance générale se maintint : elle atteignit son apogée dans les premiers mois de 1825 ; mais déjà le numéraire commen-

çait à s'écouler. Les emprunts et les compagnies minières
de l'Amérique emportèrent à l'étranger des quantités
énormes d'or et d'argent. Les exportations anglaises ne
suffisaient pas à couvrir les importations extraordinaires
faites par la spéculation. Le change devint défavorable : il
fallut sans cesse, pour couvrir la différence, faire des remises en métaux précieux, et à partir du mois de mars, la
réserve de la Banque diminua rapidement. Au 31 août 1824,
elle était de 11,700,000 livres sterling ; au mois d'avril,
elle n'est plus que de 6 millions et demi ; en juillet, elle
tombe à 4 millions, en octobre à 3 ; en décembre, il ne
restait plus qu'un million. On était à la veille de la suspension des payements en espèces. La Banque n'en était
pas encore arrivée alors à suivre la marche qu'elle adopte
maintenant en pareilles circonstances, et qui consiste à
retenir l'or par la contraction de l'escompte ainsi que par
la hausse du taux de l'intérêt. Elle n'éleva ce taux de 4 à 5
que le 17 décembre, quand la crise sévissait déjà dans
toute son intensité. Loin de restreindre l'escompte et la
circulation fiduciaire, elle l'étendit au contraire pour venir
en aide au commerce, et afin que ses billets prissent,
comme moyens d'échange, la place du métal disparu ; elle
ne considérait pas que c'était aider à le chasser encore
plus vite ou tout au moins à l'empêcher de revenir. Elle
s'avançait ainsi dans une impasse au bout de laquelle il n'y
avait qu'un moyen de salut, la suspension des payements
en numéraire et le cours forcé. Du commencement à la fin
de décembre, elle doubla ses escomptes en portant l'émission de ses *notes* de 17 à 26 millions. Elle lança dans la

circulation tous ses billets et jusqu'à un vieux paquet de *banknotes* d'une livre oublié dans une armoire, tandis que la caisse était presque complétement à sec. La Banque ne fut sauvée que par des expédients. Le 27 décembre, elle reçut de la maison Rothschild 300,000 livres en or, et bientôt il lui arriva de Hollande et de France des envois de métaux précieux qui reconstituèrent sa réserve.

Quoique la Banque n'eût ni contracté l'escompte ni élevé le taux de l'intérêt, la crise n'en avait pas moins éclaté, occasionnant partout de terribles désastres. A mesure que l'argent devenait plus rare, le crédit se restreignait. Tous ceux qui avaient pris des engagements à terme, soit pour des marchandises, soit pour des valeurs ou des entreprises, étaient obligés de vendre, et comme leur nombre était très-grand, il y avait un immense excès dans l'offre. Tout le monde se présentait au marché comme vendeur, personne comme acheteur. Il en résulta un avilissement extrême des prix. Les négociants obligés de réaliser ne pouvaient le faire qu'à 30 ou 40 p. 100 de perte. L'argent avait disparu du marché, ceux qui en possédaient ne voulant s'en séparer à aucun prix, ni pour le prêter, ni pour acheter. L'inquiétude et la défiance dégénérèrent en panique : l'on se rua sur les banques; il y eut ce que les Anglais appellent énergiquement un *run*, un assaut général. Comme elles sont tenues de faire face à des engagements à vue, ce sont elles qui succombent d'abord. Dans le seul mois de décembre, soixante-dix suspendirent leurs payements. La chute du *London Bank*, Pole et Cⁱᵉ (17 décembre), entraîna celle d'un grand nombre de banques provinciales

avec qui elle avait des relations. Les détaillants, les petits
fermiers, qui avaient reçu des *notes* d'une livre, se trouvaient à leur tour dans l'impossibilité de payer leurs propriétaires. C'était un enchaînement de pertes retombant
des uns sur les autres et répandant dans toutes les classes
de la société la gêne, la ruine et le désespoir. Un écrivain
de talent, économiste distingué, miss Martineau, a peint
en quelques traits la physionomie du pays pendant ces
terribles moments : « Sur la place publique, dans les vil-
lages, dit-elle, la foule se rassemblait atterrée, et l'on entendait ce cri sinistre : la banque du district a suspendu
ses payements ! Ici on voyait les hommes roulant dans
leurs mains crispées un billet de banque désormais inutile,
là des femmes pleurant et gémissant. Les échanges étaient
complétement suspendus ; on ne pouvait plus ni vendre ni
acheter. L'argent s'était écoulé hors du pays ou demeurait
caché au fond des coffres-forts, et on considérait tout billet
avec une telle terreur qu'on eût cru qu'il allait brûler les
doigts de celui qui l'aurait accepté. Plutôt que de recevoir
du papier, les cultivateurs fuyaient les marchés. La confiance et la gaieté avaient disparu. Plus de luxe, plus de
fêtes, plus de brillantes toilettes, plus d'équipages ; chacun
se réduisait à ce qui est strictement nécessaire pour vivre.
On assiégeait les bureaux de poste pour avoir des nouvelles,
et chaque jour apportait son contingent de faillites. L'imagination agrandissant encore le mal, on se croyait à la
veille d'une catastrophe générale où toutes les fortunes
auraient disparu, englouties comme dans un abîme. » Ce
tableau ne paraîtra pas exagéré, lorsqu'on songe que la

crise atteignit toutes les classes : les négociants par l'avilissement de tous les prix, — les spéculateurs, et qui n'avait pas spéculé? par la baisse de toutes les valeurs et par la ruine de tant d'entreprises mal conçues, — les industriels par la fermeture des débouchés, les campagnes par la suspension des *country-banks*. Les ouvriers sans ouvrage, réduits à vivre de l'aumône publique, se jetèrent sur les usines et brisèrent les machines, qu'ils accusaient d'avoir causé tout le mal en inondant les marchés de produits surabondants. Dans presque tous les comtés, il y eut des désordres, des émeutes, des luttes à main armée.

La crise dura encore tout le mois de janvier 1826, perdant toutefois chaque jour de sa violence. Les faillites furent encore nombreuses; mais quand on apprit que l'or commençait à refluer vers les caisses de la Banque, un rayon d'espoir releva les courages abattus. Le gouvernement autorisa la Banque à faire des avances sur marchandises jusqu'à concurrence de 3 millions de livres sterling. L'annonce seule de la faculté offerte aux négociants de se procurer des ressources suffit [pour faire renaître la confiance et pour rendre la mesure à peu près inutile, car les prêts ne dépassèrent point 400,000 livres sterling. Quand cette violente tourmente eut nettoyé le monde commercial des éléments impurs que l'excès du crédit et de la spéculation y avait accumulés, le ciel s'éclaircit peu à peu. On entendait bien encore de temps à autre le craquement sinistre d'une banqueroute retardée à force d'efforts et de sacrifices, mais c'étaient comme les derniers grondements d'un orage qui s'éloigne et que suivra bientôt le retour du beau temps. Vers la fin de l'année 1826, le commerce et l'industrie avaient déjà repris le train ordinaire de leurs affaires. La réserve métallique de la Banque d'Angleterre dépassant 7 millions, l'escompte fut réduit à 4 p. 100. Dès le mois de janvier, le parlement s'était occupé des causes de la crise, et le comité d'investigation qu'elle nomma l'attribua en grande partie aux émissions exagérées des banques provinciales dans un moment où il aurait fallu les restreindre, afin de modérer la fièvre de spéculation et arrêter la fuite de l'or. Pour éviter autant que possible le retour d'une semblable calamité, et surtout pour y soustraire les classes moyennes et inférieures, on interdit, sauf pour l'Écosse, la circulation des billets de moins de 5 livres.

Dans une brochure que publia en mai 1847 lord Ashburton, — le fameux banquier Baring, — sous le titre de *Financial and commercial crises considered*, la marche de la crise de 1825 est admirablement retracée. « Deux causes, y lit-on, tendent ordinairement à enlever l'or à la banque, tantôt des perturbations commerciales ou politiques dans le pays même, tantôt les demandes de l'exportation amenées par un change défavorable. Après que les trop grandes facilités accordées par la Banque eurent poussé jusqu'à la folie les spéculations les plus diverses, tout crédit disparut, excepté celui de la Banque. Dans les villes et dans les comtés, les banques privées tombèrent en foule. La panique était si grande que les maisons les plus solides furent assaillies par quiconque avait la moindre créance à faire valoir sur elles ; ce furent surtout les dépôts qu'on réclama partout. Un des banquiers les plus riches et les plus considérés de la province me dit alors qu'il ne put dormir aussi longtemps qu'il ne se fut pas procuré l'argent nécessaire pour rembourser tous ses billets jusqu'au dernier ; mais on peut se figurer au prix de quels sacrifices !

« Tout l'or, à quelques mille livres près, fut enlevé à la Banque, et le soir d'un certain samedi il ne resta, pour ainsi dire, plus rien. On adressa à lord Liverpool les plus vives instances pour qu'il se décidât à ce qui semblait inévitable, j'entends à autoriser la suspension des payements en espèces. Cela donna lieu à une conférence entre lui, M. Huskisson, le gouverneur de la Banque et moi.

« En ce qui concernait la situation présente, — les crises ne se ressemblant jamais complétement, — il nous sembla évident que le crédit de la banque n'était aucunement ébranlé et que nul ne refuserait d'accepter ses billets ou même de donner de l'or en échange. On ne demandait plus de numéraire pour l'exportation, l'état des changes s'y opposait ; les besoins provenaient uniquement de la situation intérieure. Ce qui manquait, c'était un moyen d'échange dans lequel chacun eût confiance, au lieu d'un intermédiaire dont tout le monde se défiait. Les billets de la banque, à cet effet, valaient de l'or et étaient même préférables, car on pouvait les envoyer plus facilement dans les endroits où on en avait le plus pressant besoin. Cela étant admis, nous nous mîmes bientôt d'accord sur ce qu'il y avait à faire. Quoiqu'il n'y eût plus d'encaisse, nous décidâmes une nouvelle émission, et un *paquet* de 1 million et demi ster-

ling de *notes* d'une livre, trouvé par hasard, fut aussitôt
lancé dans la circulation. Le résultat fut excellent. Le pays
obtint un intermédiaire des échanges dans lequel tout le
monde avait confiance, et l'or rendu inutile reflua vers
la Banque. De cette façon, l'émission fut portée de
19,750,000 l. st. en décembre 1825, à 24,500,000 l. st.
en mars 1826. Après que les *banknotes* eurent rempli leur
office, leur chiffre retomba au niveau habituel de 20 millions.

« Je ne veux pas en conclure qu'une émission nouvelle
soit toujours un moyen à conseiller. Il faudrait agir d'une
façon tout opposée si le besoin d'or résultait d'un change
défavorable ; mais à la fin de 1825 je crois qu'il n'y avait
rien de mieux à faire. »

Pendant la même année 1825, la place de New-York
avait subi une convulsion analogue à celle qui avait causé
tant de ravages en Angleterre. Au printemps, l'argent
était abondant, le crédit illimité ; par suite essor des entreprises nouvelles, immenses achats de marchandises par
spéculation, de coton principalement. Au mois de juillet,
l'argent disparaît. Le niveau métallique s'abaisse outre
mesure dans les caisses des banques, l'instrument des
échanges se raréfie et le crédit se contracte. Tous les prix
tombent, l'escompte s'élève à 30, à 36 p. 100. Au mois
d'août commencent les faillites, qui se succèdent jusqu'à
liquidation complète des opérations mal engagées et des
maisons trop peu solides pour résister à l'épreuve.

Pendant dix ans, le marché anglais ne subit point de
secousses qui méritent d'être signalées. L'année 1836 s'ou-

vrit avec tous les symptômes d'une grande prospérité. Les prix montaient, l'escompte était facile, nul symptôme alarmant n'entravait l'élan des affaires. Beaucoup de compagnies de chemins de fer se fondèrent au printemps. On vit s'établir aussi 42 nouvelles banques avec au moins 200 succursales, ce qui portait le chiffre total de ces établissements de crédit à 670, comptant près de 37,000 actionnaires. Tout à coup l'or commence à s'écouler à flots vers l'Amérique, où le président Jackson s'efforçait d'étendre la circulation métallique. Quoique la Banque restreigne ses escomptes et en élève le taux, sa réserve tombe à 4 millions. Aussitôt le crédit se contracte ; le *money-market*, le marché monétaire, présente les signes précurseurs des catastrophes. Le 14 novembre 1836, l'importante Banque irlandaise, *Agricultural and commercial Bank*, tombe avec ses 30 succursales. On se rappelle les désastres de la terrible année 1825, et partout on demande le remboursement des billets aux banques provinciales. La Banque d'Angleterre vint au secours des plus menacées. En même temps elle repoussa à l'escompte les traites des maisons américaines qui lui soutiraient son encaisse. Il en résulta de mars à juillet 1837 d'importantes faillites parmi les maisons engagées dans le commerce avec les États-Unis. Comme la plupart des industries n'étaient point surchargées d'engagements, les désastres s'arrêtèrent là. A l'automne, les affaires avaient repris leur marche accoutumée. En 1839 éclata une nouvelle crise financière, causée cette fois par les fluctuations du commerce international avec le continent. Pendant plus d'une année, c'est-à-dire depuis le milieu de 1838 jusqu'en novembre 1839, le change fut constamment contraire à l'Angleterre, ce qui signifie qu'il était avantageux d'exporter des métaux précieux de Londres vers le continent. Ce *drainage* ininterrompu de l'or, qui finit par conduire la Banque à la veille d'une nouvelle suspension, était dû à différentes causes : l'importation d'une grande quantité de céréales à des prix élevés qui emportèrent environ 10 millions livres sterling, — les besoins de numéraire de la Russie et de la Suède, qui firent venir beaucoup d'argent de Londres par la voie de Hambourg, — le bas prix des valeurs en France et en Belgique, suite de la crise de 1838, qui attira les capitaux anglais. On reproche aussi à la Banque d'avoir méconnu les nécessités du moment en laissant son escompte à 3 1/2 p. 100 jusqu'en mai, lorsque déjà la réserve était tombée à 5 millions. Elle descendit même un moment à 2 millions 1/2 contre une circulation en billets de 17 millions 1/2. La direction vit enfin l'abîme vers lequel elle marchait ; le taux de l'escompte fut porté de 5 à 6, et dans son effroi elle eut recours à des expédients désespérés, indignes, a-t-on dit, du plus puissant établissement du monde. Elle accepta l'assistance de douze des principaux banquiers de Paris, qui, par l'entremise de la maison Baring de Londres, lui ouvrirent un crédit de 2 millions de livres sterling. Grâce à l'élévation du taux de l'escompte, l'argent commença de refluer vers l'Angleterre, et la crise se dissipa peu à peu. Le nombre des faillites avait été considérable ; l'industrie souffrit beaucoup, et la classe ouvrière, privée de travail, ouvrit l'oreille aux théories chartistes. En somme néanmoins, il y eut en 1839 une gêne très-forte du *money-market,* plutôt qu'une véritable tourmente économique. D'autres pays eurent à subir des épreuves plus terribles que l'Angleterre. En Amérique, la crise, qui durait depuis 1836, arriva à son apogée en 1839, par la suspension et la liquidation définitive de la Banque des États-Unis. Dans la seule année 1839, 959 banques avaient suspendu. De 1837 à 1839, les statistiques officielles constatèrent 33,000 faillites et une perte de 440 millions de dollars. En Belgique la banque principale suspendit (1838), et toutes les valeurs baissèrent énormément. Les actions industrielles étaient tombées à vil prix, et il y eut des pertes considérables. En 1839, la crise atteignit Hambourg. L'escompte s'éleva, chose inouïe alors, à 7 p. 100 ; beaucoup de maisons faillirent ; la place fut profondément ébranlée et couverte de ruines. La France même, quoiqu'on ne pût lui reprocher d'abuser du crédit et de la circulation fiduciaire, n'échappa point à l'ébranlement général. De janvier à juillet 1839, on constata à Paris plus de 600 faillites importantes, parmi lesquelles 93 de sociétés par actions, qui occasionnèrent une perte de 148 millions de francs.

CHAPITRE III

Ces embarras si fréquents et si graves de la circulation appelèrent de nouveau, vers cette époque, l'attention du parlement anglais. Un certain groupe d'économistes et d'hommes pratiques très-versés dans les questions financières attribuaient alors ces perturbations sans cesse renaissantes à l'emploi exagéré des billets de banque qui expulsaient du pays le véritable intermédiaire des échanges, l'or et l'argent. Les écrits de Mac-Culloch, de W. Clay, du colonel Torrens, de M. Loyd et de M. Norman entraînèrent l'opinion, et Robert Peel put faire voter le fameux *act* de 1844, qui a donné lieu depuis à tant de débats. Par cette loi, la Banque d'Angleterre était autorisée à émettre 14 millions de billets, et les banques de province 8 millions. Au delà de ces 22 millions (550 millions de francs), toute émission nouvelle devait être couverte par une contre-valeur en métaux précieux. De cette façon, l'intermédiaire des échanges, composé de billets et de numéraire, ne pouvait s'étendre que dans la mesure où il se serait accru, s'il avait été composé uniquement de métaux précieux. On espérait combattre ainsi la hausse des prix, produite, assurait-on, par une trop forte émission de monnaie de papier, laquelle avait pour conséquence l'exportation du métal et par suite les crises. L'*act* de 1844 était bien conçu en vue du but qu'on voulait atteindre, qui était de maintenir de plus fortes réserves métalliques ; mais il était insuffisant pour arrêter le retour périodique des crises, puisque dès 1847 il en éclatait une aussi grave au moins que les précédentes, et qui cette fois atteignit la France presqu'aussi rudement que l'Angleterre.

En Angleterre, la période d'expansion et de prospérité croissante commença vers 1843. En 1844, le capital s'accumule et cherche un emploi. L'or afflue à la Banque ; son encaisse dépasse 15 millions ; l'escompte officiel est abaissé à 2 1/2, et dans Lombard-street le papier *irréprochable* est accepté à 2 0/0, à 1 1/2 même, affirme-t-on. Jamais l'intérêt n'était tombé si bas. On voyait approcher le moment où le prêt serait gratuit et ne rapporterait plus aucun avantage au prêteur. Les consolidés montaient d'une manière continue : en 1845, ils atteignirent le pair ; comme en 1825, tous les symptômes d'une surabondance de capital se manifestaient. Dans les canaux de la circulation, il y avait pléthore : il fallait un écoulement à cette richesse qui cherchait un placement. En ce moment, les résultats avantageux que produisait depuis quelque temps l'exploitation des chemins de fer construits dans les dix dernières années commencèrent à fixer l'attention publique. Les faiseurs de projets apparurent ; les compagnies se constituèrent, faisant appel aux capitaux, et ceux-ci répondirent avec empressement. Déjà, en 1844, le parle-

ment accorda la concession de 800 milles qui devaient
coûter 400 millions de francs ; mais l'année suivante cela
dégénéra en fureur, en manie. Les prospectus pullulèrent
avec cartes et documents à l'appui ; le nombre des litho-
graphes devint tellement insuffisant qu'on en fit venir
d'un coup 400 de Belgique. 678 nouvelles demandes de
concession furent soumises au parlement, qui en vota 136.
En 1846, on concéda encore 260 nouveaux chemins, et
148 en 1847. L'*Economist* calcula que la construction des
voies votées durant ces quatre dernières années devait en-
traîner une mise dehors totale d'environ 5 milliards et
demi de francs et un versement annuel de près de 900 millions. Sur tous ces nouveaux titres, la spéculation était active ; on se les arrachait, et les primes s'élevaient en conséquence. Comme on estimait alors l'épargne annuelle de
l'Angleterre à 1 milliard de francs, elle aurait pu à la rigueur faire face à l'énorme dépense qu'exigeait la construction de son propre réseau ; mais en même temps les
capitalistes anglais souscrivirent pour de fortes sommes
aux chemins du continent, notamment à ceux de la Belgique et de la France, ce qui acheva d'absorber le capital
disponible, et, en outre, des circonstances désastreuses
vinrent peser sur une situation déjà si tendue. La maladie
des pommes de terre, qui éclata en 1845 comme un cho-
léra de la végétation, ruina, affama l'Irlande que l'Angleterre dut nourrir avec un sacrifice de plus de 160 millions de francs, tandis que le prix des grains s'élevait par
suite de l'insuffisance de la récolte. En 1846, le blé resta
cher, et la récolte ayant manqué en France, il monta au

commencement de 1847 au taux de disette de 102 shillings le *quarter*. Sous la pression d'une demande aussi intense, les grains affluèrent d'Amérique et de Russie. New-York seul en expédia pour près de 200 millions de francs, et on estima que l'importation totale des denrées alimentaires atteignit 1 milliard de francs. Les exportations de marchandises anglaises ne s'étaient pas accrues en proportion de ces énormes importations ; il fallut donc payer la différence en métal. Le change avec les marchés qui avaient fourni le blé, les États-Unis et la Russie, devint défavorable, et l'or commença de s'écouler hors du pays. L'encaisse de la Banque descendit de 15 millions en décembre 1846 à 9 millions en avril 1847, et la réserve [1] tomba à 3,080,000 fr. La Banque, après une sécurité trop longtemps prolongée, s'alarma enfin et éleva coup sur coup l'escompte à 3 1/2 le 14 janvier, et à 4 le 21. Cette mesure, où se trahissait l'inquiétude, la communiqua au monde commercial. Toutes les valeurs baissèrent rapidement, les consolidés tombèrent à 88. Malgré les signes précurseurs de la tempête, on espéra un moment y échapper. Le ciel sembla s'éclaircir, un peu d'or reflua vers la Banque. En mai, une somme importante déjà embarquée pour l'Amérique fut remise à terre. L'encaisse se

1. La Banque d'Angleterre étant, depuis 1844, divisée en deux départements, le *issue department* peut mettre à la disposition du public et du *banking department* des *banknotes* pour une somme équivalente au numéraire qu'il possède, plus 14,475,000 liv. sterl. Si la quantité de billets qui restent en circulation ne diminue pas, alors que l'encaisse métallique s'écoule, le chiffre des billets qui forment la réserve du département de la Banque décroît et les ressources de l'escompte se restreignent dans la même proportion.

releva à 10 millions 1/2 sterling. On croyait si bien le danger passé que le discours du trône à la clôture du parlement, le 23 juillet, ne mentionna point les difficultés qui menaçaient le monde des affaires. Et pourtant, dès la fin du même mois, on vit avec effroi recommencer l'exportation des métaux précieux pour la Russie, pour les États-Unis, pour la France même, où sévissait déjà la crise. En août, la Banque, pour retenir sa réserve qui fuit, relève l'escompte à 5, puis à 5 1/2; elle restreint ses avances, elle n'accepte plus que les billets à un mois, et en septembre elle annonce qu'elle cesse de faire des avances sur dépôt de fonds publics. Ces mesures de salut, commandées par la situation et auxquelles elle aurait dû avoir recours plus tôt, déterminèrent enfin l'explosion de la crise, si longtemps, mais en vain retardée. Les premières maisons qui succombèrent furent celles qui étaient engagées dans le commerce des grains. Par suite de la bonne récolte de l'année, le prix du blé tomba en juillet à 74 shillings le *quarter*, et à 49 shillings en septembre. Tous les négociants qui avaient acheté dans les hauts prix perdirent énormément. Les faillites ne tardèrent pas à éclater avec des passifs formidables de plusieurs millions sterling. Les pertes retombant de l'un sur l'autre, une foule de négociants succombèrent : chaque jour, on apprenait une suspension nouvelle. Une terreur panique avait frappé les esprits ; on se rappelait la terrible année 1825, et chacun se croyait à la veille de sa ruine. L'alarme fut au comble lorsqu'on annonça que les deux principales banques de Liverpool avaient suspendu leurs payements (18 et 26 octobre). Pendant les cinq jours suivants, plusieurs grands établissements de crédit faillirent aussi à Manchester, à Newcastle et dans tout l'ouest. Les consolidés tombèrent à 79. La banque éleva l'escompte à 8 p. 100, et à ce taux même elle refusait beaucoup d'excellent papier. Sur le marché libre, l'escompte monta à 12 et 13 p. 100. Toutes les actions de chemins de fer, si recherchées peu de temps auparavant, étaient invendables, même les meilleures. Le contre-coup de cette convulsion financière frappa cruellement la classe ouvrière : déjà, depuis un an, le manque et le haut prix du coton avaient notablement réduit la demande de travail. En ce moment critique, beaucoup d'usines se fermèrent, et les entrepreneurs de chemins de fer, faute d'argent, renvoyèrent un grand nombre de leurs ouvriers. Plus de cent mille travailleurs furent soutenus par l'aumône officielle, en vertu de la loi des pauvres. Le désespoir était dans tous les cœurs.

Au plus fort de la crise, en octobre, une députation du commerce demanda avec la plus vive instance au ministère la suspension de l'*act* de 1844, qui forçait la Banque de proportionner son émission à l'encaisse métallique et à refuser ainsi des billets au moment où on en avait le plus pressant besoin. L'encaisse était réduit à 8,760,000 l. st. et la réserve en billets dans le *banking department* à 1,547,000 l. st. Cette réserve épuisée, la Banque était obligée de refuser tout escompte et toute avance. La crainte d'une semblable extrémité portait la panique au comble. Le ministère céda. Robert Peel lui-même n'osa point conseiller la résistance. La Banque fut autorisée à dépasser le maximum légal de son émission ; mais, soit que l'autorisation seule eût suffi pour dissiper un peu l'effroi général, soit que la crise fût naturellement arrivée à son terme, ou que le taux de 8 p. 100 de l'escompte eût produit son effet, l'or commença de refluer vers les caisses de la Banque, et peu à peu la confiance revint. Quand on fit le relevé des désastres causés par l'ouragan économique, on trouva que plus de quatre cents maisons avaient succombé avec un passif d'environ 600 millions de francs [1].

En France, des causes semblables avaient produit des effets identiques : en 1843 et 1844, surabondance de capitaux, hausse des valeurs, expansion du crédit. De vastes entreprises de chemins de fer se fondent, qui exigent pendant plusieurs années des versements réguliers et considérables. Mauvaise récolte en 1846, importation de grains sans exportation correspondante de produits français, d'où écoulement rapide du numéraire. Du 1er juillet 1846 au 1er janvier 1847, l'encaisse de la Banque tombe de 225 millions à 80 ; au 15 janvier, il n'est plus que de 59 millions. Le taux de l'intérêt est porté de 4 à 5 p. 100 ; mais, plutôt que de restreindre ses escomptes, la Banque a recours aux expédients : elle fait affiner l'argent de

1. Le journal satirique de Londres, le *Punch*, symbolisa parfaitement dans une de ses caricatures la cause du mal. Une dame s'informe dans un magasin du prix d'une étoffe. Le commis répond : « une cuiller et demie d'argent. » — « Donnez-moi donc mon panier d'argenterie, » dit la dame à son domestique. Par la disparition de l'agent ordinaire de la circulation, le numéraire, on était réduit au troc comme les tribus sauvages.

15 millions de pièces démonétisées, elle obtient de la province 4 ou 5 millions, en emprunte 25 à des banquiers anglais et en accepte 50 de l'empereur de Russie en échange de rentes françaises qu'elle lui vend. Ces embarras financiers avaient traîné à leur suite leurs conséquences ordinaires : faillites, pertes, chômages, misères et ruines de toute sorte. Hambourg et l'Allemagne centrale, Francfort, le Wurtemberg, Bade, ressentirent aussi les effets de l'ouragan qui s'était abattu sur l'Angleterre et sur la France.

Si l'on compare les deux grandes crises de 1825 et de 1847, on voit aussitôt qu'elles sont déterminées l'une et l'autre par la même cause, l'exportation du numéraire, d'où résulte une contraction de l'instrument des échanges, constitué chez les peuples avancés à la fois de monnaie métallique et de monnaie de papier; mais cette exportation, ce *drainage*, comme disent les Anglais, fut amenée en 1825 par des placements inconsidérés dans les emprunts et les mines de l'Amérique, tandis qu'en 1847 elle était due en grande partie aux conséquences d'une mauvaise récolte, de sorte que s'il faut attribuer, pour la première de ces crises, la faute entière à l'imprudence des hommes, on peut s'en prendre pour la seconde à l'inclémence des saisons et aux rigueurs de la nature. En 1825, la perturbation économique fut de plus courte durée : il n'y eut qu'une seule panique, mais elle occasionna plus de ravages. En 1847, le fléau sévit plus longtemps : il y eut deux paniques, une en avril et une en octobre; les suites en furent toutefois moins désastreuses. La Banque, en 1825, ne fit rien pour conjurer le danger; en 1847, elle prit quelques mesures tardives sans un meilleur résultat. Malgré ces différences, les commencements, l'explosion et la terminaison de la tourmente financière présentent aux deux époques les mêmes caractères généraux.

CHAPITRE IV

La crise de 1857 fut plus grave que la précédente, parce qu'elle s'étendit sur le monde entier. Ayant pris naissance en Amérique, le cyclone financier dévasta successivement l'Angleterre, la France, l'Allemagne, tout le nord de l'Europe, y compris les États scandinaves, et le contre-coup s'en fit sentir jusqu'à l'autre côté de l'équateur, à Java et au Brésil. A mesure que les moyens de communication étaient devenus plus faciles, plus économiques, la chaîne du crédit réciproque avait lié plus étroitement les unes aux autres les grandes places de commerce. Une union plus intime rattachait tous les intérêts, et un profond ébranlement à l'une des extrémités devait nécessairement se communiquer à l'autre, comme on verra bientôt l'étincelle électrique faire vibrer du même coup les deux hémisphères.

La révolution de février, malgré les embarras locaux qui en furent la suite, n'amena pas de crise véritable, parce que les événements de cette époque n'eurent guère d'action sur les échanges internationaux. Quand le monde des affaires se fut remis de la secousse, les flots d'or de l'Australie et de la Californie ne tardèrent pas à lui imprimer un prodigieux essor. Pendant les neuf années de 1848 à 1856, on estime que ces deux pays seuls envoyèrent en Europe plus de 4 milliards de francs. En 1856 seulement, l'Angleterre reçut en métaux précieux, or et argent, une valeur de 25,643,600 livres sterling. Ces 4 milliards, répandus en si peu de temps dans la circulation européenne, eurent pour effet immédiat de stimuler extraordinairement la production et l'esprit d'entreprise. Ce fut, comme d'habitude, l'Angleterre qui donna le branle au mouvement d'expansion. Pendant l'année 1852, l'intérêt tomba de nouveau à 2 et même à 1 1/2, et les consolidés atteignirent le pair. Aussitôt de nouvelles compagnies se formèrent pour absorber le capital surabondant. Cette même année, dans l'espace de 5 mois, on en vit s'établir 153, exigeant des versements pour une somme de plus d'un milliard de francs. La construction de nouvelles lignes de chemins de fer absorba, de 1852 à 1857, encore au moins 5 milliards. Les autres industries se développèrent dans la même proportion. La production du fer, de la houille, des étoffes de laine et de coton, augmentait avec une rapidité prodigieuse. Le commerce porta le mouvement de ses affaires, importations et exportations réunies, de 3 milliards en 1848 à 7 milliards de francs en 1856. Ce merveilleux accroissement de richesse dans toutes les branches permit à l'Angleterre de faire face, sans difficultés apparentes, à la dépense de 2,300,000 livres sterling qu'exigea la guerre avec la Russie. Les arrivées mensuelles de l'or des *placers* comblaient les vides que faisaient de temps en temps les remises à effectuer en Orient. Cependant dès la fin de 1855 il fallut protéger, par un escompte élevé à 7 p. 100, un encaisse réduit à 11 millions de livres sterling, et l'année d'après, à la même époque, la réserve métallique étant tombée à 9 millions, l'intérêt fut de nouveau porté à 7 p. 100.

En France, pendant la même période 1848-1856, proportionnellement l'expansion n'avait pas été moindre. Les entreprises de chemins de fer seules absorbèrent annuellement, de 1852 à 1854, 250 millions, puis en 1855 500 millions, et en 1856, 520 millions de francs. Lorsque l'administration décida, par mesure de prudence, en 1856, que momentanément on n'accorderait plus de concessions, l'achèvement des voies déjà concédées exigeait encore une mise dehors de 1,260 millions. Les emprunts de l'État, souscrits avec un si furieux entrain, et ceux des villes absorbèrent encore, de 1854 à 1856, environ 1 milliard 1/2. Nous n'insisterons pas sur la physionomie de ces années, encore assez peu éloignées de nous pour qu'on n'en ait pas perdu le souvenir. C'était le temps heureux de la hausse générale et des bénéfices assurés. Les autres marchés du monde présentaient un spectacle à peu près pareil. L'Allemagne, elle aussi, jusque-là prudente et sage, se lança dans le tourbillon. Les primes merveilleuses touchées par les fondateurs et les premiers actionnaires du Crédit mobilier français avaient monté toutes les têtes au delà du Rhin. Chaque ville voulut avoir sa banque ou son crédit mobilier. De 1854 à 1857, on en fonda pour un capital d'environ 800 millions de francs. Partout on s'arrachait, on se disputait les titres des institutions nouvelles. A Francfort, on avait réservé le droit de souscrire à ceux qui étaient bourgeois de la ville. Tous souscrivirent, et on payait chèrement les portefaix bourgeois qui, grâce à un coup d'épaule, pouvaient arriver avant les autres au guichet. A Vienne, la foule des souscripteurs passa toute la nuit devant les bureaux, et quand approcha l'heure de l'ouverture des portes, plus d'un faillit périr étouffé dans la presse. Même fièvre vertigineuse dans toutes les villes, grandes et petites, à Cobourg, à Leipzig, à Dessau, à Gera, à Buckebourg, à Hanovre, à Meiningen. On s'occupait peu du mérite réel de l'institution qui se fondait; le but unique était de toucher des primes qui paraissaient infaillibles. On s'inscrivait pour dix, pour cent fois autant d'actions qu'il y en avait de disponibles, afin que cette apparence d'empressement du public fît aussitôt monter la valeur. Les souscriptions pour la banque de Hanovre montèrent à la somme fabuleuse de 1.100 millions de thalers, soit plus de 4 milliards de francs. Une institution de crédit fondée à Hambourg vit son capital souscrit au centuple, et pourtant elle semblait si peu sérieuse, qu'elle ne put trouver de directeur. D'autre part, la construction des chemins de fer, opération sérieuse, celle-là, absorba en trois ans plus d'un milliard de francs.

De l'autre côté de l'Atlantique, les États-Unis avaient présenté bien plus que l'Europe le spectacle d'un essor inouï de la production et de la spéculation. Chez ce peuple riche des ressources illimitées d'un sol vierge, plus riche encore de l'activité dévorante et de la vive intelligence de

ses citoyens, la création des capitaux s'opère avec une rapidité qui tient du prodige. Le travail est deux fois plus
productif qu'en Europe, et nul n'est oisif. L'Américain est
le premier *wealth maker* (créateur de richesse) du monde.
La vie semble n'avoir qu'un but à ses yeux, poursuivre la
fortune, et nul ne sait mieux que lui s'aider du secours de
la machine qui décuple les forces de l'homme. Lorsqu'on
étudie les chiffres qui peuvent servir à mesurer le progrès
économique des États-Unis à cette époque, on s'étonne de
la puissance qu'ils révèlent, et l'on comprend mieux les
gigantesques sacrifices d'argent que la fédération parvient
à faire maintenant pour la guerre. En 1856, l'Union avait
déjà construit 24,000 milles de chemins de fer, et 50,000
de télégraphes, trois fois autant que l'Angleterre et six fois
autant que la France. Le tonnage de sa marine marchande
avait à peu près atteint celui de la Grande-Bretagne.
Le congrès avait concédé, dans la seule année 1856,
40 millions d'acres, c'est-à-dire un territoire grand comme
le tiers de la France. Le mouvement dans les ports et sur
les chemins de fer s'était accru d'un tiers. Le nombre des
banques, de 700 en 1846, s'était élevé en 1856 à 1,416,
avec un capital de 376 millions de dollars. La dette de
l'État avait été réduite à la somme insignifiante de 35 millions de dollars, et le produit des impôts laissait un excédant disponible. Ainsi, tandis que les nations européennes
dévoraient une partie de leurs épargnes en armements
énormes ou sur les champs de bataille, l'heureuse Amérique, jouissant d'une paix profonde, consacrait les siennes
à féconder toutes les branches de l'activité nationale,

l'agriculture et l'industrie, le commerce et la navigation.

En ces temps fortunés, le monde civilisé présentait donc l'image d'une prospérité sans exemple. L'univers était devenu semblable à une ruche ou plutôt à un immense atelier, et chaque peuple s'appliquait à livrer à l'échange général le produit que ses aptitudes ou son climat lui permettaient de créer avec le plus d'avantage. La vapeur, entraînant le navire sur les mers et le wagon sur les voies ferrées, établissait entre tous les marchés des communications journalières. L'or, qui coulait à flots, et les instruments de crédit, bien plus puissants que l'or, donnaient à la circulation des richesses des facilités et par suite une rapidité extrêmes. Le transport des marchandises, la masse des produits, le total de la consommation, tous les éléments de la fortune des nations se comptaient par des chiffres si énormes, que, comme ceux qu'emploie l'astronomie, ils stupéfient l'esprit, qui ne peut plus les saisir. Cette vie exubérante, cette fièvre de production, étaient certes un beau spectacle pour ceux qui croient que le salut des sociétés est dans l'accumulation des capitaux. Or c'est au milieu de cette expansion des forces productives et dans le pays même qui y avait pris la plus large part qu'éclata tout à coup l'orage qui devait occasionner tant de désastres.

Ce qui prépara la crise aux États-Unis, ce fut l'emploi exagéré du crédit, et notamment les avances énormes faites par les banques[1], au moyen de leurs dépôts, aux entre-

_____

1. Au 22 août 1857, à la veille de la crise, la somme de ces avances avait presque dépassé l'ensemble de toutes les valeurs réunies, réserve mé-

prises industrielles, aux chemins de fer surtout ; mais ce qui détermina l'explosion, ce furent les perturbations du commerce extérieur. Dans un pays qui s'enrichit, on voit augmenter la consommation de toutes choses, de celles principalement qui répondent à des besoins de luxe. Or, ces choses-là, c'était l'Europe qui les fournissait à l'Amérique. On calcule qu'en 1857, la toilette seule des dames exigea une importation de marchandises européennes d'une valeur de 200 millions de francs. Stimulés par l'aspect de la prospérité croissante de la nation, les négociants avaient à l'envi agrandi leurs commandes. En 1856, le blé avait été cher en Europe, et l'Union avait payé ses créanciers avec ses exportations de céréales. En 1857, une bonne récolte dispensa l'ancien monde de se faire nourrir par le nouveau, et celui-ci se trouva dans l'embarras quand il lui fallut solder ses importations. Des remises en or étaient le seul moyen de rétablir la balance. Le mal n'était pas encore très-grand, seulement il en résulta une certaine inquiétude. Or, toute défiance restreint le crédit, qui n'est que la confiance. L'argent et le crédit se raréfiant ensemble, les moyens d'échange devinrent insuffisants. Les prix baissèrent, d'abord ceux des marchandises, puis ceux de toutes les valeurs. Les déposants commencèrent à retirer quelque argent des banques[1]. Ce fut l'origine de la débâcle.

tallique, billets et dépôts. Les dépôts seuls dans les banques de New-York dépassaient 400 millions de francs en 1856, et étaient encore de près de 300 millions en 1857.

1. D'après la loi de 1838, les porteurs des billets de banque dans l'État de New-York ont un privilége sur tous les autres créanciers. C'est pourquoi les déposants demandèrent le remboursement plus tôt que les porteurs de billets.

Le 24 août, l'*Ohio life and trust company* suspendit avec un passif de 5 millions de dollars, qui, liquidation faite, ne laissa pourtant qu'une perte insignifiante. Bientôt suivit la suspension du *Mechanic banking association*, un des plus anciens établissements de l'État. Au commencement de septembre, il y eut une éclaircie : on espéra que la crise s'arrêterait. Dans les grands ouragans, après une première bourrasque, il s'établit de même un instant de repos qui précède le déchaînement final des éléments. Les banques en profitèrent pour restreindre peu à peu leurs escomptes afin de se mettre à couvert; mais ces mesures de prudence augmentèrent les alarmes. En quelques semaines, toutes les valeurs, même les meilleures, baissèrent de 30 à 50 p. 100. Un sinistre maritime, auquel on aurait attaché peu d'importance en temps ordinaire, porta la panique à son comble. Le *money-market* attendait avec impatience un *steamer* chargé d'or qui devait rendre, espérait-on, quelque facilité à la circulation embarrassée. Malheureusement le *Central-America*, ce galion californien si anxieusement désiré, fit naufrage, et dès lors ce fut un sauve-qui-peut général. A la fin de septembre, les banques de Maryland et de Pensylvanie suspendirent, entraînant avec elles cent neuf maisons des plus importantes de Baltimore, de Boston et de Philadelphie. Au 3 septembre, cent soixante-quinze banques avaient arrêté le remboursement des dépôts. L'escompte était à 30 ou 40 p. 100. Les fabriques commençaient à se fermer, et les ouvriers étaient renvoyés en foule. Les banques de New-York avaient encore un encaisse de 13 millions de dollars, et elles tenaient bravement

tête à l'orage, restreignant chaque jour leurs avances et
retirant leurs billets. Dans les premiers jours d'octobre elles
parvinrent à faire rentrer ainsi pour **224,668** dollars de
billets et **75,881** dollars de numéraire, mais en diminuant
leurs avances de **4,017,000**, et ces restrictions élevaient
de plus en plus le taux de l'intérêt : il monta à 60 ou 70
p. 100, ou plutôt tout crédit était mort, tout échange suspendu. Les commerçants, poussés au désespoir et rendant
les banques responsables de l'extrémité où ils étaient réduits, organisèrent un *run* sur celles qui se tenaient encore
debout. Le 13 octobre fut un jour terrible : on assista alors
aux émeutes du monde financier, à la prise d'assaut des
bastilles du capital. Les banques payèrent pendant quelques
heures à bureau ouvert ; le soir cependant, sur les trente-
trois qui restaient, trente-deux suspendirent aussi. Dans tout
l'État, puis dans tout le Nord, enfin dans l'Union entière,
tout s'écroula comme sous le coup irrésistible d'une trombe.
Presque aucun établissement, aucune maison, ne resta
debout. Tout payement en argent avait cessé, toute remise
était impossible ; nul ne pouvait plus ni vendre ni obtenir
de crédit. Il n'y avait plus ni prêteurs ni acheteurs [1]. Quand
on fit le relevé des désastres, on trouva qu'au Canada et
dans l'Union il y avait eu **5,123** faillites, avec un passif de
299 millions de dollars, plus d'un milliard 1/2 de francs,

---

1. Les billets de banque parfaitement garantis par dépôt de bonnes
valeurs, entre les mains de l'État, continuèrent néanmoins à circuler au
pair ou avec une perte de 1 à 2 p. 100. La suspension des remboursements
amena bientôt une amélioration dans la situation, parce que les banques
n'étaient plus obligées de retirer leurs billets et de réduire ainsi les moyens
d'échange.

dont la moitié environ était définitivement perdue. Chose inouie, à l'exemple des banques, quatorze grandes compagnies de chemins de fer, écrasées par leur dette flottante, suspendirent aussi avec un passif de 189 millions de dollars. Le contre-coup des catastrophes de New-York se fit sentir jusqu'aux bords du Pacifique. En Californie, les banques furent de même décimées par un *run* tout spontané ; cependant, après avoir fermé leurs portes pendant quelques jours, elles reprirent leurs payements.

Dans le reste de l'Union, si la crise fut exceptionnelle par sa généralité, sa soudaineté et son intensité, elle ne fut pas du moins de longue durée. La baisse extrême des meilleures valeurs et la fabuleuse élévation de l'escompte (60 p. 100) attirèrent l'attention des spéculateurs européens. Les ordres d'achats arrivèrent, et par suite les remises en métal. L'or reflua si rapidement que déjà, au commencement de décembre, la réserve des banques de New-York s'éleva à 26 millions de dollars, et qu'elles purent reprendre leurs payements en espèces. Au 1er janvier, toutes les banques de l'Union en avaient fait autant, sauf celles de Pensylvanie, à qui on accorda un délai jusqu'au 1er avril.

Le cyclone financier qui avait dévasté les États-Unis en octobre n'atteignit l'Angleterre [1] qu'en novembre. On ne s'y attendait point du tout à subir le contre-coup des dé-

1. Les faits en ce qui concerne l'Angleterre sont empruntés au rapport du comité d'enquête de la Chambre des communes, sur la crise de 1857, et aux journaux spéciaux de l'époque, l'*Economist* et le *Times* principalement.

sastres commerciaux qui avaient affligé l'autre côté de
l'Atlantique. Dans les années qui suivirent la crise de 1847,
l'activité industrielle et commerciale avait été faible. Le
numéraire peu demandé allait s'entasser dans les caves de
la Banque, de façon qu'en juin 1852 l'encaisse atteignit la
somme de 22,232,000 l. st. pour une émission de
23,380,000 l. st., et 12,500,000 l. st. de ces billets repo-
saient comme réserve dans le *banking department*. L'intérêt était réduit à 2 p. 100. Le bon marché de l'argent sti-
mula le commerce, comme l'indique le chiffre des exportations qui s'éleva de 78,076,000 l. st. en 1852 à 98,932,000
en 1853. L'encaisse métallique baissa en conséquence; en
octobre 1853, il n'était plus que de 14,358,000 l. st. La
réserve tomba à 5,604,000 l. st. et l'intérêt s'éleva à 5
p. 100.

En 1854 et 1855, la guerre de Russie et les emprunts
étrangers absorbèrent de grands capitaux. L'intérêt ne
descendit pas au-dessous de 5, et s'il ne s'éleva pas plus
haut, on crut en Angleterre qu'on le devait aux arrivages
d'or de l'Australie et de la Californie. En mai 1854, la réserve fut réduite à 4 millions. On craignit une crise, et
beaucoup de faillites éclatèrent à la fin de décembre 1855.
L'encaisse fléchit beaucoup : il tomba à 10,275,000 l. st.
L'escompte demeura fixé à 6 p. 100, depuis octobre 1855
jusqu'en mai 1856. En juin, il fut abaissé à 4 1/2. Relevé
à 5 au 1er octobre, à 7 au 15 novembre, il ne descendit
plus guère au-dessous de 6 p. 100 pendant l'année 1857.
Ce taux élevé indiquait assez que la demande de capitaux
tendait à dépasser constamment l'offre. Un seul fait don-

nera la mesure de l'accroissement de la production. Les exportations s'élevèrent de 78,076,000 liv. st. en 1852 à 115,826,000 liv. st. 1856, et à 122,155,000 liv. st. en 1857.

Les relations du Royaume-Uni avec l'Union américaine s'étaient surtout développées dans des proportions considérables en 1856. Le commerce anglais avait envoyé aux États-Unis pour 22 millions sterling de marchandises, et les capitalistes anglais y avaient placé en entreprises diverses, surtout en chemins de fer, plus de 2 milliards de francs. La nouvelle de la crise américaine devait donc produire une vive inquiétude dans le monde commercial anglais, d'autant plus que la révolte des cipayes aux Indes menaçait d'occasionner aussi de fortes pertes et d'exiger de grands envois de numéraire.

De tous côtés, se manifestaient les plus graves symptômes. Comme à l'automne de 1855 et 1856, un pressant besoin d'argent se faisait sentir sur tous les marchés du continent, et partout les banques avaient élevé le taux de leur escompte ; à Amsterdam, il était à 5 1/2 ; à Francfort, à 6 ; à Berlin, à 6 1/2 ; à Hambourg, à 7 1/2. Cette hausse de l'escompte attirant l'argent mettait le change contre l'Angleterre et produisait un *drainage* métallique. A la fin de septembre, en deux jours seulement, la Banque se vit enlever un quart de million sterling. Les demandes d'escompte étaient considérables. Le bilan de la Banque du 3 octobre signala une diminution dans l'encaisse de 613,396 l. st. et dans la réserve, de 1,418,551 l. st. ; une augmentation du portefeuille de 2,116,097 l. st. provenant en partie d'un prêt de 1 million sterling fait sur valeurs à la Compagnie des Indes. Le taux de l'escompte fut relevé de 5 1/2 à 6, ce qui était évidemment insuffisant. En effet, le bilan du 20 octobre révéla une nouvelle réduction dans l'encaisse de 552,749 l. st. et de 595,584 l. st. dans la réserve contre une augmentation du portefeuille de 530,034 l. st. Aussi, le lundi 12, l'escompte est porté à 7 p. 100. Cette hausse, ou plutôt la vue des causes qui la rendaient nécessaire produisirent une sorte de panique. Les consolidés tombèrent un moment à 86 1/2.

Sur le continent, la Banque de France, avec un encaisse de 225,565,152, avait, pour la première fois, dépassé l'ancien taux légal en portant l'intérêt à 6 1/2. A Hambourg, il était à 9 p. 100. L'état du change entre New-York et Londres donnant un profit sur les expéditions d'or, rendait celles-ci inévitables. Heureusement, dans le cours de la semaine, 800,000 l. st. en or arrivèrent d'Australie et rassurèrent un peu les esprits; mais les faillites éclataient déjà à Londres et à Glascow, et la Banque continua à perdre son encaisse.

Le 17 octobre, on constata une nouvelle réduction de 585,465 l. st. L'encaisse est tombé à 9 millions et demi sterling, et la réserve en billets à 3,217,185 l. st. La Banque de France, voyant aussi son numéraire la quitter, élève le taux de l'escompte de 6 1/2 à 7 1/2 le lendemain du jour — 19 octobre — où la Banque d'Angleterre le porte à 8 p. 100. Le change sur Londres, à New-York, descend à 102, donnant ainsi un grand avantage aux expéditions d'or sur les remises par traites. D'autre part, l'Inde enlève beaucoup d'argent [1] qui, étant tiré du continent comme marchandise, devait être payé en or. Le steamer *Ripon* en emporte 900,000 l. st. en un seul voyage. Le 27 octobre, le *Borough bank*, de Liverpool, suspend ses payements, et le 7 novembre la puissante maison Dennistoun et Cie fait faillite. Les bilans de la Banque sont toujours des plus défavorables. Le 31 octobre, il y a une réduction de 638,241 l. st. sur l'encaisse et de 1,243,946 sur la réserve, et, le 4 novembre, de 233,773 sur l'encaisse et 128,548 sur la réserve. D'un autre côté, le portefeuille augmente sans cesse, ainsi que les dépôts. Ceux-ci s'élèvent à 11,910,670 l. st. et le portefeuille à 22,628,251 l. st. Le 5 novembre, l'escompte est porté à 9 p. 100, taux inouï jusqu'alors. Malgré cet intérêt si élevé, les demandes d'avances sont énormes et pressantes. Chacun veut se munir d'argent ou de billets, afin d'être prêt à toute éventualité, et cherche à faire réescompter ses valeurs par la Banque.

L'emploi si perfectionné et si général du crédit à Londres tendait à rendre la position plus difficile encore. Les banquiers ont pour habitude d'opérer, sans garder chez eux de réserve en argent on en billets. La Banque d'Angleterre est leur caissier général. Au moyen des dépôts qu'ils reçoivent et pour lesquels ils payent intérêt, ils font des avances aux *bill-brokers* [2], sur papiers de commerce, et si les déposants réclament leurs fonds, ils font rées-

---

1. En 1857, l'Angleterre envoya dans l'extrême Orient une valeur de 419,882,000 fr. en argent.
2. Commissionnaires en fonds publics, effets de commerce, etc.

compter ce papier par la Banque. Or, voilà l'opération qui devint nécessaire sur une grande échelle en octobre 1857, et qui épuisa les ressources de la Banque. Les banquiers, au lieu de faire de nouvelles avances au commerce par le moyen des *bill-brokers*, retirèrent leurs fonds à mesure des échéances et les mirent en dépôt à la Banque. Il ne restait donc aux *bill-brokers* qu'un moyen de continuer l'escompte et de se soutenir, c'était de s'adresser à la Banque pour obtenir le réescompte que celle-ci accorda du reste très-largement. En un jour, un seul *bill-broker* obtint ainsi 700,000 l. st. Sauf à la Banque, l'escompte était partout suspendu. Nul ne voulait se dessaisir de son argent. C'est ainsi que s'expliquent les chiffres si remarquables des bilans hebdomadaires : les dépôts, le portefeuille et la circulation des billets augmentent constamment ; l'encaisse et la réserve diminuent. Il n'y a point de *run* pour de l'or, ni nulle défiance du billet, mais comme on veut avoir des moyens de payer, on épuise à la fois et la réserve métallique et la réserve en billets. Pour augmenter ses ressources disponibles, la Banque vend une partie de ses fonds et emprunte sur dépôt de valeurs.

Du 5 au 8 novembre, les faillites se multiplient d'une manière effrayante ; le 9 on apprend que la *Western-Bank* d'Écosse avec ses succursales a suspendu ses payements, et bientôt la *City-Bank* de Glascow en fait autant. Les Banques d'Irlande et d'Écosse puisent alors largement dans les caisses de la Banque d'Angleterre, en lui demandant des avances sur des papiers de commerce et sur d'autres valeurs. En un seul jour, l'Irlande enlève ainsi

800,000 l. st., et l'Écosse 50,000 l. st. Heureusement, grâce au taux élevé de l'intérêt, 9 p. 100, l'or avait cessé de s'écouler hors du pays; mais comme en 1835 et 1847, il était maintenant absorbé par les besoins intérieurs.

Le bilan du 11 novembre présenta des chiffres désastreux. Le numéraire était réduit à 7,171,000 l. st., la réserve à 1,462,153 l. st., tandis que les dépôts s'élevaient à 18,250,000 l. st., le portefeuille à 26,113,453 l. st., et la circulation à 21,036,430 l. st.

En une semaine la Banque avait prêté au commerce, sous forme d'escompte et d'avances, 5,000,000 l. st. Le 9 novembre, l'escompte fut porté à 10 p. 100, mais ce taux n'arrêtait pas les demandes. Le 10, la Banque escompta pour 1,126,000 l. st., et le 11 un million sterling fut encore enlevé pour l'Écosse. Jamais on n'avait vu des jours plus orageux. Le marché monétaire était à l'agonie. Le 11, la puissante maison de change (*bill-brokers*) Sanderson et Cie, suspendirent avec 3 1/2 millions sterling de dépôts. Le 12, la Banque escompta encore pour 2 millions sterling. Mais en secourant aussi largement le commerce, elle touchait au moment où, d'après l'*act* de 1844, il lui faudrait suspendre toute opération nouvelle, quoiqu'elle eut encore environ 7 millions sterling (175,000,000 fr.) de numéraire. Mais à ces 7 millions elle ne pouvait toucher, parce que, d'après l'*act*, ils devaient servir avec les 14 millions engagés en fonds de l'État, à garantir les 21 millions de billets en circulation. La Banque ne pouvait donc ni employer son encaisse métallique, ni avancer plus de billets, car le département de l'émission n'en pouvait livrer que contre valeur égale en métal. Elle allait donc se trouver complétement réduite à l'impuissance, et c'est la crainte de cette terrible extrémité, l'approche de ce moment redouté, qui avait accru la panique et l'avait portée au comble. C'est alors, le 12 novembre à 3 heures de l'après-midi, que le gouvernement se décida à suspendre l'*act* de 1844, et à autoriser une extension de l'émission, à condition que l'escompte serait maintenu au même taux (10 p. 100).

Les chiffres suivants montrent à quel point cette mesure était encore plus urgente en 1857 qu'en 1847.

BILANS DE LA BANQUE EN 1847 ET 1857.

	23 octobre 1847.	11 nov. 1857.
Encaisse métallique....................	8.313.000	7.171.000
Banking department. Réserve de notes.	1.547.000	957.710
Idem. *Id.* de numéraire.	447.000	504.443
Dépôts privés.......................	8.580.000	12.935.000
Securities privées....................	19.467.000	26.115.000

Quand on apprit dans Londres que l'*act* était suspendu, il en résulta un sentiment général de détente et d'apaisement, car on en conclut que sur valeurs irréprochables on obtiendrait des avances. D'une part, les grandes maisons d'escompte purent se procurer des billets et accepter ainsi le papier de leurs clients à un taux un peu supérieur à 10 p. 100; et, d'autre part, ceux qui se jetaient sur la Banque pour avoir de l'argent ou des billets dont ils n'avaient nul besoin immédiat, mais seulement en vue de l'avenir, suspendirent leurs demandes, prévoyant que la crise allait diminuer d'intensité. En fait de crédit, l'opinion est très-puissante, car elle fait naître ou cesser certains besoins d'argent qui aggravent les crises à un très-haut degré. Les changes en Amérique et sur le continent étant devenus favorables à l'Angleterre, la fuite du numéraire vers l'étranger était complétement arrêtée et l'or d'Australie affluait par larges arrivages, qui s'élevèrent à 1 million sterling en une seule semaine.

Le bilan de la Banque du 8 novembre indique à quel point cet établissement avait énergiquement agi pour soutenir les affaires. En vertu de l'autorisation du gouvernement, le *banking department* avait transmis au département de l'émission 2 millions sterling de fonds de l'État en échange d'une somme égale de billets; elle avait vendu, en outre, pour 1 million de fonds publics. Les dépôts privés s'étant encore accrus de 1 million, — de 12,935,000 l. st. à 13,959,000 l. st., — ces 4 millions permirent d'escompter pour autant de papier, portant ainsi le portefeuille à 30,299,000 l. st., chiffre qu'on n'avait jamais atteint à beaucoup près. Le métal était réduit à 6,484,000 l. st.; la circulation s'était accrue de plus de 1 million à 21,406,000 l. st.

Quoique l'aspect général du marché commençât à s'améliorer, les faillites se succédaient sans interruption, la chute des uns entraînant celle des autres. Le 17 novembre, l'important établissement de crédit *Wolverhampton and Staffordshire bank* suspendit ses payements, mais en Irlande et en Écosse la confiance renaissait. En ces circonstances terribles, on vit ce que peuvent l'initiative individuelle et les habitudes de publicité dans un pays libre. Ce même jour 17 novembre, se réunit à Glascow un meeting composé des membres de l'aristocratie et de la bourgeoisie riche, et tous les assistants s'engagèrent à accepter au pair le papier de banques en tout payement. Cette énergique résolution ramena la confiance. Le billet circula de nouveau, et comme les actionnaires des banques, la plupart riches propriétaires, étaient tenus sur tous leurs biens, en vertu de la clause de responsabilité illimitée, le passif fut entièrement couvert.

Dans la semaine finissant le 25 novembre, la situation de la Banque commença décidément à se raffermir. Elle vendit de nouveau pour 600,000 l. st. de fonds publics, et l'encaisse gagna 780,000 l. st. Les dépôts privés s'accrurent encore et montèrent à 14,951,000 l. st., ce qui permit au portefeuille de s'élever à 31,350,000 l. st., total presque double du chiffre ordinaire. La Banque de France ayant abaissé son escompte à 9 p. 100 en présence d'un encaisse de 203 millions de francs, le marché anglais était celui où l'argent était le plus cher, et il l'attirait ainsi de toutes parts ; les changes lui étaient partout extrêmement favorables. Indépendamment de l'or d'Australie, il lui en arrivait de Russie, de France et même des États-Unis ; et le numéraire qui avait été absorbé par l'Écosse au moment de la panique revenait peu à peu à Londres. A partir de cette époque, les bilans hebdomadaires de la Banque montrent une constante amélioration. L'encaisse et la réserve se relèvent rapidement ; le 24 décembre l'escompte est réduit à 8 p. 100, avec un encaisse de 10,753,281 l. st. et une réserve de *notes* dans le *banking department* de 5,426,670 l. st.

La Banque de France avait déjà réduit l'intérêt à 6 p. 100 et à Hambourg il était tombé à 5 p. 100. En ce qui concerne le marché monétaire la crise était terminée; mais les conséquences de cette rude secousse retombaient maintenant sur le commerce et sur l'industrie, dont l'activité était pour ainsi dire complétement suspendue. L'ébranlement général et la stagnation des affaires amenèrent une baisse considérable sur tous les prix [1]. La fonte tomba de 83 à 48 schellings la tonne, les cotons filés et tissés perdirent de 18 à 24 p. 100, et il en fut de même pour la plupart des marchandises. Les pertes de tous les fabricants furent énormes. Il fallut restreindre la fabrication et renvoyer les ouvriers. L'industrie sidérurgique principalement souffrit beaucoup : plus de cent vingt hauts fourneaux furent mis hors feu et par suite quarante mille ouvriers se trouvèrent sans ouvrage. A Manchester, à Birmingham on ne travailla qu'à *Shorttime*, c'est-à-dire trente-six heures par semaine. La diminution forcée des salaires traîna après elle son triste cortége de misères : coalitions, émeutes, extension rapide du paupérisme. De septembre 1857 à février 1858, on compta deux cent sept grandes faillites avec un passif d'environ 1 milliard 1/2 [2]. En Angleterre, beaucoup

---

1. Voici le cours de quelques articles au commencement de 1857 et au 1er janvier 1858, durant la crise :

			Janvier 1857.					Janvier 1858.			
Coton........	50	kil.	124	»	à	126	»	92	»	à 94	»
Sucre........	50	—	75	»	à	»	»	50	»	à 55	»
Café........	100	—	310	»	à	»	»	260	»	à	»	»
Riz Bengale...	50	—	13 65		à	18 75		6 50		à 7 75	
Huile de colza.	100	—	125	»	à	»	»	85	»	à 90	»

2. On a enregistré à ce sujet quelques faits vraiment incroyables. Ainsi

moins de maisons s'écroulèrent qu'en Amérique, mais relativement les pertes définitives furent plus grandes. Tandis que là-bas l'Union se releva bientôt avec toute la vigueur et l'élasticité de la jeunesse, comme un vaillant navire qui, la tempête passée, se redresse sur la vague et reprend sa course rapide, ici la mère patrie, semblable à un puissant trois-ponts dont les lames ont emporté les agrès et fatigué la carène, ne se remit que lentement de la secousse qui avait ruiné son crédit et ébranlé ses industries. Pendant tout le printemps de 1858, le travail languit. Ce ne fut que vers la fin de l'année que les affaires reprirent leur activité accoutumée.

Après avoir ainsi dévasté l'Angleterre, la crise s'abattit sur le continent. La France, qui reçut le premier choc, résista admirablement. Son immense circulation métallique, la plus grande du monde, les allures prudentes du commerce, les usages des banques, qui ne favorisent point les crédits à long terme, telles sont les causes principales qui lui permirent de tenir tête à l'orage sans de trop grands désastres. Néanmoins l'encaisse métallique de la Banque diminua rapidement : en novembre, il était descendu à 189,544,907 fr. pour 589 millions de billets [1]. Le

la *Wolverhampton-Bank* avait avancé à deux maisons 40 millions de francs. La *firm.* G... et Cie avait en capital lui appartenant 250,000 fr. : elle suspendit avec un passif de 14 millions. La *firm* B... était parvenue, grâce au crédit, à faire en trois ans pour 75 millions d'affaires avec un avoir de 200,000 fr. La maison M..., qui n'avait jamais eu 30,000 fr. à elle, laissa un passif de 9 millions. Le chancelier de l'échiquier, sir Charles Wood, fit connaître au parlement que le *Royal-Bank* de Liverpool avec un capital versé de 600,000 livres sterling, en prêta 500,000 à une seule maison.

1. Les comptes rendus de la Banque de France nous apprennent qu'en 1855, 1856 et 1857 elle acheta pour 1 milliard 377 millions de francs

taux de l'escompte à Paris fut porté successivement, comme à Londres, à 7 1/2 en octobre, à 8, 9 et enfin à 10 p. 100 en novembre. Jamais on ne l'avait vu aussi haut, car longtemps la Banque s'était fait un point d'honneur de le maintenir toujours au taux uniforme de 4 p. 100. Il y eut un moment de terreur. Quelques maisons fortement engagées avec l'Amérique succombèrent. Des adresses furent même envoyées d'Orléans et du Havre réclamant le cours forcé des billets. Beaucoup d'industries souffrirent, l'activité fut partout fortement déprimée ; mais il ne se produisit rien de comparable à ce qui s'était vu de l'autre côté du détroit. En décembre, l'encaisse s'étant relevé à 236,021,592 fr., l'escompte fut ramené à 5 p. 100.

L'Allemagne, Hambourg et les trois États scandinaves furent bien plus maltraités. Hambourg est, comme on sait, l'un des principaux ports du monde. C'est par l'Elbe que se font en très-grande partie les échanges de l'Europe centrale avec l'Angleterre, le Nord et les pays d'outre-mer. La valeur de ses exportations et de ses importations était montée en 1856 à 1,268,305,810 marks banco [1]. Durant les dix premiers mois de 1857, la spéculation avait accumulé dans les magasins des quantités énormes de denrées coloniales achetées à des prix d'un tiers plus élevés que d'ordinaire. Hambourg était non-seulement une très-importante place de commerce, c'était aussi une vaste banque qui se chargeait de la négociation et du recouvrement de

de lingots, pour lesquels elle dut payer 15 millions 893,000 francs de primes.

1. Le mark banco vaut 1 fr. 87 c.

toutes les traites du nord scandinave. Pour faire face à
ces immenses opérations, beaucoup de capitalistes et de
commissionnaires avaient recours au dangereux expédient
du crédit fictif fondé sur du papier de complaisance. La
situation du marché était donc déjà critique. Le terrain
était miné, et un ébranlement un peu sérieux devait suf-
fire pour causer les plus graves catastrophes. La crise
éclata quand elle diminuait déjà d'intensité à Londres,
après la suspension de l'*act* de 1844. La faillite d'une maison établie en Angleterre, et qui faisait de grandes affaires
avec tout le Nord, produisit le premier choc; la secousse
fut terrible. En moins d'une semaine, la situation sembla
désespérée : on ne comptait plus les banqueroutes; tout le
monde était devenu insolvable. On essaya de tous les
moyens pour rétablir le crédit ébranlé, sans pouvoir y
réussir; association pour l'escompte, prêts en bons d'État
sur marchandises, nomination d'administrateurs pour les
maisons embarrassées, rien ne parvint à calmer la panique.

Pendant quinze jours, on eût dit une ville prise d'assaut.
Enfin le salut arriva d'où certes on n'aurait pas dû l'attendre, de l'Autriche, réduite elle-même depuis si longtemps à l'extrémité du papier-monnaie; mais précisément
parce qu'elle n'était pas tenue au remboursement de ses
billets à cours forcé, elle pouvait se passer de son métal, et
elle prêta à Hambourg 10 millions de marks banco, qu'elle
envoya par un train spécial aussi richement chargé qu'un
galion du Mexique. Cet argent fut employé à faire des
avances aux principales maisons qui allaient succomber, et

dès ce moment la confiance revint un peu. Déjà, à la fin de décembre, l'escompte était ramené au taux habituel. Quand on lit le relevé des désastres occasionnés par la crise, on trouva 145 faillites avec un passif de près d'un demi-milliard de francs, dont une grande partie, il est vrai, fut payée plus tard. Par le contre-coup, tout le nord scandinave fut secoué et ravagé, et maintenant encore on ne s'y rappelle qu'en frémissant la terrible année 1857. A Copenhague, à Stockholm, à Christiania, dans le Schleswig-Holstein, les banqueroutes furent relativement aussi nombreuses qu'à Hambourg. Dans le Danemark seul, on en compta 200, dont 77 pour Copenhague. La plupart des villes de l'Allemagne, Leipzig, Stettin, Berlin, Magdebourg, Stuttgard, Cologne, et les villes du nord de l'Italie en relations habituelles avec l'Allemagne, Turin, Milan, Venise, eurent aussi à traverser de rudes épreuves. Partout éclataient les faillites, suivies de pertes, de ruines et de suicides. Les conséquences de l'ébranlement des grands marchés de Londres et de Hambourg se firent sentir jusque dans l'autre hémisphère. Dans l'Amérique du Sud, à Rio de Janeiro, à Buenos-Ayres, à Valparaiso, à Guayaquil, et jusque dans les îles de la Sonde, à Batavia et à Singapore, beaucoup de maisons succombèrent avec des passifs plus ou moins considérables.

La crise de 1857 fut surtout remarquable par sa généralité, car il n'y eut pour ainsi dire aucune partie du globe qui y échappa. Elle montre combien le lien commercial qui réunit tous les peuples est devenu intime par suite de la facilité des échanges et des communications, par suite aussi de l'extension du crédit, qui ne craint plus de s'aventurer jusqu'aux antipodes. Elle prouve manifestement que désormais, pour le bien et pour le mal, dans la prospérité et dans l'adversité, les nations deviennent réellement solidaires. Saint Paul, dans une sublime image, a dit que tous les hommes ne forment qu'un corps, et les philanthropes se sont toujours plu à parler de la grande famille humaine. Ces expressions cessent d'être, dans l'ordre économique du moins, de pures métaphores ; elles commencent à traduire tout simplement la réalité. Qu'à l'autre bout du monde un engorgement se produise pour la circulation, que de l'autre côté de l'Alantique la guerre civile éclate, et les peuples européens ne tardent pas à ressentir le contre-coup de ces accidents locaux. Ils s'en aperçoivent à des signes que nul ne peut méconnaître et dont tout le monde pâtit : la rareté de l'argent et la baisse de toutes les valeurs.

CHAPITRE V

La crise qui, en 1861, affecta le marché anglais en janvier et le marché français vers l'automne, montre très-clairement comment ces perturbations financières sont produites par un dérangement de la balance du commerce qui nécessite l'exportation des métaux précieux.

Pour comprendre les circonstances qui déprimèrent le *money market* anglais à cette époque, il faut considérer la manière dont s'opéraient les échanges entre l'Amérique du Nord et l'Angleterre avant la *sécession*. La balance du commerce était presque toujours favorable aux États-Unis, parce qu'ils exportaient en Angleterre pour des sommes énormes de coton et de blé. Voici des chiffres qui ne laissent aucun doute à cet égard :

EXPORTATIONS.

Années.	D'Angleterre aux États-Unis.	Des États-Unis en Angleterre.
1856.	22.616.877 liv. st.	36.047.773 liv. st.
1857.	20.076.895	33.647.227
1858.	15.793.701	34.257.515
1859.	24.417.892	34.294.042
1860.	21.613.111	44.728.271

D'autre part, les États-Unis importaient pour beaucoup

plus de la Chine et de l'Inde qu'ils n'y exportaient. Ils étaient
donc en dette envers ces pays ; mais comme ils étaient créanciers de l'Angleterre, ils la chargeaient de payer leurs dettes
pour eux ; en d'autres termes, ils payaient la Chine au moyen
de traites tirées sur Londres. Londres s'acquittait donc
envers New-York en envoyant de l'argent vers l'Orient.

En 1860, comme on le voit d'après le tableau donné
plus haut, les exportations d'Amérique en Angleterre
avaient augmenté, et ses importations avaient diminué,
de sorte qu'une balance était due à l'Amérique de
23,115,160 l. st., soit environ 600 millions de francs, au
lieu de 250 millions en 1859 [1]. La situation si grave de
l'Union à la suite de l'élection du président Lincoln et l'appréhension d'une guerre civile qui déjà semblait inévitable, avaient fortement restreint la consommation des
produits européens et les ordres à l'étranger, de façon
qu'au commencement de 1861 la dette commerciale de
l'Angleterre envers l'Union augmenta encore ; et, en effet,
pendant le premier trimestre de l'année, les exportations
vers les États-Unis tombèrent à 4,096,679 l. st. contre
5,822,109 en 1860, et 6,202,941 en 1859, tandis que
les importations montèrent à 13,834,051 l. st. contre
11,084,113 en 1860 et 6,901,609 en 1859. La balance pour
ces trois mois était donc de 9,737,372 l. st. en faveur des
États-Unis, et il fallait l'ajouter à celle de l'année 1860.

La conséquence naturelle de cette situation fut une

1. Les expéditions vers l'Angleterre en blé et farine s'étaient élevées,
en 1859, à une valeur de 14,083,393 l. st., et en 1860, à 21,835,143 l. st. ;
soit en plus, en 1860, 7,751,750, ou 194 millions de francs.

forte dépression du change sur Londres. Les créances de l'Amérique sur l'Angleterre donnaient lieu à la création de beaucoup de traites. Ces traites étant plus offertes que demandées par ceux qui en avaient besoin pour payer des importations anglaises, devaient nécessairement perdre de leur valeur. Aussi le change dont le pair s'exprime par 109 tomba-t-il à 102 en novembre et décembre 1863. A ce taux, il y avait avantage à envoyer du métal au lieu de faire tirer sur Londres. Par suite l'écoulement de l'or devint sérieux et, comme toujours, entama tout d'abord l'encaisse de la Banque. Le 15 novembre 1860, l'escompte fut relevé à 6 p. 100, tandis qu'il n'était qu'à 3 au commencement de l'année. Toutefois, ce ne fut qu'en janvier 1861 que le monde commercial commença à s'inquiéter des dangers qui menaçaient le *money market*. Par des pertes constantes de numéraire, la Banque d'Angleterre était réduite, au 9 janvier, à 12,175,386 l. st. ; et, d'autre part, la Banque de France avait perdu en un mois environ 80 millions de francs. Une circonstance spéciale tendait à rendre la position de cet établissement extrêmement difficile. Son encaisse métallique s'élevait encore à 349,670,694 fr., ce qui n'était pas un chiffre alarmant. Malheureusement la plus grande partie de ce numéraire était en argent, qui, réalisant une forte prime comme marchandise, aurait été enlevé pour le creuset, si la Banque avait remboursé ses billets en ce métal. Elle était donc réduite à son *stock* en or qui était, disait-on, extrêmement réduit. On parlait même de suspendre les payements en espèces. Sans doute, on en était loin, car la Banque pouvait et aurait même dû

vendre son argent pour de l'or en réalisant la prime à son
profit, et c'est ce qu'elle fit, en effet, plus tard par suite
d'un accord avec la Banque d'Angleterre ; mais elle préféra d'abord tirer de l'or de Londres au moyen de traites,
ce qui effraya le marché anglais déjà fortement déprimé
par les demandes d'exportation métallique pour New-York.
Afin de se défendre, la Banque d'Angleterre éleva le taux
de l'escompte à 7. La Banque de France, de son côté, le
porta d'un coup de 5 1/2 à 7 p. 100.

Le 16 janvier, quoique l'Angleterre eût déjà envoyé
3 millions sterling en Amérique, le bilan de la Banque indique une nouvelle réduction du numéraire de 400,023 livres sterling. La semaine d'après, le change sur Londres
ayant monté à New-York à 106 1/2, il se produisit un
moment d'arrêt dans l'écoulement de l'or ; mais tout à
coup, au moment où le *money-market* commence à res-
pirer, un autre danger le menace venant cette fois de
l'Orient. Le change s'améliore à New-York, mais il se déprécie à Calcutta et de fortes remises d'argent se font vers
l'Inde. En six semaines on enlève pour 1,521,901 livres
sterling d'argent, tandis que toute l'exportation de ce
métal pendant les six derniers mois de 1861 ne s'était
élevée qu'à 3,703,903. Les grands achats faits par le commerce en Chine et les placements dans les travaux publics
de l'Inde, expliquent ce *drainage* métallique. L'encaisse
de la Banque tombe à 11,571,332 et elle élève le taux de
l'escompte à 8 p. 100.

A mesure que le numéraire s'écoule, la Banque hausse
le taux de l'intérêt pour le retenir ou le rappeler. Les

chiffres suivants montrent parfaitement la relation de ces variations.

Dates du bilan.	Encaisse.	Escompte.
3 octobre 1860.	15.869.000	4 p. 100
7 novembre.	13.897.000	4 1/2 , 5.
14 —	13.314.000	6.
28 —	13.860.000	5.
26 décembre.	12.798.000	6.
2 janvier 1861.	12.652.000	7.
13 février.	11.571.000	8.
20 février.	11.893.000	8.

Le taux de 7 p. 100 avait suffi pour arrêter la fuite de l'or, car le bilan du 2 février avait montré une augmentation dans le numéraire de 96,036 livres sterling, et celui du 6 février de 215,220 livres sterling; mais pour arrêter l'écoulement de l'argent vers l'Orient, il avait fallu recourir à des moyens plus énergiques.

A peine l'escompte est-il porté à 8 p. 100 que le numéraire reflue vers Londres et vers la Banque. Comme l'intérêt est très-bas en Allemagne et en Hollande, l'argent passe en Angleterre où il trouve un plus fort loyer. Voici les chiffres empruntés au bilan de la Banque d'Angleterre, qui prouvent à l'évidence à quel point un intérêt élevé attire le capital disponible.

	Réserve.	Encaisse.
13 février.	6.356.000	11.571.332.
20 mars.	8.325.000	12.701.000.

L'escompte fut abaissé de 8 à 7 p. 100 à Londres, le 21 mars; à 6, le 4 avril, avec un encaisse de 13,000,130 livres sterling; à 5 le 1er août; à 4 1/2 le 15 août; à 4 le

29 août; et enfin à 3 1/2 le 19 septembre avec un encaisse de 13,999,792 [1].

Au moment où l'argent devenait extrêmement abondant à Londres il se raréfiait sur le marché français au point d'y amener une crise qui, dans son origine, dans sa marche et dans sa terminaison accusa tous les phénomènes caractéristiques de ces perturbations financières.

Comme dans les grandes crises de 1847 et 1857, le marché monétaire français était surchargé d'engagements à termes. Les affaires nouvelles et les entreprises commerciales avaient absorbé presque toute l'épargne annuelle. Les compagnies avaient émis des obligations pour environ 250 millions ; l'Italie avait négocié un emprunt de 713,000,000, dont une grande partie placée en France ; puis étaient venus les emprunts de la Turquie et de l'Espagne sous diverses formes, les chemins de fer italiens, etc. Si on ajoute les autres affaires moins importantes, on arrive à un total de plus d'un milliard. Or, d'après les uns, l'épargne annuelle de la France s'élève dans ces dernières années à environ un milliard, tandis que d'autres, les optimistes, la portent à 1,200 millions. En admettant même ce dernier chiffre on voit qu'il n'était point suffisant pour faire face à tous les besoins du marché. Il fallait donc avoir largement recours au crédit.

1. Il peut sembler singulier que cette différence si minime de 25 millions de francs puisse faire tomber l'intérêt de 6 à 3 1/2 p. 100. Mais il faut remarquer qu'en août les changes étaient très-favorables à l'Angleterre, et que, par suite de la guerre civile en Amérique, les appréhensions de l'avenir déprimaient l'esprit d'entreprise et diminuaient beaucoup les demandes d'argent. Le change sur Londres était à Paris à 25.44.

A l'automne un dérangement de la balance du commerce vint enlever le numéraire et par suite restreindre le crédit, précisément alors qu'on avait besoin et du crédit et du numéraire pour satisfaire aux engagements contractés. La récolte de 1862 avait été insuffisante, et on estimait qu'il faudrait importer du blé pour 3 à 400 millions de francs. A la fin d'octobre déjà on constata l'importation de 8,336,000 hectolitres de blé pris en partie dans les approvisionnements de l'Angleterre. Il en résulta qu'il fallut faire des remises de numéraire, et comme toujours, on le prit dans le grand réservoir de métal que la Banque tient à la disposition du commerce. Le bilan d'octobre constata une réduction de l'encaisse de 80 millions contre une augmentation du portefeuille de 74 millions. La Banque n'avait plus que 304,761,228 fr. pour répondre à un passif immédiatement exigible de 766,439,725 de billets et 202,801,850 de dépôts. Il fallait qu'à tout prix elle fortifiât sa situation. Elle éleva le taux de l'escompte à 5 1/2 puis à 6 p. 100 ; mais au lieu de continuer hardiment et d'arriver s'il le fallait à 7 p. 100, elle préféra acheter à la maison Rothschild pour 50 millions de traites sur Londres, afin de faire venir de l'argent d'Angleterre et de contre-balancer les exportations de métal vers ce pays, mesure d'une efficacité douteuse, car pour faire refluer l'argent il n'y a qu'un moyen décisif et conforme aux lois économiques, c'est de l'attirer par l'appât d'un loyer élevé et par la dépréciation des prix, c'est-à-dire par la hausse de l'escompte. Le bilan de novembre constata encore une perte de 20 millions de fr. sur l'encaisse et vint prouver que l'achat des traites n'avait pas suffi pour rappeler le numéraire. Néanmoins, comme l'escompte à Londres n'était qu'à 3 1/2, les 6 p. 100 du marché français finirent par ramener l'or récalcitrant. En décembre l'encaisse de la Banque ayant regagné 40 millions, le taux fut ramené à 5 p. 100. La hausse de l'escompte avait eu son effet ordinaire, inévitable ; il avait rappelé le numéraire et mis fin à la crise.

CHAPITRE VI

La crise de 1863-1864 a été très-intense et surtout très-longue. Tandis que les crises précédentes avaient duré tout au plus quelques mois, celle-ci s'est prolongée pendant toute une année et cependant elle n'a pas amené de désastres comme les précédentes, parce qu'elle était prévue, et que les banques régulatrices ont pris à temps les mesures indiquées par l'expérience.

Nous essayerons de faire l'histoire du marché monétaire de la France et de l'Angleterre pendant l'année qui vient de s'écouler, parce qu'elle nous permettra de saisir sur le vif, mieux peut-être qu'à aucune autre époque, les principaux phénomènes que nous avons voulu étudier.

Malgré la guerre civile des États-Unis, jusqu'en septembre 1863, la situation commerciale ne présentait aucun signe inquiétant. Sans être très-abondant, l'argent ne faisait point défaut. L'encaisse des banques se maintenait à un niveau assez satisfaisant, et le taux de l'intérêt à Londres et à Paris ne dépassait pas 4 p. 100.

Mais au mois d'octobre déjà la situation était moins bonne. Les exportations de numéraire avaient entamé la réserve métallique de la Banque de France, qui était tombée de 315,824,310 fr. à 272,479,859 fr., présentant ainsi en un mois une diminution de près de 43 millions, tandis qu'il y avait augmentation de 13 millions dans la circulation, de 58 millions dans le portefeuille, et de 2 millions dans les dépôts. Aussi en voyant ses obligations croître et ses ressources diminuer, la Banque avait-elle élevé le taux de l'escompte à 5 p. 100.

La Banque d'Angleterre était encore relativement épargnée, car son encaisse montait à 14,836,057 l. st. (365,900,925 fr.) au 20 octobre ; aussi l'intérêt était-il maintenu à 4 p. 100. Néanmoins, en additionnant le numéraire possédé par les deux banques, comme on peut le faire, tant leur solidarité est intime actuellement, et en comparant le total à celui qu'elles détenaient à la même époque en 1862, on trouve une notable différence en moins. Voici les chiffres comparés :

	Octobre 1863.	Octobre 1862.
Banque de France.	272.479.859 fr.	341.869.316 fr.
Banque d'Angleterre.	365.900.925	413.653.900
	638.380.784 fr.	755.523.216 fr.

Les ressources métalliques des deux banques étaient donc moindres d'une somme de 117,142,432 fr.

Les hommes clairvoyants et au courant des mouvements du commerce général du monde, ne pouvaient plus se dissimuler l'approche d'une époque de gêne ou peut-être de crise financière. Le 31 octobre l'*Economist* publia un article significatif intitulé : *Probabilité d'une grande hausse dans la valeur de l'argent.* Cet article prophétique mérite d'être signalé parce qu'il prouve qu'on connaît assez bien maintenant les causes des crises pour pouvoir en prédire d'avance l'approche et les caractères probables. Voici à peu près ce que disait l'*Economist.*

Lorsqu'on veut se faire une idée de l'avenir du marché monétaire, la première question à examiner est celle-ci : Le *capital* disponible de la nation est-il absorbé?

Il y a vingt ans, Porter estimait l'augmentation annuelle du capital en Angleterre à 60,000,000 l. st. et aujourd'hui elle doit monter à plus du double. Or ce capital si considérable a-t-il été complétement épuisé par l'extension du commerce ou par les entreprises nouvelles?

Dans les neuf premiers mois de 1861, les importations s'étaient élevées à 93,795,332 l. st., et en 1862 à 93,672,434 l. st.; en 1863 elles montent à 104,294,743, ce qui constitue une notable augmentation.

Les exportations qui enlèvent aussi du capital national, en attendant les retours, ont moins augmenté : elles ont été :

En 1861, de.	117.880.159
En 1862, de.	102.956.772
En 1863, de.	118.058.623

En résumé, le commerce avec l'étranger a employé plus de capitaux, mais cet accroissement ne présente rien d'alarmant. Les compagnies fondées hors du pays en ont pris davantage; il y a surtout beaucoup d'engagements contractés de ce chef sur le marché anglais. Toutefois, là encore ne peut se trouver la cause des difficultés qui menacent l'avenir.

Mais ce qui produira infailliblement des embarras financiers, ce sera le défaut ou la rareté du *numéraire*. Les chiffres des comptes courants de dépôt qui figurent au bilan des banquiers ne prouvent rien ; car ce qu'il faut à un moment donné, c'est de l'or. Nous avons un immense système de crédit, mais cela signifie que beaucoup d'entre nous se sont engagés à payer de l'or à la première demande ou à bref délai. Cet or doit se trouver dans le pays ou il y a crise, et malheureusement il est à craindre qu'il ne s'en écoule beaucoup.

Les importations de coton ont doublé et se sont élevées de 11,684,699 l. st. en 1862, à 26,861,993 en 1863 ; tandis que nos exportations vers l'Inde n'ont augmenté que d'un million sterling. Jusqu'à présent nos remises de métaux précieux n'ont pas augmenté, elles n'ont pas dépassé 7 millions st. pendant les neuf premiers mois de l'année. Il s'ensuit qu'ayant encore à payer nos dettes envers l'Inde, il faudra bientôt lui envoyer beaucoup de numéraire. Ce numéraire, il faut nous le procurer, et à cet effet la Banque ne doit pas tarder à élever le taux de l'escompte. L'*Economist*, l'organe du commerce anglais, voulait donc que, suivant la maxime du poëte latin : *Venienti occurrere morbo*, on appliquât préventivement le seul remède efficace, quoique si détesté en France, la hausse du taux de l'intérêt.

L'article que nous venons d'analyser était basé tout entier sur cette doctrine, qu'on prétend fausse et surannée, et qui consiste à dire que la rareté du numéraire doit amener une hausse de l'intérêt, par cette raison très-simple, que quand l'argent est rare, il ne peut se louer à bon marché. Les faits ne tardèrent pas à confirmer la vérité de ces principes de la façon la plus irréfragable.

Déjà le bilan du 28 octobre signale une diminution de l'encaisse métallique de 207,695 l. st. Le change avec l'Inde devient contraire. Le prix de l'argent, métal dont on a besoin pour payer le coton, s'élève par suite à 61 5/8 *pence* par once. Beaucoup d'argent part pour l'Inde par Marseille et par les ports anglais.

L'effet de ces exportations ne tarde pas à se faire sentir. Le bilan du 4 novembre indique une diminution dans le numéraire de 638,146 l. st., et dans la *réserve*, de 807,066 l. st.

Plusieurs causes tendent à peser sur le *money-market* anglais. L'argent s'écoule vers l'Inde ; l'Italie, la Russie, l'Allemagne ont besoin de numéraire, et la Banque de France attire l'or à elle par tous les moyens. Tout celui qui arrive d'Amérique part pour le continent. D'un autre côté, la place de Londres a beaucoup d'engagements, et le commerce qui se réveille absorbe de nombreux capitaux.

Dans la semaine finissant au 7 novembre, l'or arrivant d'Amérique est de nouveau absorbé par le continent, et, en outre, on retire de la Banque 182,000 l. st. en lingots et 183,000 en souverains.

La demande de lingots d'argent pour l'exportation vers

l'Orient reste active. C'est la preuve certaine qu'il faudra faire encore de fortes remises à l'Inde.

D'autre part, la situation en France s'est beaucoup aggravée. Le bilan de novembre montre que l'encaisse a perdu 67,089,611 fr., tandis que le portefeuille a augmenté de 62,351,512 fr., et les dépôts de 4,608,065 fr.

En présence de tant de symptômes, tous menaçants pour son encaisse, la Banque d'Angleterre se décide à élever le taux de l'escompte, d'abord à 5 p. 100, le lundi 2 novembre; puis à 6 p. 100, le jeudi suivant, 5 novembre. Les prédictions de l'*Economist* se vérifiaient : argent rare, argent cher. Seulement la Banque avait trop tardé; cette double hausse en une seule semaine prouvait qu'elle était en faute.

La cause principale de l'alarme qui avait décidé la Banque à deux hausses de l'escompte coup sur coup, était l'état du change avec l'Inde, qui, devenant de plus en plus favorable à ce pays, indiquait clairement qu'il devait recevoir d'Europe d'importantes remises en numéraire. Afin de contribuer à améliorer le cours du change, le conseil de l'Inde se décida à adopter une mesure qui, quoique insuffisante, eut cependant de bons résultats. Le gouvernement de l'Inde est tenu de payer annuellement en Angleterre une somme de 5,000,000 l. st., pour pensions, intérêts de la dette, traitements, etc. Afin d'acquitter cette somme, il achetait autrefois sur les marchés de Calcutta et de Bombay des traites payables à Londres, et il les envoyait en Angleterre, afin de satisfaire ses créanciers avec les produits de l'encaissement de ces lettres de change.

Mais comme ces achats importants d'effets de commerce sur un marché restreint y produisaient toujours une hausse très-sensible et brusque, le conseil de l'Inde a pris l'habitude de tirer de Londres sur le Trésor indien, et de vendre ces traites en adjudication publique. En novembre il avait à émettre pour 7,000,000 l. st. de traites. Mais il tira pour 900,000 l. st., afin que la dette politique de l'Inde envers l'Angleterre compensât un peu plus exactement la dette commerciale de l'Angleterre envers l'Inde, et permît à celle-ci d'envoyer 200,000 l. st. en moins vers l'Orient.

La mesure était bonne, mais insuffisante; aussi l'or continua-t-il à s'écouler. Le bilan du 11 novembre indique une nouvelle réduction de 338,663 l. st. dans l'encaisse, de 277,482 l. st. dans la réserve, et de 667,595 dans la circulation.

En France aussi, la Banque voit fuir son numéraire, malgré le triage des bordereaux. L'encaisse tombe à 200 millions. En présence de ces chiffres défavorables, l'escompte est porté à 6 p. 100 le 6 novembre, et à 7 p. 100 le 12 du même mois, hausse aussi brusque à peu près et aussi précipitée que celle qui avait eu lieu en Angleterre quelques jours avant. Les deux grands établissements se disputaient ainsi l'argent flottant sur le marché, ou plutôt ils s'efforçaient de rejeter sur le voisin la charge onéreuse de fournir le métal réclamé par l'Orient; car les dernières nouvelles de Bombay faisaient connaître que le change s'était encore élevé de 1 p. 100 en faveur de l'Inde. Aussi de grands envois d'argent ont lieu par Marseille.

En Angleterre, la pression paraît un peu moins forte.

Néanmoins l'encaisse de la Banque se réduit toujours, lentement il est vrai, mais d'une manière continue. Le bilan du 18 novembre cónstate une perte de 41,163 l. st. ; celui du 25, une réduction de 51,270 l. st., et enfin celui du 2 décembre une diminution plus importante de 319,857 l. st. La *réserve* qui, dans les deux semaines précédentes, s'était accrue de 827,182, perd en quelques jours une somme à peu près égale, soit 837,272.

L'argent continue à s'écouler vers l'Égypte et l'Inde, mais le numéraire qui vient des provinces suffit en grande partie à faire face à ces remises. La situation paraît pourtant assez grave pour que la Banque élève son escompte à 7 p. 100 le 2 décembre, et à 8 p. 100 le lendemain.

Naguère encore, ces hausses subites et si fréquemment répétées auraient produit une panique. Maintenant, elles n'ont plus le même effet, parce que les hommes d'affaires de la *Cité* en sont arrivés à comprendre que l'élévation du taux de l'intérêt est la seule mesure qui peut ramener sur le marché monétaire l'argent qui fuit. C'est un coup de pompe donné par la Banque afin d'appeler dans ses caisses le numéraire disponible sur le marché de l'univers. L'*Economist*, d'ailleurs, rassurait le public en montrant que la situation de la Banque ne devait point inspirer d'alarmes sérieuses.

En 1857, M. Weguelin, directeur de la Banque d'Angleterre, estimait qu'avec 3 millions sterling de billets dans la réserve, cet établissement pourrait marcher. Les événements de cette même année 1857 démontrèrent que c'était trop peu; mais alors, au 2 décembre 1863, la réserve possédait plus du double. Quant au numéraire, la situation comparée aux époques de crises précédentes était aussi très-rassurante. Voici, en effet, les chiffres :

23 octobre 1847.	8.312.691
24 octobre 1857.	9.369.794
24 février 1861..	11.571.332
2 décembre 1863.	13.048.475

D'ailleurs, la crise actuelle ne provenait pas d'une cause aussi fâcheuse qu'en 1847 ou 1825, d'un déficit de la récolte ou des excès de la spéculation, mais plutôt du développement réel de l'activité industrielle et commerciale. Beaucoup de sociétés se sont constituées ; il se fait énormément d'affaires ; le commerce d'exportation a pris un prodigieux essor. Pour faire face à cette masse d'échanges, il faudrait beaucoup d'agents de la circulation, beaucoup de numéraire, et précisément il se fait qu'il faut expédier d'énormes sommes d'argent à des peuples à moitié civilisés qui ne veulent point d'autre marchandise. De là une gêne dont on ne peut sortir qu'en attirant le numéraire du monde entier par l'attrait d'un fort loyer.

Pendant la semaine qui finit le 5 décembre, peu d'or arrive d'Amérique et beaucoup d'argent part vers l'Inde. Le prix de ce métal monte de nouveau à 61 d. 5/8ᵉ par once. Cette hausse est la conséquence de l'élévation du taux du change sur l'Inde, et prouve l'énorme besoin qu'on a de l'argent.

La situation du marché monétaire à Bombay est aussi très-extraordinaire. Quoique l'argent en lingots y soit très-abondant, la monnaie est rare et chère, parce que tout le

numéraire part pour l'intérieur afin de payer le paysan
producteur du coton. L'hôtel de la Monnaie ne peut fabriquer assez de roupies pour répondre à la demande, et ceux
qui en possèdent peuvent les prêter à gros intérêt. En Angleterre, semblable phénomène ne peut se produire parce
que la Banque est tenue de délivrer des *banknotes* en
échange des lingots, et ainsi le numéraire-papier, le
currency, ne peut faire défaut quand il y a du métal,
même sous forme de marchandise.

L'effet ordinaire d'une hausse de l'intérêt est de faire
fléchir le prix de toutes les marchandises, y compris les
fonds publics, et d'attirer ainsi les capitaux du dehors par
l'appât du bon marché. A partir du 3 décembre, on constate une dépréciation de tous les produits, principalement
du coton, l'objet des grandes spéculations du moment.
L'argent arrive de l'étranger pour se placer dans les valeurs anglaises, et surtout dans l'escompte des effets à trois
mois d'échéance.

Déjà le bilan du 9 décembre montre qu'on regagne le
terrain perdu. En voici les chiffres principaux :

Diminution dans la circulation.	. . .	884.525
— du numéraire.	. . . . . .	39.858
Augmentation de la réserve.	. . . . .	789.727
— du portefeuille.	. . . . .	639.770

Ce bilan est relativement assez favorable. L'or reflue des
provinces vers la Banque, puisqu'il n'y a qu'une diminution insignifiante de l'encaisse, malgré de grandes exportations à l'étranger. L'argent part pour Bombay et l'or
pour le Brésil. Un seul steamer emporte, le 13 décembre,

527,490 liv. ster. pour l'Orient, dont 429,390 liv. ster. en argent.

Pendant la semaine suivante, l'effet de la hausse de l'escompte se fait sentir de plus en plus. Le bilan du 16 décembre accuse une augmentation de numéraire de 666,857 l. st., et un accroissement de la réserve de 1,059,192. La circulation a diminué de 418,443, et le portefeuille de 369,610. Beaucoup d'argent est encore arrivé des provinces et aussi d'Allemagne, à la recherche d'un placement avantageux. Mais, d'autre part, la Banque de France voit de nouveau fondre son encaisse; on y puise l'argent nécessaire pour l'Orient, au lieu de le prendre à Londres, où il est plus cher.

L'or importé d'Amérique et d'Australie pendant cette semaine dépasse les quantités exportées, et le surplus va à la Banque; mais de grandes sommes d'argent partent toujours pour l'Inde de Marseille et des ports anglais. Le *Ceylon* en emporte pour 430,000 l. st., en destination de Bombay, et le vapeur des Messageries impériales du 20 en prend pour plus de 12,500,000 fr.

Le bilan suivant, celui du 23 décembre, montre encore mieux l'effet vraiment prodigieux produit par les hausses de l'escompte.

Il y a diminution de 108,965 liv. ster. dans la circulation; de 553,431 liv. ster. dans les dépôts; de 32,763 liv. ster. dans le portefeuille, contre une augmentation dans le numéraire de 541,593, et dans la réserve de 685,283.

Pendant la semaine, beaucoup d'or devient disponible,

6

et on envoie pour 355,000 l. st. à la Banque [1]. L'argent seul continue à s'écouler largement vers l'Orient. Le contre coup de cet écoulement se fait sentir en Espagne, parce que le change entre ce pays et la France lui est presque toujours désavantageux. On peut donc, en cas de besoin, lui enlever son numéraire, ce qui a lieu depuis le commencement de la crise.

En Angleterre vers la fin de l'année, attiré par un fort loyer et par la baisse des prix, l'argent arrive des provinces et de toutes les parties du continent avec une rapidité qui dépasse toute prévision; au 23 décembre, l'encaisse est à 14,217,647 l. st. contre 13,048,475 au 2 décembre. L'intérêt est réduit à 7 p. 100. Le coup de pompe a eu son plein effet. Le réservoir de l'or est suffisamment rempli.

Le 2 janvier 1864, l'*Economist* publie un remarquable article dans lequel il développe et précise son appréciation sur l'avenir du *money-market*, déjà émise deux mois aupa-

---

1. Pour comprendre ce mouvement des métaux précieux en Angleterre, il faut se rappeler que la Banque est tenue de délivrer des billets contre de l'or sur le pied de 3 l. 17 sh. 9 d. par once *standard*, à 22 carats, c'est-à-dire contenant vingt-deux parties d'or pur sur vingt-quatre. A l'hôtel de la Monnaie, on obtient 3 l. 17 sh. 10 d. 1/2, ce qui est la valeur pleine, sans déduction aucune; mais comme d'ordinaire il faut attendre, celui qui a de l'or préfère le vendre à la Banque et recevoir ainsi immédiatement 3 l. 17 sh. 9 d. La Banque revend cet or à 1 1/2 d. (environ 16 centimes) de bénéfice par once, et elle ne l'envoie à la Monnaie que quand elle a besoin de *souverains*.

Si donc celui qui importe de l'or espère bientôt le réexporter, il ne l'envoie pas à la Banque, parce qu'il perdrait 1 1/2 d. par once quand il devrait le racheter.

Les grands commerçants en métaux connaissent les besoins des différentes places et conservent l'or dans leurs caves, en attendant le moment de le vendre avec profit.

ravant. Cette prophétie économique s'est réalisée si exactement que nous croyons devoir en reproduire la substance, et parfois les termes mêmes.

L'année 1864, disait ce journal, se présente sous un aspect remarquable. Trois circonstances commerciales pèsent sur notre marché monétaire :

1° Nous achetons beaucoup de coton à des pays nouveaux ; 2° nous fondons un grand nombre de compagnies nouvelles, et 3° nous donnons à notre commerce de vastes proportions, un étonnant essor.

Si on pouvait payer l'importation du milliard de coton qu'il nous faut en produits anglais, il n'y aurait nulle difficulté, car notre puissance de production est énorme ; mais des contrées à demi barbares, comme l'Égypte et l'Inde, veulent avoir du métal et n'ont pas besoin de nos produits.

Quelques personnes croient que les embarras résultant de la nécessité d'exporter de l'or tiennent à l'*act* de 1844. C'est une erreur. Les effets d'un *drainage* de métal ne peuvent être combattus par la législation. Nous exprimons nos obligations en numéraire. Beaucoup de personnes et surtout les banques sont tenues de payer en métal des sommes considérables à bref délai ou à vue. Il est donc indispensable de posséder une grande quantité de métaux précieux. Tout le système du crédit repose sur cette base. Si on savait qu'il n'y a plus d'or, le public ne voudrait pas croire, et il aurait raison de douter, qu'on pût tenir ses engagements, et de là panique, crise et banqueroutes.

Nous ne devons pas nous alarmer après la preuve récente

de la prodigieuse puissance du remède qui est en nos
mains. La Banque d'Angleterre n'a qu'à élever le taux de
son escompte, et aussitôt les métaux précieux affluent de
toutes parts. Nous obtenons ainsi les moyens de faire face
à l'écoulement du numéraire, quoique nous ne puissions
pas arrêter cet écoulement lui-même. Les pays lointains
veulent avoir de l'argent, il faut qu'ils en aient. C'est pourquoi il est probable que le *money-market* sera sujet à de
continuelles oscillations. Il se peut que maintenant l'argent baisse de prix, que la banque réduise l'escompte et
que le marché privé suive cet exemple. Mais bientôt l'écoulement du numéraire, un moment suspendu, recommen-
cera. Les approvisionnements métalliques que la banque a
ramassés quand l'argent était cher, s'écouleront dès que l'argent sera à meilleur compte, et en cela il n'y a pas de mal.
Nous désirons seulement nous procurer plus de numéraire
pour payer le coton que nous avons acheté, et dès que nous
avons ce numéraire, nous sommes disposés à l'employer
à payer nos dettes envers l'étranger. « Lorsque notre
approvisionnement sera trop réduit, il faudra recommencer
la même opération. Il sera nécessaire d'élever le taux de
l'escompte et d'attirer plus de métal, et quand nous l'au-
rons, nous abaisserons l'intérêt, afin que cet argent s'en
aille à son tour. Nous n'espérons pas voir de sitôt l'argent
à bas prix : mais quoique l'argent doive rester cher pendant des mois encore, il y aura beaucoup de fluctuations
dans son prix et nous devons nous attendre à plusieurs périodes de hausse et de baisse, peu importantes peut-être
pour la masse de la nation, mais très-gênantes pour ceux

qui sont engagés dans les transactions du marché monétaire. »

Les prédictions de l'*Economist* ne tardent pas à se réaliser. A peine le taux de l'escompe est-il abaissé à 7 p. 100
que l'écoulement du numéraire, le **bullion drain**, recommence, parce que les mêmes causes continuent à agir. Au
6 janvier l'encaisse métallique de la banque d'Angleterre
s'élevait à 14,196,754, au 20 janvier il n'est plus que de
12,974,109, ce qui constitue une réduction de 1,222,645
pendant la quinzaine. A Paris le même phénomène se produit. Tandis qu'en janvier 1863 la Banque possédait
268,150,220 de numéraire, il ne lui reste plus au 14 janvier 1864 que 169,027,009 fr., en face d'une circulation
en billets de 813,490,825 fr. Quoique le grand mouvement
d'affaires du commencement de l'année explique en partie
cette situation, elle inspire des inquiétudes au monde commercial, et la direction veut relever le taux de l'escompte;
mais le gouvernement s'y oppose, dit-on, dans l'espoir
qu'il pourra fournir du numéraire à la Banque au moyen
des fonds de l'emprunt de 300 millions qui rentrent en ce
moment. La Banque puise aussi des ressources sur le
marché de Londres. Pour résister à cette pression et aux
demandes toujours très-grandes de l'exportation, la Banque
d'Angleterre relève le taux de l'escompte à 8 p. 100 le
22 janvier.

Et en effet, pendant la semaine finissant le 23 janvier,
636,000 l. st. lui sont enlevées, dont 20,000 l. st. pour
l'Espagne. L'argent s'écoule toujours vers l'Orient en
tant que métal. Le steamer le *Ripon* en emporte pour

141,000 l. st. et Marseille en expédie pour 500,000 l. st.
Le taux du change de Paris sur Londres est à 25, 22 1/2 ;
à ce prix, l'or est plus cher à Paris qu'à Londres, et il
y a un léger avantage à en importer sur le marché
français.

Mais bientôt l'effet des 8 p. 100 d'intérêt se fait sentir ;
l'écoulement de l'or est arrêté et le bilan du 27 janvier
montre que l'encaisse métallique de la Banque d'Angleterre s'est accru de 48,111 l. st. A partir de cette
époque, commence pour le marché monétaire anglais une
période d'abondance relative. Les vapeurs en partance
pour l'Inde enlèvent moins d'argent, et ceux d'Amérique
continuent à apporter beaucoup d'or. Le 25 février, l'escompte est abaissé à 6 p. 100. C'est un moment de relâ-
che, et l'on espère même voir arriver la fin de la crise ;
mais les gens clairvoyants constatent que beaucoup de
coton arrive toujours de l'Inde à de hauts prix et qu'il faudra
bien le payer. Les bilans successifs de la Banque d'Angleterre depuis le commencement de février jusqu'à la fin de
mars indiquent tous, sauf celui du 9 mars, une augmentation dans l'encaisse métallique. A Paris, la Banque regagne aussi du numéraire d'une façon continue. Le bilan
de février donne 182,573,888 fr., celui de mars
195,994,661 fr., et celui d'avril 219,320,720 fr.

Au mois d'avril, la situation en Angleterre est beaucoup
moins favorable. Dès la fin de mars l'écoulement de l'or a
recommencé. Le courant métallique qui pendant deux
mois environ s'était dirigé vers Londres s'en détourne
maintenant d'une manière prononcée et persistante. Le

bilan de la Banque d'Angleterre du 31 mars indique une réduction de l'encaisse de **285,682** l. st. et une diminution de la *réserve* de **838,267** l. st., et à la fin de chaque semaine on constitue des réductions nouvelles. Au **18 avril**, le bilan hebdomadaire donne des chiffres de fâcheuse apparence. L'encaisse métallique a baissé de **536,363** l. st. et la réserve de **789,363** l. st. Sans doute on fait remarquer qu'à la fin du mois on paye les dividendes, et, qu'ainsi, il faut plus de billets et de numéraire ; mais néanmoins, il est évident que l'écoulement du métal recommence avec une grande intensité.

L'exportation vers le Brésil emporte tout l'or arrivé de Melbourne et des États-Unis, et le *Delta* enlève **214,600** l. st. pour Bombay. L'Argent est à **61 5/8** d. par once. L'escompte est relevé à **7** p. **100**. Mais ce taux est évidemment insuffisant.

Au **20 avril** on constate une nouvelle diminution dans l'encaisse de **337,698** l. st. et dans la réserve de **205,880** l. st.

L'importance de ces réductions successives est surtout remarquable si on remonte à un mois en arrière.

Voici les chiffres comparés, au **23 mars** et au **20 avril** :

ENCAISSE MÉTALLIQUE.

23 mars.	14.449.201
20 avril.	12.743.302
Diminution en un mois.	1.705.899

RÉSERVE EN BILLETS DANS LE DÉPARTEMENT DE LA BANQUE.

23 mars.	8.495.190
20 avril.	5.564.845
Diminution.	2.930.345

La *Said* des messageries françaises emporte 229,400 l. st. en or pour Alexandrie, et 548,000 l. st. en argent, dont la majeure partie est pour la Chine. Pendant la dernière semaine d'avril, l'encaisse de la Banque diminue toujours mais les exportations pour l'Orient sont moins considérables. Néanmoins il faut aviser. Le 30 avril, l'*Economist* fait un article pour demander que la Banque élève l'escompte. Il fait remarquer que l'encaisse métallique a perdu depuis le dernier bulletin 175,526 l. st. En outre, si l'on examine la situation du département de la Banque, on remarque que ses obligations exigibles s'élèvent à 19,366,368 liv. st.; soit :

Dépôts de l'État..............	6.217.965
Dépôts des particuliers..........	12.620.036
Billets à sept jours, (*seven day bills*).	528.367

D'autre part, les ressources disponibles de la réserve ne montent qu'à 6,261,541 liv. st., c'est-à-dire à moins du tiers, et le département de la Banque a pour principe de ne pas laisser tomber sa réserve au-dessous du tiers. L'exportation de l'argent vers l'Inde doit continuer, car le *ryot* ne veut pas recevoir d'autres marchandises. En outre, les exportations augmentent rapidement. En voici le tableau pour les trois premiers mois de l'année :

	Janvier.	Février.	Mars.
1862.	8.439.055	8.320.059	9.664.649
1863.	8.045.155	9.298.576	10.217.473
1864.	10.413.586	12.698.121	13.555.674

Or, ces exportations emportent une partie du capital

anglais et doivent donc tendre à faire monter le taux de l'intérêt.

Enfin, ce qui pourrait amener de sérieuses complications, c'est l'abus du crédit que font les nouvelles banques qui manquent d'expérience et qui cherchent des emprunteurs.

Donc, en résumé, trois circonstances défavorables pèsent sur le marché monétaire : 1° *l'argent* s'écoule pour payer le coton ; 2° le *capital* s'en va absorbé par l'accroissement des exportations ; 3° le *crédit* est menacé par les avances peu sages que font les nouvelles compagnies financières.

Le bilan du 4 mai indiquant une nouvelle réduction dans l'encaisse et dans la réserve de la Banque, elle élève le taux de l'escompte d'abord à 8 p. 100 le 2 mai, puis à 9 p. 100 le 5 mai.

C'est la troisième fois, depuis le commencement de la crise, que l'intérêt est ainsi relevé à deux reprises différentes dans la même semaine. Voici le raisonnement appuyé sur l'expérience qui a guidé, dans ces circonstances, les financiers anglais.

En Hollande et en Allemagne, se sont-ils dit, le taux de l'intérêt est encore à 5 p. 100, à Paris il n'est qu'à 7, donc l'argent attiré par un plus haut loyer, doit affluer vers l'Angleterre. Ce pays est maître du marché monétaire : il le commande en raison de son commerce immense et de ses prodigieuses richesses accumulées. Il est donc en mesure de payer le numéraire dont il a besoin au prix qu'il doit coûter.

Cette fois encore l'effet de l'élévation du taux de l'escompte se fait sentir immédiatement. Le bilan de la Banque du 11 mai accuse une augmentation dans l'encaisse métallique de 251,007 l. st. et dans la *réserve* de 776,407 l. st. Le portefeuille s'est encore élevé de 455,783 l. st., mais, par contre, les dépôts privés se sont accrus de 622,257 l. st., dépassant ainsi l'accroissement du portefeuille de 170,000 l. st.

La circulation a diminué aussi de 566,805 l. st.

L'or afflue vers la Banque. Il en arrive beaucoup d'Amérique. Dans la semaine finissant le 11 mai on importe pour 573,216 l. st. d'or et pour 33,028 l. st. d'argent, tandis que les exportations se sont élevées seulement à 144,812 l. st. pour l'or et à 211,743 l. st. pour l'argent.

L'or est, d'après le taux du change, plus cher à Londres qu'à Hambourg et à New-York.

La Banque de France, pour défendre son encaisse contre la puissance d'appel du marché monétaire anglais, élève aussi le taux de l'intérêt de 7 à 8.

Le bilan du 18 mai continue à révéler l'effet d'attraction qu'un haut prix de location exerce sur l'argent disponible. L'encaisse métallique a augmenté de 562,195 l. st., et la réserve de 701,510 l. st., tandis que la circulation a diminué de 165,635 l. st., et le portefeuille de 383,514. La situation paraît assez améliorée aux directeurs pour abaisser le taux de l'escompte de 9 à 8 p. 100, et la Banque de France le réduit aussi le même jour de 1 p. 100 en le fixant à 7. p. 100.

Le bilan du 25 mai montre que la situation de la Banque

continue à s'améliorer et qu'on est entré dans une nouvelle période d'abondance relative.

La réserve s'est accrue de **849,227** l. st. et l'encaisse de **446,497** l. st., tandis que la circulation a diminué de **445,305** et le portefeuille de **558,514** l. st.

Les bâtiments arrivés d'Amérique apportent des sommes considérables en or. La Banque en achète pour **440,000** l. st. •

Les exportations pour l'Orient sont peu importantes, aussi l'escompte est-il abaissé à 7 p. **100** et à Paris à 6 p. **100**.

On signale pendant cette semaine un fait remarquable. La plus puissante des *Joint-stock banks* d'Angleterre, la *National provincial bank* renonce à une circulation autorisée de **442,371** l. st. pour ne plus se servir désormais que des billets de la Banque d'Angleterre, et cela se fait au moment où l'escompte est encore à 8 p. **100**.

Au 1er juin, l'encaisse métallique a augmenté de **338,818** et la circulation de **478,793**, la réserve a diminué de **131,812** fr., et le portefeuille de **255,061** l. st.

Les métaux précieux affluent toujours d'Amérique. La Banque en achète encore pour **219,000** l. st., mais les demandes pour l'exportation recommencent. L'Espagne enlève la plus grande partie du métal arrivé sur le marché.

Le bilan du 8 juin indique une nouvelle amélioration dans la situation de la Banque, malgré une insignifiante réduction dans le numéraire de **9,632** l. st. La réserve a augmenté de **605,683** l. st., s'élevant ainsi à **8,424,009** l. st. en face d'obligations montant à **21,208,999** l. st.

Tout l'or arrivé d'Amérique est absorbé par l'exportation.

Au 15 juin, l'amélioration est notable, il y a augmentation de l'encaisse de 261,076 l. st., de la réserve de 405,346 l. st., du portefeuille de 122,452 l. st., et diminution de la circulation de 168,848 l. st.

L'escompte est réduit à 6 p. 100. Déjà depuis trois semaines, époque de la réduction à 7 p. 100, le marché libre escomptait au-dessous de ce taux ; une réduction était donc inévitable.

En constatant l'accroissement constant de l'encaisse et de la réserve sous l'influence d'un escompte élevé, l'*Economist* peut, avec raison, intituler un article *The power of the screw*, la puissance de l'écrou, c'est-à-dire du jeu de la hausse de l'intérêt. Sur le continent, le monde commercial avait d'abord blâmé très-vivement les décisions de la Banque d'Angleterre, parce qu'elles avaient eu pour effet de produire une tension sur le marché européen tout entier et d'enrayer partout le mouvement des affaires ; mais quand on vit les conséquences favorables qu'elles avaient amenées en si peu de temps, la majorité des hommes compétents les approuva. Il est facile de retrouver le reflet de cette opinion dans les journaux spéciaux publiés à cette époque. C'est ainsi qu'on peut lire ce qui suit dans le bulletin financier du *Moniteur des intérêts matériels* du 22 mai 1864 : « En général, on a loué la Banque d'Angleterre d'avoir pris des mesures énergiques et d'avoir ainsi, par une gêne un peu forte, mais de courte durée, fait rentrer le marché monétaire dans une situation moins tendue. En effet, l'encaisse s'est rapidement reconstitué, l'argent se montre abondant et on est actuellement certain de jouir d'un calme réparateur au moins pendant quelque temps. Une autre conséquence des mesures prises par la Banque, conséquence, selon nous, de la première importance, est le temps d'arrêt qui s'est manifesté dans la fièvre d'affaires nouvelles qui avait atteint le marché. »

En juillet, la situation de la Banque d'Angleterre devient moins bonne; l'encaisse et la réserve diminuent lentement, et, le 25 juillet, l'intérêt est relevé à 7 p. 100. Pendant la semaine précédente, les exportations de numéraire se sont élevées à 267,106 l. st., et les importations à 157,706 seulement, laissant une différence de 109,400 l. st. En août, l'argent reste abondant à Paris, mais il se raréfie à Londres. La Banque d'Angleterre, voyant se réduire constamment son encaisse et sa réserve, porte l'escompte à 8 p. 100. Autrefois, pour une perte d'un million sterling, elle aurait tout au plus décidé une hausse de 1/2 p. 100. Aujourd'hui, elle procède par élévation brusque de 1 et de 2 p. 100, d'abord en raison des immenses besoins d'argent qui pèsent sur le marché, et ensuite à cause des facilités nouvelles acquises au transport du numéraire. L'encaisse, au 10 août, était encore de 12,609,925 l. st., contre 13,701,112 au 12 juillet. Entre ces deux dates, le portefeuille s'est élevé de 20,503,000 l. st. à 21,108,551, et la circulation s'est réduite de 27,648,675 à 26,574,365. Le bilan de la fin d'août montre que la hausse de l'escompte rappelle un peu de numéraire. L'encaisse regagne 105,992 l. st., et les importations de métaux précieux dépassent les exportations d'environ 600,000 l. st. pendant la dernière quinzaine du mois. La situation de Paris reste excellente ; mais les effets de la crise commencent à se faire sentir à Amsterdam, cette place si solide où d'ordinaire l'argent afflue comme vers l'Inde [1]. Dans les premiers jours de septembre, c'est le marché de Londres, dont l'aspect devient plus sombre. La diminution de l'encaisse n'est pas inquiétante, 169,666 l. st., mais les faillites commencent à éclater. Les consolidés, par suite de ventes répétées coup sur coup, tombent au taux alarmant de 86 7/8. C'est le signe infaillible des grands besoins d'argent qui se manifestent : pour faire face à des engagements antérieurs, on vend le fonds qui se déprécie le moins. Lors de la formidable crise de 1857, il n'était qu'à 1 p. 100 plus bas, à 85.

La Banque craint de plus graves complications et donne un nouveau coup de pompe pour appeler l'or. L'escompte est porté à 9 p. 100 le 8 septembre, avec un encaisse de 12,840,575 l. st. La Banque de France, dont cependant le numéraire est remonté à 281 millions et le portefeuille descendu à 618 millions, relève aussi l'intérêt de 1 p. 100 et le fixe à 7 le 9 septembre, mais ce n'est qu'une mesure de défense. Toutes les places de l'Europe sont affectées

---

1. L'argent est toujours très-abondant en Hollande, parce que, grâce à sa magnifique colonie de Java, dont elle vend les produits, elle se trouve vis-à-vis des autres pays dans la même position que l'Inde. La balance lui est toujours favorable, comme le prouve le cours habituel du change. A Paris et à Bruxelles, les traites sur Amsterdam se négocient ordinairement sur le pied d'environ 214, tandis que le pair est 211, ce qui constitue une avance de plus de 1 p. 100. La Hollande, comme l'Angleterre, possédant beaucoup de fonds des autres États, la remise des intérêts tend aussi à élever le change en sa faveur.

soit par une gêne locale, soit par contre-coup. Le loyer de l'argent est à Francfort à 5 1/2, à Turin à 8, à 7 à Lisbonne et à Madrid, à 6 à Berlin, à 5 1/2 à Amsterdam, à 6 3/4 à Hambourg. Vienne seule, grâce au cours forcé des billets, reste invariablement à 5. Le bilan de la Banque d'Angleterre du 21 septembre, indique déjà l'effet produit par les 9 p. 100 d'escompte. Le métal revient rapidement; l'encaisse a regagné 265,596 l. st. Au commencement d'octobre, c'est la banque de France qui, à son tour voit fuir son numéraire. Le bilan de ce mois constate une diminution de 30 millions : l'encaisse étant tombé à 250,423,737, l'escompte est fixé à 8 p. 100. La solidarité de toutes les places de l'Europe se manifeste clairement ; une notable différence dans le taux de l'intérêt ne peut être maintenue longtemps. L'escompte est porté à 7 à Berlin, à 6 puis à 7 vers la mi-octobre à Amsterdam ; il est à 14 à Constantinople où éclate une désastreuse débâcle. La rente française tombe à 64,40. A Londres, après les faillites des banques, entre autres le *Leed's Banking company* et le *Unity joint stock mutual banking company* en septembre, viennent vers la fin d'octobre les faillites du commerce. Celles des grandes maisons grecques fortement engagées dans des spéculations sur le coton, répandent l'inquiétude sur la place. En novembre, la crise sévit avec une désastreuse intensité en Espagne, où le trésor public est à bout d'expédients et où la gêne est partout au comble [1] ; à Amsterdam et à Rotterdam où de puis-

1. Le bilan du 31 octobre de la Banque nationale d'Espagne constate un portefeuille de 691,914,645 réaux, pour un encaisse de 78,256,022.

santes maisons succombent, et, au delà de l'Atlantique, au Brésil, où cinq fortes maisons de banque suspendent leurs paiements, produisant ainsi une véritable panique. On signale aussi des sinistres commerciaux en Australie et aux Indes. Heureusement la situation s'améliore à Londres et à Paris : l'argent devient plus abondant, les caisses des banques se remplissent, et l'escompte est ramené à 7 p. 100 par la Banque de France le 3 novembre, et à 8 p. 100 le 10 novembre par la Banque d'Angleterre. On remarquera qu'à chacune de ces hausses ou baisses simultanées, la Banque de France est la dernière à relever et la première à diminuer le taux de l'intérêt. C'est qu'en Angleterre l'emploi du crédit étant beaucoup plus répandu, la base métallique de l'échange est toujours réduite au *minimum*. Le *money-market* est par suite d'une sensibilité extrême et exige des mesures de conservation beaucoup plus promptes et bien plus énergiques que partout ailleurs.

Après la dernière et rude secousse de la fin d'octobre, on peut considérer la crise de 1864 comme terminée. A Paris et à Londres l'encaisse des banques grossit d'une manière continue; il est respectivement de 285,686,302 fr. et de 13,649, 270 l. s. en novembre, de 352,120,832 fr. et de 13,840,694 l. s. en décembre. A la fin de décembre l'escompte est ramené à 4 1/2 en France et à 6 p. 100 en Angleterre [1].

Aux violents ébranlements et à la fièvre de cette lon-

---

1. Ce sont les emprunts étrangers émis sur le marché de Londres qui contribuent en grande partie à y maintenir le loyer de l'argent beaucoup

gue crise, succède une sorte de torpeur qui pèse sur le marché monétaire au commencement de 1865. Partout on se plaint du marasme où languissent les affaires. Le bilan des banques indique clairement cette situation.

En France, au 16 mars , avec un encaisse de 432,756,126 f. le portefeuille est tombé à 514,175,488 fr. et à Londres avec 14,758,607 l. st. de numéraire, le portefeuille est de 19,828,885 l. st. Quoique l'intérêt soit au taux extrêmement réduit de 3 1/2 à Paris et de 4 1/2 à Londres, l'industrie et le commerce n'ont pas encore repris leur essor habituel, et ils ne peuvent profiter des facilités que leur donne l'abondance de l'argent. Cet état du marché monétaire ne doit pas étonner. On a pu le constater après chacune des grandes crises qui ont ébranlé le monde commercial. M. Clément Juglar, dans son livre sur cette matière [1], a cité à ce sujet des chiffres tout à fait concluants.

Dans l'exposé que nous venons de faire des principales crises, nous n'avons peut-être pas évité une certaine monotonie ; mais cette monotonie même porte une instruc-

---

plus haut qu'en France. En une seule semaine de décembre, 10 millions sterling sont demandés aux capitalistes anglais :

Égypte.	4.000.000 l. st.
Danemark.	1.000.000
Principautés danubiennes. . .	1.000.000
Autriche..	2.000.000
Turquie.	2.000.000

C'est toujours le capital anglais qui, accumulé par l'épargne annuelle d'un pays puissamment riche, se répand sur le monde à la recherche de placements avantageux.

1. *Des Crises commerciales et de leur retour périodique*; Guillaumin, 1862.

tion précieuse avec elle, car le retour constant des mêmes circonstances prouve que nous sommes ici en présence d'un de ces enchaînements de cause à effet que l'on a appelés lois économiques, lois bien différentes toutefois des lois physiques, attendu qu'étant le résultat de faits humains, elles restent soumises au libre arbitre de l'homme, qui peut les modifier, les corriger par plus de science ou plus de sagesse. Il reste à découvrir maintenant la loi qu'on croit entrevoir sous les incidents divers de l'histoire des crises ; mais ce côté du sujet mérite d'être étudié à part.

DEUXIÈME PARTIE

DES CAUSES DES CRISES ET DES REMÈDES QU'ON Y PROPOSE

CHAPITRE I

LES CRISES NE RÉSULTENT NI DU RETRAIT DES DÉPOTS NI D'UN EXCÈS DE PRODUCTION.

L'histoire du *money-market* depuis cinquante ans le montre bouleversé presque périodiquement par des perturbations qui font penser aux ouragans du monde physique ou aux convulsions du corps humain. L'expérience toute récente de l'année qui vient de finir nous a prouvé que le marché monétaire est sujet aussi à un autre genre de trouble qui ressemble plutôt à une maladie de langueur. Aux crises aiguës succèdent les crises lentes et continues, aux ébranlements violents et subits les maux chroniques. Ces deux espèces de crises viennent-elles des mêmes causes, et ces causes, quelles sont-elles ? jusqu'à quel point peut-on prévenir le retour du fléau, et de quelle façon ?

Dans un livre remarquable à plus d'un titre, intitulé *du*

Crédit et des Banques, un économiste dont la science regrette la mort prématurée, M. Charles Coquelin, a exposé une théorie des crises qui a été fort goûtée, parce qu'elle venait à l'appui d'une thèse très en vogue, la liberté des banques. D'après M. Coquelin, toutes les crises commerciales et financières ont été amenées par une cause unique, le monopole accordé en France et en Angleterre à une banque privilégiée. Le remède était donc naturellement indiqué ; il suffisait d'appliquer ici encore la maxime favorite de l'école économique : « laissez faire, laissez passer, » et de proclamer la liberté de l'émission. Voici comment le monopole des banques privilégiées devait nécessairement produire des crises. Dans un pays qui s'enrichit, le capital créé chaque année par l'épargne cherche un placement rémunérateur ; il en trouverait un excellent dans l'escompte, c'est-à-dire dans des avances faites au moyen du crédit à l'industrie et au commerce, dont il favoriserait ainsi la saine expansion ; mais la banque privilégiée envahit le marché et interdit à ces capitaux nouveaux la faculté de lui faire concurrence en se groupant sous la forme d'un établissement de crédit. Qu'en résulte-t-il ? C'est que ces capitaux condamnés à l'oisiveté vont, en attendant mieux, s'accumuler dans les caves de la banque privilégiée. Celle-ci, voyant sans cesse grossir son encaisse de la masse de ces dépôts, sur lesquels elle ne paie rien, en profite pour étendre, pour multiplier encore ses escomptes et grossir ses dividendes. D'autres capitaux particuliers sont rendus ainsi improductifs, d'où résultent de nouveaux dépôts et une plus grande extension de l'escompte. Cette facilité de l'escompte surexcite toutes les industries ; d'autre part, la masse des capitaux en quête d'un placement s'accroît sans cesse. C'est alors que la richesse semble déborder ; l'or coule à flots ; on ne sait que faire de son argent ; il faut à tout prix en trouver l'emploi. Les projets, les entreprises de tout genre naissent en foule. Tout le monde souscrit avec fureur ; mais dès qu'il faut faire face aux versements, on retire successivement les fonds déposés à la banque, où ils ne touchent aucun intérêt. L'encaisse diminue à vue d'œil. La banque continue à lancer des billets dans la circulation, mais ils sont bientôt présentés au remboursement. Effrayée enfin d'une situation qu'elle-même a créée, elle se décide à hausser brusquement le taux de l'escompte ou à en restreindre l'étendue. C'est le signal de la panique. La crise éclate, les faillites se succèdent, la débâcle est générale. Ainsi interdiction malavisée et injuste de fonder à volonté des établissements de crédit, ce qui rend improductifs une masse de capitaux, excès de dépôts qu'aucun intérêt ne fixe et ne retient, enfin retrait de ces dépôts qui épuise l'encaisse métallique de la banque privilégiée, voilà, suivant M. Coquelin, l'enchaînement de faits qui aboutit à des perturbations périodiques dans le monde des affaires. « Le change défavorable, ajoute-t-il, cette circonstance dont le parlement anglais s'est beaucoup occupé sans la bien comprendre, n'est point la cause déterminante des crises , car elle est plutôt un symptôme de prospérité croissante. »

Il n'est point surprenant que cette théorie ait rencontré de nombreuses et importantes adhésions. Elle est en elle-

même très-plausible, elle est irréprochable sous le rapport
des principes abstraits, et la déduction des causes et des
effets paraît très-rigoureuse. Malheureusement elle ne con-
corde pas avec les faits, comme on va le voir. Si elle était
exacte, le pays où le monopole d'une banque centrale est le
plus exclusif devrait être le plus maltraité par les crises. Au
contraire les pays où il y a beaucoup de banques et où l'on
paie un intérêt aux déposants devraient échapper à ces
orages, et enfin, dans les années de perturbation, les dépôts devraient être considérablement réduits. Or, rien de
tout cela n'est vrai, aucune de ces circonstances ne se réa-
lise. Il est un pays où le monopole de la banque privilégiée
est des plus absolus, c'est la France, et des trois grandes
nations commerciales, c'est précisément la France qui a le
moins souffert des crises. Il est une autre contrée où les
banques sont plus nombreuses que partout ailleurs, et où
elles payent un bon intérêt sur les dépôts qu'on leur confie.
Cette contrée, ce sont les États-Unis. Or, nulle part les
crises n'ont été plus violentes, plus générales, plus brusques. Si le retrait des dépôts était la cause déterminante
des crises en Angleterre, où on étudie depuis longtemps
ce grave phénomène, les économistes, les hommes d'État,
les enquêtes parlementaires auraient dû signaler cette remarquable circonstance. Comment se fait-il que nulle part
il n'en soit question ? Un fait aussi important aurait-il donc
passé inaperçu ? En aucune manière ; mais ce fait n'existe
pas. Non-seulement les années de crise ne sont pas celles
où la banque a conservé le moins de dépôts, mais on voit
fréquemment les dépôts augmenter au moment même où

la tempête financière se déchaîne avec le plus de fureur.
Quelques chiffres vont le prouver.

En 1825, année de crise terrible, la moyenne annuelle
des dépôts a été plus élevée que durant les années précédentes ; elle a été de 2,600,000 livres sterling contre
2,300,000 en 1824 et 1823, et 1,300,000 livres en 1822
et 1821. En 1845 et 1846, époque où le capital était surabondant et où, suivant M. Coquelin, il aurait dû s'accumuler dans les caisses de la Banque, les dépôts flottent
entre 13 et 24 millions.

En janvier 1847, ils montent encore à 17 millions. Au
mois d'avril, ils s'abaissent un instant à 11 milllions ; mais
bientôt ils se relèvent, et au plus fort de la débâcle, en
octobre, ils atteignent 17 millions. Quand on suit de mois
en mois le mouvement des dépôts, on les voit fléchir parfois à l'instant où se font de grands envois de métaux
précieux à l'étranger ; mais rien, absolument rien n'indique un retrait successif, continu, qui mette la Banque
dans l'embarras et qui occasionne une crise. Il n'y a pas
trace non plus de cette relation intime entre la dépression
de l'encaisse et le retrait des dépôts. Ainsi, en janvier 1847, les dépôts montent à 17 millions et l'encaisse
à 14. Au commencement d'octobre de la même année,
quand l'encaisse est au plus bas et qu'il est tombé à 8 millions, nous trouvons les dépôts au même chiffre qu'en
janvier, à 17 millions. Les années qui précèdent la grande
crise de 1857 offrent des chiffres non moins concluants.
Les dépôts montent à 20 millions en 1850 et retombent à
13 en 1851, sans que le mouvement des affaires s'en res-

sente en aucune façon. En 1854, il se produit une oscillation considérable, de 22 à 12 millions ; elle n'occasionne aucune perturbation. En 1856, les dépôts flottent de 14 à 18 millions. En 1857, année désastreuse entre toutes, aucun retrait de quelque importance ne se remarque. En novembre, quand la gêne est à son comble, lorsqu'il faut se résoudre à suspendre l'*act* de 1844 en présence d'un encaisse réduit à 6 millions, les dépôts montent à 18, à 19, et le 25 du terrible mois à 20 millions. Ces faits significatifs nous expliquent pourquoi les documents anglais ne citent pas le retrait des dépôts parmi les causes qui déterminent les crises : c'est qu'il n'y a aucun rapport entre la fluctuation des dépôts et les perturbations commerciales. Le seul pays où le retrait des dépôts ait aggravé le mal, c'est l'Union américaine en 1857, précisément, semble-t-il, parce que là des banques très-nombreuses paient un bon intérêt pour les sommes qu'on leur confie. Il en résulte que les dépôts prennent des proportions énormes, et comme ces banques n'inspirent pas une entière confiance, on retire l'argent quand on les croit menacées. En Angleterre, où la Banque jouit d'une confiance absolue, on constate un phénomène contraire. On y dépose ses capitaux dans les temps difficiles, lorsqu'on se défie de tout placement définitif. C'est donc en méconnaissant les données les plus incontestables qu'on a soutenu que les tourmentes financières étaient occasionnées par le monopole des banques privilégiées, et qu'on a préconisé la liberté d'émission des billets comme le meilleur moyen d'en prévenir le retour. Il ne manque peut-être point de bonnes raisons à faire valoir pour attaquer le monopole et pour réclamer la liberté en cette matière ; mais on doit, semble-t-il, renoncer à en chercher dans l'histoire des crises.

Un économiste allemand aussi distingué par la netteté de ses aperçus que par le mérite du style, M. Max Wirth, dans le livre où il raconte si bien l'histoire des crises, arrive à en attribuer l'origine à la rupture de l'équilibre entre la production et la consommation, et cette opinion a été partagée par plusieurs économistes français [1]. Voici comment ces écrivains expliquent la naissance et le développement de ces troubles profonds qui, de temps à autre, désolent le monde des affaires. A mesure qu'une nation s'enrichit et que l'aisance se répand, les besoins de la consommation augmentent. Il en résulte que le prix de certains produits s'élève. Ceux qui sont chargés de les créer ou de les importer font alors de grands bénéfices. Ces bénéfices exceptionnels attirent les capitaux, qui se portent à l'envi dans la même branche de la production. La spéculation et l'agiotage impriment à ces opérations une activité anormale. Nul ne s'inquiète plus de l'étendue des débouchés, parce que tout le monde gagne de l'argent ; mais bientôt le marché est encombré, l'excès de la concurrence amène un engorgement, un *glut*. L'offre des produits dépasse la demande. Dès lors il y a révulsion : les prix tombent aussi rapidement qu'ils ont monté ; les pertes qui en découlent entraînent des ruines, des faillites. Et

1. Entre autres, par M. Joseph Garnier, qui l'expose dans ses *Éléments d'Économie politique*.

comme toutes les industries se tiennent, le mal se répercute, la chute des uns entraîne celle des autres, enfin l'ébranlement se communique au monde entier des affaires.

Si l'on veut bien se rappeler l'histoire des principales crises, on n'aura pas de peine à se convaincre que cette théorie est insuffisante pour expliquer ces grandes convulsions qui subitement atteignent toutes les industries, toutes les valeurs, toutes les transactions. Elle peut tout au plus rendre compte de ces difficultés momentanées qui se produisent parfois dans certaines branches d'industrie auxquelles on a imprimé un élan désordonné. Les économistes s'accordent à ne pas admettre un excès général de production, parce que, dans ce cas, tous les produits s'échangeraient, comme avant, les uns contre les autres, avec cette différence que chacun en aurait davantage. Il ne peut donc y avoir surabondance que sur un ou deux points du marché. A-t-on fabriqué trop de coton, trop de fer, trop de soieries, ces industries subiront des pertes ; mais il est impossible que ces fausses opérations épuisent l'encaisse des banques, tuent le crédit et portent le trouble dans tout le mécanisme de la circulation. Il est trop évident, pour qui les a étudiées, que ni la crise de 1847, ni surtout celle de 1857, qui a ébranlé les deux hémisphères, ne peuvent être attribuées à un *glut*, à un encombrement de marchandises, c'est-à-dire à l'activité exagérée de telle ou telle industrie.

CHAPITRE II

Lorsqu'après avoir examiné les vues parfois ingénieuses
des économistes du continent, on aborde l'étude des écrits
publiés en Angleterre sur la même question, on s'aperçoit
aussitôt qu'ici on a vu de près et souvent la marche du
terrible phénomène. On sait comment il naît, comment il
se développe ; les faits sont bien constatés et généralement
connus. Nul n'hésite à voir dans les crises ce qu'elles sont
réellement, un dérangement profond du mécanisme de
l'échange. La fuite de l'or, la raréfaction de l'agent métall-
lique de la circulation, nécessairement accompagnées
d'une contraction correspondante du crédit, telle est, personne ne le conteste, la cause déterminante, immédiate
du mal ; mais d'où provient le trouble de la circulation ?
pourquoi, à certains moments, l'agent des échanges fait-
il défaut au point d'entraver subitement le mouvement général des affaires, et surtout comment empêcher le retour
de ces désastreuses perturbations ? Sur ce point, l'accord
cesse et les avis se divisent. Nous exposerons d'abord la

manière de voir de Robert Peel et des autres promoteurs
de l'*act* de 1844. D'après eux, l'origine première de toutes
les crises résidait dans l'émission exagérée des billets de
banque. Le prix de toutes les choses, disaient-ils, dépend
du rapport qui existe entre la masse des échanges qu'il
faut accomplir et la quantité d'instruments de la circulation (*currency*), or ou papier, qui peuvent servir à les opérer. Réduisez cette quantité, et les prix baissent ; augmen-
tez-la, et les prix haussent. C'est là un principe élémen-
taire incontestable. Or, les banques peuvent, dans d'assez
larges limites et en très peu de temps, étendre l'agent de
la circulation par l'émission de leurs billets, et amener ainsi
une hausse factice de tous les prix. Cette faculté qu'elles
possèdent, elles ne manquent pas d'en faire usage, et elles
le font dans les circonstances les plus fâcheuses, précisément à l'heure même où la spéculation et la concurrence
des acheteurs tendent à faire renchérir toutes les marchandises et toutes les valeurs. En ces moments-là, chacun
veut étendre ses opérations : les uns s'efforcent de garder
leur approvisionnement pour profiter de la hausse ; d'autres, pour le même motif, veulent augmenter leurs achats.
Afin d'y parvenir, tous demandent des avances. Les banques y consentent ; elles accordent de plus grands crédits,
et elles le font en étendant leur circulation fiduciaire. La
currency s'accroît donc du même pas que la spéculation,
d'où résulte nécessairement une hausse désordonnée de
tous les prix. Comme conséquence immédiate, le numéraire métallique s'écoule, car chacune de ses unités a perdu
de sa valeur. Tout est cher en Angleterre, tout ailleurs est

resté relativement bon marché. Le capital en quête d'un placement émigrera donc vers les pays où il a conservé toute sa puissance, c'est-à-dire où il pourra acheter à de meilleures conditions. D'autre part, la cherté factice qui règne en Angleterre éloignera les commandes, les ordres de l'extérieur. La balance du commerce et par suite le change deviendront défavorables, et pour rétablir l'équilibre il sera nécessaire de faire à l'étranger de fortes remises métalliques qui produiront un vide sur le marché monétaire, qui atteindront le crédit, ébranleront la confiance et amèneront la crise. Le remède est donc indiqué par la cause même du mal qu'il s'agit de combattre. Puisque, de leur aveu, les banques ne restreignent pas leurs émissions de billets quand un change défavorable provoque l'exportation de l'or, il faut les y contraindre par la loi, afin d'arriver à ce résultat, que la circulation fiduciaire ne s'étende plus à l'avenir que dans la proportion où se serait accru un intermédiaire des échanges entièrement métallique. Tel est le but qu'on s'efforça d'atteindre par l'*act* de 1844.

On peut affirmer d'avance que cette théorie doit contenir une grande part de vérité. Des hommes comme Robert Peel, Mac-Culloch, Norman, Loyd, Torrens, partant des principes élémentaires de la science et ayant suivi avec attention et dans tous leurs détails les fluctuations du marché monétaire et commercial, ne pouvaient se tromper complétement. Il est hors de doute qu'ils ont exactement décrit les symptômes des crises. En étudiant l'enchaînement des causes et des effets qui se produisent, ils ont vu très-clair jusqu'à un certain

point ; mais au delà, quand ils ont voulu déterminer l'o-
rigine première de la série des conséquences qui en découlent, ont-ils pénétré assez· avant, ont-ils embrassé la
question dans toute son étendue, et en considérant comme
principale une circonstance accessoire, ne sont-ils pas arrivés à indiquer comme souverain un remède nécessairement insuffisant? Voilà ce qu'a soutenu le consciencieux
auteur de l'*Histoire des Prix*, M. Tooke, et, il faut bien
l'avouer, les événements ont confirmé plusieurs de ses objections. L'*act* de 1844 n'a empêché ni la crise de 1847
ni celle plus sérieuse encore de 1857.

M. Tooke affirmait d'abord que l'émission des billets de
banque n'a point pour effet d'élever les prix, parce qu'ils
remplacent les effets de commerce, et qu'ainsi leur quantité n'augmente qu'en raison de l'activité des affaires. Ce
point de théorie est encore incomplétement éclairci. Cependant M. Stuart Mill entre autres y a jeté assez de lumières[1] pour qu'on puisse dire que l'opinion de Tooke ne
doit être admise qu'avec certaines réserves. Quoi qu'il en
soit de cette difficulté, Tooke a du moins clairement démontré que les crises ne proviennent point d'un excès
dans l'émission des billets. Ce qui avait fait naître cette manière de voir, c'étaient principalement les fluctuations du
marché monétaire en 1824 et 1825, en 1836 et 1837. Or,
Tooke a montré que l'histoire financière de ces années ne
confirmait pas du tout l'appréciation de Robert Peel à ce
sujet. « En fait et historiquement, dit-il, dans tous les cas

1. Voy. ses *Principes d'Économie politique*, liv. III, chap. iv, et aux
Annexes; n° 1.

de hausse ou de baisse des prix, la hausse ou la baisse a précédé l'accroissement ou la diminution des émissions de billets, et n'a pu être conséquemment causée par cet accroissement ou cette diminution. »

Depuis la reprise des payements en espèces, la circulation fiduciaire de la Banque d'Angleterre s'était élevée en moyenne à 19 ou 20 millions st. Au commencement de 1823, elle était de 18,392,240 livres avec un encaisse d'environ 10 millions. En 1824, quand se déclara la fièvre de spéculation qui devait amener la fameuse débâcle, la circulation des billets montait à 19 millions de livres ; mais comme d'autre part l'encaisse s'était élevé au chiffre énorme de 14 millions, cette insignifiante augmentation des *notes* était parfaitement justifiée. En octobre, quoique l'encaisse métallique fût tombé à 11,600,000 livres, on ne peut pas dire que l'émission était exagérée, puisqu'elle était restée au chiffre de 19 millions, et qu'ainsi elle n'allait pas même au double de l'encaisse, tandis qu'on admet qu'elle peut s'étendre sans danger jusqu'au triple. Les banques provinciales furent moins réservées que la Banque d'Angleterre ; mais leurs émissions, dont on ne connaît pas exactement le total, et qui ont été, d'après Tooke, très-exagérées par leurs adversaires, n'eurent point lieu au moment de la grande expansion du commerce et de l'industrie qui amena plus tard la catastrophe. A partir de 1834, année où l'on a commencé à noter exactement l'émission des banques particulières, on constate qu'il n'est point de chiffre des opérations commerciales qui ait montré moins de variations que celui de la circulation fiduciaire. Ce chiffre pour l'émission de ces banques et pour celle de la Banque d'Angleterre, flotte entre 39 et 40 millions sterling. En janvier 1834 il s'élève à 37,855,000 l. st., et en janvier 1837, immédiatement avant la crise, à 38,549,000 l. st. A mesure qu'on se rapproche de 1844, malgré la liberté entière qui régnait alors, il va en diminuant. En 1838, il se rapproche de 38 millions et en 1839 de 37 millions ; en 1843, avant l'*act* restrictif de Robert Peel, il tombe vers 34 millions et se relève au contraire après l'adoption de la loi qui lui impose un maximum. C'est surtout l'émission des *country Banks* qui va en diminuant sans cesse. Au 1er janvier 1834 elle est de 10,078,297 l. st., en décembre 1844 elle est de 7,529,401, en décembre 1850 de 6,136,354, et elle continue à flotter aux environs de 6 millions [1].

On a aussi attribué les crises américaines à l'excès de la circulation fiduciaire. Pour les crises de 1814, 1837 et 1839, les chiffres de l'émission totale sont trop peu connus pour qu'on puisse déterminer jusqu'à quel point cette opinion est fondée. Mais il est certain qu'elle n'est pas exacte en ce qui concerne la crise de 1857, quoique le président, M. Buchanan, ait dit dans son message qu'elle était occasionnée par un mauvais système de monnaie de papier (*paper currency*).

Les chiffres officiels des bilans des banques de New-York à la veille de la crise montrent que cette appréciation est contraire aux faits.

1. Voyez aux Annexes n° 2.

SITUATION DES BANQUES DE NEW-YORK.

	Juin 1852.	Janv. 1856.	Sept. 1857.
Capital	59.705.000	92.334.000	107.507.000
Circulation	27.940.000	30.705.000	27.122.000
Dépôts	65.634.000	96.267.000	84.529.000
Prêts et escomptes	127.245.000	174.141.000	170.846.000
Numéraire	13.304.090	18.510.000	14.321.000

Comme en Angleterre, le chiffre de la circulation fiduciaire varie très-peu, et elle est largement couverte par le numéraire. C'est en attirant les dépôts et en avançant trop largement l'argent déposé, que les banques ont contribué à aggraver la crise de 1857.

Toutefois, si la surabondance de la circulation fiduciaire ne fut pas la cause première de la crise de 1825, on peut affirmer, que la Banque d'Angleterre contribua à l'aggraver, mais tout autrement que par un excès d'émission. Au lieu d'élever à temps le taux de l'intérêt et de restreindre ses avances, elle fit tout le contraire [1], sous prétexte de venir au secours du commerce, lorsque déjà son encaisse fondant à vue d'œil aurait dû lui imposer plus de prudence. C'est à partir d'octobre 1824 qu'il lui aurait fallu prendre des mesures de précaution en prévision de la tempête qui approchait visiblement. Tous s'accordent à lui reprocher son inertie, sa passivité absolue, jusqu'à l'instant

1. En février 1825, quand l'encaisse n'était déjà plus que de 8 millions, la Banque augmenta sa circulation fiduciaire d'un million, et ses avances sur valeurs de 6 millions. La nécessité peut autoriser une banque à étendre ses émissions et ses escomptes au plus fort de la crise ; mais, comme nous le prouverons, elle doit toujours élever le taux de l'intérêt quand l'horizon devient menaçant.

8

où, enveloppée dans la tempête qui ébranlait tout autour d'elle, elle en vint à demander au gouvernement l'autorisation éventuelle d'une nouvelle suspension de ses paiements en numéraire, ce qui lui fut refusé. En résumé, s'il est vrai que la Banque en 1825 a contribué à aggraver la crise, il est certain aussi que ce n'est pas l'excès de ses émissions qui l'a provoquée. On en peut dire autant pour les années 1835, 36 et 39. La Banque a commis les mêmes fautes : elle n'a point, quand il le fallait, élevé l'intérêt et restreint ses avances ; mais elle a si peu amené les embarras du marché monétaire par sa circulation fiduciaire que le tableau mensuel qui en indique le chiffre permet de constater que celui-ci est resté à peu près invariable de 1834 à 1838, oscillant à peine de 17 à 18 millions. Pendant la même période, les banques provinciales ne s'écartent presque point non plus d'un maximum de 11 millions et d'un minimum de 10 millions. Quant aux deux grandes tourmentes de 1847 et 1857, elles forment, on l'a vu, le plus fort argument des adversaires du système de Robert Peel. Comme elles se sont produites sous l'empire de la législation restrictive de 1844, il est certain qu'on ne peut accuser cette fois l'excès d'émission.

Dans son grand ouvrage d'économie politique, M. Stuart Mill a émis au sujet des crises commerciales quelques vues qui, comme toutes celles qui émanent de cet éminent écrivain, se distinguent par la profondeur et l'originalité. Suivant lui, les crises accompagnent presque nécessairement le progrès de la richesse chez une nation dont la puissance productive augmente rapidement, et voici pourquoi.

Dans tout pays, l'accumulation des capitaux est bornée par le taux des profits qu'ils donnent. Quand ce taux descend très-bas par la concurrence des fonds qui cherchent un placement et qui n'en trouvent plus, l'accumulation cesse, parce que l'épargne n'est plus encouragée par la rente qu'elle procure. Dans un pays comme l'Angleterre, où le nombre des personnes riches est considérable et où le produit net annuel est énorme, on se rapproche de temps en temps de ce taux *minimum* au-dessous duquel cesserait toute épargne nouvelle.

Lorsque quelques années se sont écoulées sans grandes perturbations, il y a tant de capitaux cherchant un emploi qu'il n'est presque plus possible de les placer d'une façon rémunératrice. Alors tous les titres haussent, l'escompte s'abaisse, et de tous côtés on se plaint de ne plus rien gagner. Bientôt surgissent une foule d'entreprises qui promettent un intérêt plus élevé que les placements ordinaires, et les capitalistes, ne sachant que faire de leur argent, souscrivent sans hésiter. C'est la période d'expansion, toujours suivie d'une période de révulsion, conséquence nécessaire des erreurs et des imprudences d'une spéculation effrénée. Cette révulsion, par les circonstances désastreuses qui l'accompagnent, — pertes, ruines, ventes forcées, chômage du travail industriel, — détruit une partie du capital surabondant. Un nouveau mouvement ascensionnel recommence alors, car l'épargne est de nouveau stimulée par suite du vide qui s'est opéré sur le marché. Ainsi s'explique la périodicité des crises qui éclatent chaque fois que le capital s'est accumulé jusqu'à l'excès : elles

opèrent comme une saignée ou un exutoire sur un corps
gonflé de sang jusqu'à l'apoplexie[1]. Sans doute cette
théorie de M. Mill rend bien compte d'une des causes qui,
en fait, ont contribué à la naissance de certaines crises;
mais aussi longtemps que le capital anglais peut trouver
aux colonies et à l'étranger un placement avantageux,
nous ne pouvons admettre qu'il surabonde jamais au point
de rendre une tourmente financière inévitable, et en tout
cas l'histoire du *money-market* en 1847, 1857 et 1864 est
loin de pouvoir servir de base à l'opinion de l'éminent économiste anglais.

1. Si cette opinion de M. Mill était juste, il en résulterait que ce n'est
point l'accumulation du capital qui pourrait émanciper définitivement les
classes inférieures, comme le disent la plupart des économistes, cette accumulation atteignant assez vite sa limite extrême.

CHAPITRE III

Nous venons d'examiner quelques-uns des systèmes proposés pour expliquer les crises ; essayons maintenant d'en démêler les causes en suivant simplement l'indication des faits.

Il est une circonstance qui invariablement précède toutes les perturbations commerciales, c'est l'exportation des métaux précieux. Chacun de ces événements a sa physionomie particulière et ses caractères distinctifs ; mais qu'on les étudie en Amérique, en Angleterre ou sur le continent européen, partout on remarque le même phénomène précurseur : le change devient défavorable, l'or s'écoule. Nous rappellerons quelques faits qui ne laisseront aucun doute à cet égard.

En 1810 l'Angleterre avait importé beaucoup de froment au prix exorbitant de 100 à 118 schillings le quarter, et trois fois autant de coton, cinq fois autant de laine et deux fois autant de soie qu'en 1808. Ces importations démesurées et les subsides accordés aux puissances du continent exigèrent pour 7 à 800 millions de francs de remises à l'étranger, qui dérangèrent la balance et enlevèrent le numéraire. En 1818, mêmes causes et mêmes effets : souscription aux emprunts de la France, de l'Autriche et de la Russie, excès d'importation, change défavorable, écoulement du numéraire qui force la Banque à suspendre ses payements momentanément repris.

En 1825, la cause de la crise est connue, ce sont les immenses placements à l'étranger dans les emprunts et les entreprises industrielles de l'Amérique et les importations excessives qui exigent de grandes exportations de numéraire. — En 1836, les États-Unis remplacent une grande partie de leur circulation fiduciaire par de la monnaie métallique, et l'or s'écoule d'Angleterre. Faillites et crises s'ensuivent. — Depuis le mois de juillet 1838 jusqu'en novembre 1839, le change reste contraire à l'Angleterre à cause des importations de céréales à un prix élevé et des grands placements faits sur le continent. L'or s'en va et sur le marché la gêne, les embarras sont très-grands, quoiqu'il n'y ait point panique. La cause de la crise de 1847 est, nul ne le conteste, l'énorme importation des céréales nécessaires à la France et à l'Angleterre pour combler le déficit de leur récolte et l'exportation d'argent qui en fut la conséquence. En 1857, la crise fut générale et atteignit toute l'Europe. Pour en trouver la raison, il suffit de jeter un coup d'œil sur le tableau du commerce de l'Inde. En 1855, l'exportation des métaux précieux vers l'Inde s'élève à 198 millions de fr. En 1856, elle est doublée : elles va à 352 millions, et enfin en 1857, pour l'argent seulement, elle monte à l'énorme somme de **614** millions, égale à trois fois la production moyenne de l'argent dans le monde entier. Ce *drainage* métallique bien plus formidable que celui de **1864**, correspond aussi à une crise bien plus forte.

En janvier **1864**, crise passagère en Angleterre. Ce pays a importé plus de produits des États-Unis qu'il n'y a exporté des siens, d'où il résulte une balance défavorable et l'exportation du numéraire.

En octobre, la gêne financière atteint la France ; c'est que comme en **1847** elle a dû exporter du numéraire afin de payer le blé qu'elle a pris à l'étranger pour combler le déficit de sa récolte.

Enfin en **1864**, ce sont les importations de coton qui ont de nouveau fait couler le flot métallique vers l'Inde, cette contrée toujours avide d'argent où va s'enfouir tout le métal que l'Amérique extrait de ses mines[1]. En présence de ces faits toujours concordants, crise et exportation du numéraire, on est forcément amené à voir dans le premier la conséquence du second, et à affirmer que c'est la fuite de l'or qui est la cause déterminante des perturbations financières[2].

1. Voy. aux Annexes, n° 3.
2. L'absorption du numéraire par la circulation du pays produit, en de moindres proportions, un effet semblable. Tous les ans, vers l'automne, les encaisses des banques diminuent, et une gêne plus ou moins forte se fait sentir. Il en est ainsi en France non moins qu'en Angleterre, et la dépression dans les deux pays est d'environ 60 millions de francs en moyenne. Cela tient à ce qu'on achète vers cette époque de l'année les produits de l'agriculture, ce qui constitue les villes en dette vis-à-vis des campagnes. Il faut solder la balance en écus, et il y a un certain écoulement qui affecte toujours le marché monétaire. En janvier et en février, le numéraire com-

Mais, dira-t-on, que peut faire l'exportation de 200 à 300 millions de numéraire à une nation qui, comme l'Angleterre, fait une économie annuelle de 2 ou 3 milliards, et dont la richesse mobilière seule doit dépasser 50 milliards? L'économie politique n'enseigne-t-elle pas que les métaux précieux sont une marchandise comme une autre, et qu'il est très-profitable de les exporter pour remplacer ce capital improductif, la monnaie, par d'autres valeurs qui procurent des revenus ou des jouissances? Pour faire comprendre comment l'exportation d'une quantité d'or absolument insignifiante relativement à l'ensemble de la richesse nationale peut entraver la marche des affaires et y produire le trouble le plus profond, il est indispensable de rappeler en quelques mots le mécanisme des échanges.

L'échange est le fondement de la société économique dès l'instant où chacun ne produit plus lui-même tout ce dont il a besoin. A mesure que la division du travail s'applique aux différents groupes de métiers, aux différentes provinces d'un royaume, enfin aux différentes nations, l'échange joue un rôle plus important, et le jour où les échanges seraient suspendus, ne fût-ce que momentanément, la moitié des hommes périraient. Or, pour opérer cette masse d'échanges qui entretient la vie des peuples civilisés, ceux-ci ont eu recours à un *intermédiaire* qui est la monnaie. A un moment donné, la quantité d'unités monétaires nécessaires à un pays est parfaitement déterminée :

mence à refluer. Les grandes crises ont presque toutes atteint leur maximum d'intensité en automne, parce qu'alors l'exportation du numéraire vers les campagnes venait se joindre à celle vers l'étranger. V. aux Annexes n° 4.

elle dépend de la quantité d'échanges à faire, comme le nombre des véhicules qui sont indispensables dépend de la masse des marchandises à transporter. Si un certain nombre de véhicules manquent, les transports seront en retard ; si les unités monétaires font défaut, les échanges languiront, et l'ordre économique sera troublé. Il est vrai qu'on peut remplacer les unités monétaires d'or ou d'argent par d'autres unités du même nom faites en papier ; mais ces unités ne conserveront leur qualité de bon intermédiaire des échanges qu'à la condition de ne pas être émises au delà du besoin qu'on en a, et pour arriver à conserver cette juste proportion on ne connaît pas d'autre moyen que de les faire rembourser à vue par l'institution qui les a lancées dans la circulation. Une certaine quantité de monnaie métallique est donc toujours nécessaire comme base et régulateur de la monnaie de papier. Il est encore vrai qu'on a trouvé un expédient plus simple et plus puissant que la monnaie de papier, c'est le crédit sous ses formes diverses : promesses, billets à ordre, chèques, lettres de change, *warrants*, comptes courants et autres combinaisons du même genre. Si tous les habitants d'un pays se connaissaient, étaient honnêtes et avaient confiance dans leur solvabilité réciproque, on pourrait à la rigueur opérer tous les échanges intérieurs par la simple intervention du crédit, sans monnaie d'aucune sorte. Dans l'état actuel, on a recours aux effets de commerce appuyés par l'escompte sur les billets de banque, lesquels s'appuient à leur tour sur le fonds solide du numéraire métallique. A mesure que les bonnes habitudes commerciales se répandent dans un pays, il parvient à réduire la quantité d'or et d'argent dont il a besoin, à ce point qu'enfin tout un merveilleux et gigantesque échafaudage d'instruments de crédit repose sur un fondement métallique extrêmement exigu. Or c'est précisément là qu'en est arrivée l'Angleterre. Le but constant du commerce anglais a été de mener à bien beaucoup d'affaires avec peu d'argent, et ce but, il a su l'atteindre. Le savant collaborateur de Tooke, M. Newmarch, décrit parfaitement le mécanisme qui a été mis en œuvre, quand il dit que l'or est la monnaie *divisionnaire* du billet de banque, comme le billet de banque l'est du chèque, le chèque de la lettre de change, et la lettre de change des virements de parties et des comptes courants. Chacun de ces moyens d'échange complète le suivant, et tous s'enchaînent les uns aux autres, s'engrènent les uns dans les autres, de telle façon que le premier est nécessaire au second, le second au troisième, et ainsi de suite.

On ne peut se figurer jusqu'à quel point on a poussé en Angleterre l'économie du numéraire dans les grandes affaires. D'après les usages actuels, aucun banquier ne conserve chez lui plus de numéraire qu'il ne lui en faut pour lui-même. La Banque d'Angleterre est la banque de tous les banquiers. Si on demande à ceux-ci un payement quelconque, ils donnent un chèque en échange duquel la Banque délivre du numéraire ou des billets. Les banquiers de province conservent un peu plus d'argent, parce qu'ils sont plus loin du centre où se distribue le crédit ; néanmoins presque toutes les sommes dont ils disposent sont remises par eux aux *Billbrokers* ou aux banquiers de Londres qui ont un compte courant à la Banque d'Angleterre. Les *Billbrokers* et les banquiers qui reçoivent ainsi les dépôts de la province, les emploient dans l'escompte du papier de commerce et comme ils payent un intérêt sur ces dépôts, ils ont soin de n'en laisser aucune partie oisive ; ils ne gardent donc aucune réserve ; toutes leurs ressources sont placées d'une manière productive. Ils comptent qu'en cas de nécessité, ils pourront se procurer de l'argent en faisant réescompter par la Banque d'Angleterre les lettres de change qu'ils ont dans leur portefeuille. On sait que depuis que la Banque d'Angleterre s'est fait représenter au *Clearing house*, il s'y opère pour plus de 50 milliards de transactions sans l'intervention du numéraire[1]. Il résulte de ce système d'opérer les échanges, rien qu'avec des instruments de crédit, que le seul grand approvisionnement métallique où l'on puisse prendre de l'argent en cas de besoin, se trouve dans les caves de la Banque. Autrefois quand il fallait faire des exportations de numéraire à l'étranger, la circulation générale du pays en fournissait une partie ; maintenant on s'adresse tout d'abord à l'encaisse de la Banque parce que rien n'est plus facile que d'y puiser; c'est pour ce motif qu'un change défavorable force cet établissement à prendre des mesures de conservation. Quand les importations du pays, dit M. Weguelin, excèdent les exportations pendant un certain

---

1. En 1845 déjà M. Fullarton estimait que les neuf dixièmes des transactions se réglaient sans l'intervention du numéraire. Voy. *On the regulation of currencies*. Aujourd'hui la proportion doit être au moins doublée.

temps, il se produit une balance qui nous est contraire et qu'il faut payer en métal. Ce métal alors est enlevé à la réserve de la Banque. D'après ce qui précède on peut comprendre comment l'écoulement d'une centaine de millions ou une réduction d'une cinquantaine de millions dans l'encaisse de la Banque, peut produire une grande gêne ou une crise. On estime que la circulation métallique du Royaume-Uni ne dépasse pas 1,500 millions de fr., et ce numéraire est indispensable au commerce de détail et au payement des salaires. Au centre des affaires, là où les capitaux se prêtent et passent de main en main sur le marché monétaire, la monnaie n'est pas employée du tout. La Banque en détient juste ce qu'il faut pour servir de base à tous les instruments de crédit qui servent de moyens d'échange. Quand donc une partie de cet encaisse vient à s'écouler, on voit qu'il doit s'ensuivre une grave perturbation. Mais comment cet écoulement du numéraire peut-il se produire, c'est ce qu'il nous faut voir maintenant.

CHAPITRE IV

L'Angleterre fait avec le monde entier un commerce immense, qui depuis longtemps déjà se chiffre par milliards. Comprenant les avantages de la division du travail, elle se procure une grande partie des denrées qu'elle consomme en s'appliquant à créer les produits qu'elle fabrique le plus économiquement. Elle s'est transformée ainsi en un vaste atelier, en une cité industrielle qui tire du dehors ses matières premières et ses denrées alimentaires, qu'elle paie avec ses marchandises manufacturées. Ces vastes échanges s'opèrent au moyen d'un instrument de crédit généralement employé, la lettre de change. Pour tous les produits qu'elle vend aux nations étrangères, elle émet des traites sur celles-ci, et elle fait tirer sur elle pour tout le montant de ce qu'elle a acheté. Si elle a autant vendu qu'acheté, toutes ses créances compenseront toutes ses dettes : dans ses comptes courants avec l'univers, le doit et l'avoir se balanceront. Mais si elle a plus acheté que vendu, et si par suite, toutes les dettes et créances compensées, elle reste devoir un solde à l'étranger, comment fera-t-elle pour le payer? Elle ne peut se libérer au moyen de la monnaie divisionnaire de la lettre de change, le billet de banque, car cet agent de la circulation intérieure n'a pas cours sur le marché extérieur. Il ne restera donc qu'à envoyer des métaux précieux qui sont reçus partout, et en effet, jusqu'à ce que toute dette soit payée et la balance rétablie, l'or s'écoulera hors du pays. Cette nécessité d'envoyer du numéraire à l'étranger se manifestera par le change, qui deviendra défavorable à l'Angleterre. Rien n'est plus facile à comprendre. L'Angleterre ayant plus importé qu'exporté, le montant des traites sur Londres dépassera le montant de celles que cette place aura émises sur l'étranger. Les premières de ces traites, étant trop nombreuses, seront plus offertes que demandées; donc elles baisseront de prix. Ainsi une traite de 100 l. st. tirée de Calcutta sur Londres ne se vendra pas l'équivalent de cette somme, il y aura perte ; mais si cette perte dépasse les frais nécessaires pour transporter 100 l. st. en or, il y aura avantage à envoyer de l'or, et c'est ce qu'on fera aussi longtemps que le change, c'est-à-dire la valeur du papier payable à Londres, ne se relèvera pas.

Cet écoulement de l'or, s'il continue, aura de graves conséquences. En effet, nous avons vu que tout le système d'engrenage des instruments de crédit, billets, chèques, lettres, *warrants*, virements, comptes courants, s'appuyait sur une base métallique réduite au plus strict nécessaire. Si ce fondement solide est entamé, affaibli, tout le mécanisme menace de se détraquer. La crainte seule d'une semblable catastrophe agit sur les esprits et diminue la confiance. Moins de confiance signifie moins de crédit, et moins de crédit se traduit par ralentissement et suspension des échanges, puisque ceux-ci se font au moyen du crédit. En outre l'or qu'on envoie à l'étranger est puisé en grande partie dans l'encaisse de la banque régulatrice, qui est chargée d'en garder un grand approvisionnement à la disposition du public. Il s'ensuit que son encaisse diminue et qu'elle est obligée de réduire ses avances ou de marcher bravement à l'encontre d'une suspension des payements en espèces. De toute façon, ces rouages ingénieux, qui manœuvraient si bien en temps calme pour régler les transactions intérieures, s'arrêtent et cessent de rendre leur service accoutumé. Il en résulte alors pour le marché monétaire ou un embarras momentané, ou un trouble profond, ou une véritable crise, suivant la situation des affaires. Si le commerce ne doit pas faire face à trop d'engagements, il traversera ces moments difficiles sans grands désastres ; mais s'il a beaucoup de versements à opérer, s'il a beaucoup d'obligations à remplir, si la spéculation a beaucoup acheté à terme, alors il y aura une véritable crise, qui peut causer les plus terribles ravages, comme on l'a vu en 1825, 1847 et 1857. Tous ceux qui, pour remplir leurs engagements, comptaient sur le secours du crédit sont maintenant obligés, afin de se procurer la seule chose qui puisse les libérer, de l'or ou des billets de banque, de vendre à perte leurs actions, leurs marchandises, leurs titres de toute nature. Celui qui a de l'argent comptant est le maître du marché, car il tient ce que tout le monde désire, ce qui est rare et cher. Quand

les réalisations forcées se font sur une grande échelle,
elles dépriment tous les prix, d'où résultent des revers, des
faillites, une suite de pertes retombant des uns sur les
autres. La tourmente dure jusqu'à ce que l'or et la confiance
reparaissent, remettant en mouvement le mécanisme si
compliqué et si délicat de l'échange.

D'après cette analyse exacte des faits les mieux constatés, il est facile de se convaincre que les crises résultent
d'un dérangement dans la balance du commerce extérieur, agissant sur un marché où il est très-largement
fait usage du crédit et très-peu du numéraire. Tout pays
qui fera de grandes affaires avec peu d'argent, et qui aura
un vaste mouvement d'importations et d'exportations,
sera exposé à ces perturbations économiques. C'est pourquoi nul n'en a plus souffert que l'Angleterre d'abord,
l'Amérique ensuite. La France s'en est beaucoup moins
ressentie, parce que, jusqu'à présent, elle faisait un usage
restreint du crédit et qu'elle possédait une puissante circulation métallique ; mais depuis ces dernières années,
elle commence à éprouver le contre-coup des troubles
du *money-market*, parce que sa circulation fiduciaire et
son commerce extérieur ont à peu près doublé. Les pays
du midi en ont été tout à fait préservés, parce que, relativement, le commerce extérieur y était peu important et
l'emploi du crédit presque nul. Hambourg, quoique ayant
repoussé le billet de banque, a passé par de terribles
épreuves, parce que son commerce extérieur est énorme,
et que presque toutes ses opérations sont à terme. Plus un
pays expulsera des canaux de la circulation les métaux

précieux en les remplaçant par des instruments de crédit, billets de banque, chèques, *warrants*, virements de parties et chambres de liquidation (*clearing-houses*), plus, en même temps, il développera ses relations avec les nations étrangères, plus aussi il sera exposé au retour périodique des perturbations financières, car plus facilement une balance et un change défavorables ébranleront tout le mécanisme de l'échange, à moins que, pour y parer, on ne redouble de circonspection, de prudence et d'habileté dans la direction des établissements de crédit.

Mais, ne manqueront pas d'objecter quelques économistes, expliquer ainsi les crises, c'est ressusciter les creuses chimères de l'école mercantile, la fameuse balance du commerce et la confusion du numéraire avec le capital, deux erreurs cent fois déjà réfutées ! Les éléments de la science montrent que l'argent est une marchandise qu'il n'est pas plus désavantageux d'exporter que du fer ou du coton. La quantité de numéraire qui circule importe peu, car s'il est rare, il haussera, et s'il est abondant, il baissera, de sorte qu'un écu dans le premier cas valant autant que deux écus dans le second, on fera exactement le même chiffre d'affaires avec une quantité de numéraire deux fois moindre, ce qui est évidemment un avantage. Loin donc de voir une circonstance fâcheuse dans ce que l'on appelait jadis une balance défavorable, c'est-à-dire un excès d'importation, il faut savoir y reconnaître une preuve de la prospérité croissante du pays qui importe plus qu'il n'exporte. Les crises ne proviennent point de la rareté du numéraire, mais de la rareté du capital, ce

qui est tout autre chose, car ce que les emprunteurs désirent, ce sont en définitive des marchandises, des matières
premières, des vivres pour faire travailler les ouvriers.
Ainsi parleront la plupart des économistes, et cette opinion a été exposée notamment par M. Michel Chevalier
dans son excellent livre sur la monnaie, et par M. Max
Wirth dans son *Histoire des crises*. « C'est, dit M. Michel
Chevalier, une fâcheuse confusion de croire que la monnaie est la même chose que le capital. Cette confusion se
révèle par une locution qu'il est très-commun d'entendre :
on dit *l'argent est abondant* ou *l'argent est rare*, pour indiquer que l'homme industrieux qui cherche le capital a
de la facilité ou de la peine à en obtenir. Les Anglais disent
monnaie (*money*) comme nous disons argent, et ils appellent *money-market* ce qu'il faudrait nommer le marché au
capital. » D'après M. Max Wirth, les crises de 1847 et de
1857 ont éclaté non parce qu'on manquait de numéraire,
mais parce qu'on n'avait pas assez de tous les produits,
fer, bois, denrées alimentaires, qu'exigeait la fondation de
toutes les entreprises industrielles qu'on avait prétendu
créer à la fois. Ces affirmations constituent ce que l'on
appelle les saines doctrines : elles forment l'un des articles
du *credo* économique, et qui les met en doute est par le fait
même convaincu d'hérésie. La plupart des chapitres écrits
sur la circulation monétaire ne sont que le développement
de l'axiome fameux formulé par Turgot : « toute marchandise est monnaie, et toute monnaie est marchandise [1]. »

1. Voy., entre autres, le chapitre consacré à ce sujet dans le manuel
classique de M. Joseph Garnier. Dans une publication récente, et dont

Cette théorie qui paraît inattaquable au point de vue abstrait, est cependant, on ne peut le dissimuler, contredite par ce qui se passe chaque jour sous nos yeux. Il suffit de lire les correspondances financières pour voir l'extrême importance qu'on attache partout au numéraire. Les journaux américains et anglais, jusqu'à des publications de pur agrément comme l'*Illustrated London News*, renferment une rubrique spéciale intitulée *money market*, et la première chose qu'on y signale, c'est la quantité d'or arrivé de la Californie et de l'Australie par tel navire, ou le chiffre des métaux précieux enlevés par l'exportation. Les rédacteurs de ces bulletins, même ceux de la feuille qui fait autorité en cette matière, l'*Economist*, semblent tous sans exception pénétrés des erreurs de l'école mercantile. On dirait qu'ils ont fait leur éducation économique dans les livres d'il y a deux siècles. Les galions californiens sont-ils arrivés, les métaphores joyeuses naissent en foule sous leur plume. Ils annoncent que l'intérêt baisse, que l'escompte est facile, que toutes les valeurs trouvent des acheteurs, que les prix montent. Le télégraphe signale-t-il encore de nouveaux arrivages de métaux précieux, le monde des affaires est plein d'ardeur,

M. Forcade a si clairement montré l'erreur fondamentale (*Revue des Deux-Mondes*, 1ᵉʳ janv. 1865), M. Isaac Péreire s'appuie également, pour attaquer le monopole de la Banque de France, sur ces axiomes économiques qu'il reproduit : « L'or et l'argent sont des marchandises comme tous les autres produits de l'industrie humaine. » — « Loin d'entraver la sortie de l'or ou de l'argent, on ne saurait trop l'encourager, etc. » — « L'élévation du taux de l'intérêt est sans influence sur l'abondance et la rareté du numéraire et réciproquement. » Autant de propositions démenties par l'expérience journalière, surtout en temps de crise aiguë ou chronique.

plein de confiance. L'intérêt tombe à 3, à 2 1/2, à 2. Aussitôt toutes les entreprises existantes trouvent des facilités pour activer leurs travaux, et les nouvelles voient accourir les souscripteurs en foule. Que s'est-il passé ? Les capitaux, — c'est-à-dire, d'après les économistes, les marchandises, les denrées, — se sont-ils subitement multipliés ? En aucune façon. Un seul fait s'est produit, celui que constate si volontiers le public : *l'argent est abondant*. Mais tout à coup le change devient contraire ; il faut envoyer du métal dans l'extrême Orient. Aussitôt une certaine inquiétude s'empare des esprits. Les bulletins financiers prennent un ton lugubre, l'aspect du marché s'assombrit ; à chaque navire qui part emportant le précieux agent de la circulation, on entend un cri d'alarme. L'intérêt monte, l'escompte se restreint, les prix s'affaissent ; on trouve difficilement à vendre, plus difficilement encore à emprunter. Il y a embarras, gêne, et si l'écoulement des métaux précieux continue et attaque fortement l'encaisse des banques, il y a crise. D'où vient ce changement si grave ? Les capitaux, marchandises et denrées, sont-ils donc plus rares ? Non, c'est seulement le numéraire et par suite le crédit, c'est-à-dire les moyens d'échange qui font défaut.

Il est trop évident que des fluctuations brusques et toujours en rapport avec l'exportation ou l'importation de l'argent, comme on en voit de si fréquentes depuis quelques années, ne peuvent être attribuées à la rareté ou à l'abondance des capitaux entendus au sens adopté par les économistes. L'histoire des crises confirme de la manière

la plus éclatante ce que nous enseigne l'expérience journalière ; toutes, comme nous l'avons montré, ont été provo-
quées par l'exportation du numéraire et accompagnées de
la diminution de la réserve métallique des banques ; toutes
ont cessé avec le reflux de l'or soit vers les coffres des
banques, soit directement dans les canaux de la circulation.
En 1810, l'encaisse tombe en Angleterre à 3 millions, en
1825 à 1 million , en 1836 à 3 millions , en 1839 à 2,
en 1847 à 8 et en 1857 à 6 millions. En 1810, l'or s'était
écoulé pour payer des subsides aux armées alliées, en
1825 pour face aux emprunts et à l'exploitation des
mines de l'Amérique espagnole, en 1836 et en 1839 pour
satisfaire aux besoins monétaires du continent et des États-
Unis , en 1847 pour payer les importations de denrées
alimentaires, en 1857 pour remplir les vides créés par la
crise sur le marché de New-York. Pendant la même année
le naufrage du galion californien le *Central-America* détermine l'explosion finale à New-York, et l'arrivée du con-
voi chargé de l'argent autrichien met un terme aux désastres à Hambourg. En présence de tant de faits tous incontestables, tous concordants, il est impossible de ne pas
concevoir quelques doutes sur la complète exactitude des
axiomes économiques au sujet de la monnaie.

Cette contradiction entre la théorie et les faits est une
grave difficulté, car, si l'on ne parvient pas à la résoudre,
il faut renoncer à jamais rien comprendre aux problèmes
de la circulation. Il est donc indispensable d'élucider, par
une analyse sévère, cette question fondamentale, d'où
dépend la solution des difficultés qui se rattachent à la

gestion des banques, à l'émission des billets et aux crises. Il faut voir qui en définitive a raison, des hommes d'affaires qui ont les yeux obstinément fixés sur les fluctuations du *money market*, ou des hommes de théorie suivant imperturbablement les déductions des principes abstraits. Entre la théorie et la pratique, on l'a dit avec raison, il ne peut y avoir de conflit réel. Si la théorie n'embrasse pas tous les faits, c'est qu'elle est incomplète. Quelques rectifications sont donc ici nécessaires, et on voudra bien nous permettre de les exposer, car sans elles il serait impossible de bien apprécier la valeur des remèdes indiqués pour prévenir les ravages causés par les crises.

CHAPITRE V

DANS QUELLES LIMITES L'ABONDANCE DU NUMÉRAIRE EST UTILE.

Il n'est pas exact de dire, comme on l'a trop répété depuis Turgot, par réaction contre l'école mercantile, que la monnaie est une marchandise comme une autre. Cette proposition n'est vraie que si l'on considère le métal dont la monnaie est faite ; mais en tant qu'intermédiaire des échanges, elle a des caractères particuliers qui la distinguent nettement de toutes les autres marchandises. Si le fer et le coton sont rares, ceux qui en ont besoin souffrent, mais cette rareté n'agit pas sur le prix des autres produits. Si, au contraire, la monnaie est rare, le prix de toutes les choses s'en ressent. Tout le monde a besoin d'échanger, c'est-à-dire de vendre et d'acheter ; si donc le moyen d'échanger vient à manquer ou à se raréfier, tout le monde est gêné et toutes les transactions deviennent difficiles. De même que, lorsque l'eau baisse dans les rivières, les transports ne peuvent plus s'opérer, parce que les bateaux sont à sec, ainsi, quand la monnaie diminue ou fait défaut dans les canaux de la circulation, les produits ne peuvent plus passer que très-difficilement d'une main dans une autre, faute de l'intermédiaire universel [1]. On est parvenu, dans les pays avancés en fait de commerce, à se passer de beaucoup de numéraire en le remplaçant par le crédit sous toutes ses formes ; mais, étant donnée la quantité d'unités monétaires qui sont encore indispensables, leur rareté produit un embarras, et quelquefois même une crise générale. On dit, il est vrai, que quand la monnaie devient rare, chacune de ses unités, augmentant de valeur, opérera plus d'échanges ; mais nous touchons ici à l'erreur première qui a conduit à méconnaître l'évidence des faits. Cette proposition n'est exacte que si on considère un long espace de temps ; elle est fausse dans la plupart des cas et pour la grande majorité des transactions, parce que la monnaie est une marchandise tarifée, recevable en tout payement et ayant seule l'éminent privilége d'éteindre toute dette au taux fixé par la loi. Ainsi je me suis obligé à payer 1,000 fr. à terme ; si, avant l'échéance, le numéraire devient rare, il s'ensuivra que la valeur de

1. M. Michel Chevalier ne méconnaît-il pas ce caractère essentiel de la monnaie quand il dit : « Les hommes superficiels et le vulgaire s'écrient que l'argent est rare, parce que l'argent est la mesure du capital ; mais l'expression est inexacte et suscite une fausse idée : c'est à peu près comme si, quand le drap ou la toile de coton manque à une foire, on s'écriait : « Les mètres sont rares ? » — Pour que la comparaison de l'éminent économiste fût exacte, il faudrait que la monnaie ne fût, comme le mètre, qu'une mesure ; mais c'est un intermédiaire et un équivalent qu'il faut livrer à chaque transaction. Si les mètres étaient en or ou en argent, et si l'acheteur, après avoir mesuré le drap ou le coton, devait les livrer au vendeur, on comprendrait très-bien qu'on pût en manquer. Quand chacun désire vendre ses produits et ne peut le faire faute d'argent ou de crédit appuyé sur de l'argent, ce qui fait défaut, ce n'est pas une commune mesure, toujours facile à trouver, mais l'équivalent métallique dont la rareté arrête les transactions en avilissant tous les prix.

chaque unité, de chaque franc, augmentera en raison de sa rareté. Si donc chaque franc vaut en réalité le double, je devrais pouvoir m'acquitter en versant 500 francs, qui représentent maintenant une valeur égale à 1,000 francs; mais si, comme il arrive aujourd'hui, je dois me procurer 1,000 francs en vendant des marchandises, je perdrai la moitié sur la réalisation, car une hausse du numéraire se traduit par une baisse de tous les produits. Or, dans le monde des affaires, presque tous les producteurs, tous les commerçants, usant du crédit, ont ainsi des échéances à terme qu'ils espèrent remplir en vendant des marchandises qu'ils auront fabriquées ou qu'ils tiennent en magasin. Si l'argent se raréfie de moitié, ils seront obligés de donner deux fois plus de produits pour se procurer la somme qu'ils se sont engagés à livrer. Ceci montre bien comment la rareté du numéraire, poussée à un certain point, devient une calamité dans tout pays où le crédit est en usage, et pourquoi la perturbation est d'autant plus désastreuse qu'il y a plus d'opérations à terme, à crédit.

L'étude des crises fait voir manifestement que l'argent, marchandise tarifée et seule éteignant toute dette, n'est pas un produit comme un autre. A Hambourg, en 1857, des négociants possédant des millions de denrées coloniales furent mis en faillite pour des obligations qui s'élevaient à peine à la moitié de leur actif, parce qu'ils ne pouvaient s'acquitter envers leurs créanciers avec leurs denrées, et celles-ci ne trouvaient pas d'acheteurs, parce que l'argent avait disparu du marché. En 1825, en Angleterre, on vit vendre à 2 pour 100 de perte des bons de l'échiquier échéant le lendemain. On payait ainsi la prime inouïe de 720 pour 100 d'intérêt par an, afin d'obtenir de l'argent comptant. En France, en 1848, pour avoir 1,000 francs en monnaie d'or, l'on donnait 120 francs de prime, tandis qu'on pouvait, en attendant huit jours, se procurer la même somme à la Monnaie en payant les frais peu élevés du monnayage. Un billet de banque à cours forcé sans nulle valeur intrinsèque sera préféré alors à une valeur double en marchandises ou en traites, parce qu'avec celles-ci on ne peut satisfaire ses engagements, tandis qu'on le peut au moyen du billet, intermédiaire légal des échanges. Ainsi donc la monnaie a, comme agent tarifé de la circulation, des caractères tout à fait exceptionnels, et la rareté seule de cet agent suffit pour amener les crises.

Maintenant est-on plus fondé à prétendre que l'abondance du numéraire n'a pas d'action sur l'intérêt, et qu'il faudrait dire, non le *money-market,* le marché de la monnaie, mais le marché du capital, c'est-à-dire des produits? L'étude des faits nous force encore à voir ici une erreur. La remarque mise en avant, que les emprunteurs désirent se procurer, en dernier résultat, des capitaux disponibles, c'est-à-dire des denrées, des produits de toute nature et non de l'or, cette remarque est très-exacte ; mais comment se procurera-t-on ces marchandises réparties de tous côtés? Évidemment en les achetant, et pour les acheter il faut d'abord de la monnaie. Ce que l'emprunteur désire donc en premier lieu, c'est de l'or. Aussi, avant de se présenter sur le marché des produits, des capitaux-marchandises, où il ne trouverait pas assez de crédit, il va d'abord au marché de l'argent, au *money-market*, où il emprunte du numéraire. Et, en effet, c'est en grande partie sous forme de monnaie, métal ou billets, que les avances se font. C'est sous la même forme que doivent se faire les versements aux emprunts des États et des compagnies, le payement de tous les intérêts, de toutes les lettres de change échues, de tous les salaires, de toutes les contributions, etc. Si le numéraire est abondant, l'emprunteur trouvera beaucoup de gens disposés à lui en prêter, et à un taux peu élevé. La quantité des capitaux-marchandises est indépendante de la quantité du numéraire et n'en tient point lieu. On voit très-souvent qu'en moins de quinze jours les emprunteurs ont deux fois plus de peine à se faire accorder des avances, quoique la masse des capitaux-marchandises n'ait pas diminué : seulement le *money-market* est mal fourni. Les pièces d'or et d'argent ou leurs substituts, les billets, sont semblables à de petits véhicules qui servent à transporter les produits des mains de leurs détenteurs dans celles des entrepreneurs d'industrie. Pour autant qu'on n'ait pas appris à se servir de véhicules en papier, ceux en or et en argent sont indispensables. Il faut donc que les entrepreneurs s'en procurent à tout prix ; sinon, ils ne pourront commencer leurs travaux. C'est pour cela qu'ils se transportent au marché des véhicules d'or, afin d'en louer, et qu'ils se réjouissent quand des navires arrivant de Californie ou d'Australie en apportent des cargaisons, car, si ces petits wagons sont rares, ils devront payer très-cher la faculté d'en faire usage, et s'ils sont abon-

dants, ils pourront les louer à bas prix. Le *money market*
est donc le marché où se louent les véhicules de l'échange,
et plus il s'en présente, moindre sera cette indemnité, appelée intérêt, qu'il faudra payer pour avoir la faculté de
s'en servir. Une fois pourvu de ses moyens d'échange,
qu'on lui loue plus ou moins cher, l'entrepreneur d'industrie, l'emprunteur se transporte sur le marché des capitaux-marchandises. Alors, si ceux-ci sont abondants, il les
obtient à des prix avantageux ; s'ils sont rares, il les paye
cher. Donc, pour que la situation soit tout à fait bonne, il
faut que le marché de la monnaie et celui des denrées
soient tous les deux bien pourvus. Ce que l'on vient de
dire des emprunts s'applique aussi aux entreprises de chemins de fer, dont les versements exigibles ont aggravé les
crises de 1847 et 1857. Ce qui manquait alors, ce n'était
pas le fer et les denrées, comme on l'a prétendu, c'était le
numéraire, car les versements mensuels devaient se faire
non en maisons, en terres, en fer, en coton et autres capitaux, mais bien en monnaie. Or la monnaie était rare, et
pour s'en procurer il fallait réaliser à tout prix et subir ainsi
des pertes énormes.

Il est donc très-désirable, on le voit, que les canaux de
la circulation soient largement fournis de cet équivalent
universel qui sert d'intermédiaire, ou qu'en d'autres
termes l'argent soit abondant sur le *money-market*. Tel
est le fait constaté par tous les hommes d'affaires, et en
vain nié par une théorie incomplète. C'est ce fait qui avait
frappé l'école mercantile et qui l'avait portée à conclure
qu'une nation doit attirer et retenir dans la limite de ses

frontières le plus de métaux précieux possible. C'était aller au delà de la vérité, car une fois les besoins de la circulation satisfaits, le numéraire surabondant a pour unique effet d'amener la hausse des prix. A partir de ce moment, les économistes ont raison, toute accumulation nouvelle de métaux précieux est inutile au mouvement des affaires et à la production de la richesse : elle rend tout plus cher sans amener une baisse dans le taux de l'intérêt.

Il faut maintenant résumer en quelques mots les conclusions que l'étude des faits nous impose. Il est utile à toute nation d'être abondamment pourvue de la quantité de numéraire dont elle a besoin pour opérer ses échanges avec sécurité et facilité. Quand il y en a moins, il y a gêne, parce que, faute de véhicules monétaires, le mouvement des échanges est entravé; quand il y en a plus, le numéraire qui n'est plus absorbé par la circulation fait hausser les prix d'abord, puis est exporté dans les pays où les prix sont restés bas. Toutefois, avant que ce fait se produise, le numéraire agit d'une manière utile, car, cherchant à se placer, il vient s'offrir sur le *money market* et fait baisser le loyer de l'argent, qui est l'intérêt[1].

1. Si ces conclusions sont exactes, elles peuvent servir à discerner en quelle mesure est vraie la doctrine très-répandue et soutenue en Angleterre, surtout par Hume et par M. Attwood, à savoir que l'accroissement de la quantité de numéraire favorise le développement de l'industrie, doctrine combattue par la grande majorité des économistes. Le numéraire encourage l'industrie aussi longtemps qu'il ne dépasse pas les besoins de la circulation, car l'abondance du numéraire facilite les échanges et les prêts, comme le grand nombre des wagons facilite les transports, et elle fait baisser l'intérêt sans faire hausser les prix; au delà de ces limites, elle fait hausser les prix sans faire baisser l'intérêt. Il semble au premier

CHAPITRE VI

Mais, a-t-on dit, la preuve que l'abondance de l'argent n'a aucune influence sur le taux de l'intérêt, c'est que depuis la découverte des *placers* d'or de la Californie, qui ont versé sur le monde environ sept milliards d'or, le taux de l'intérêt, loin de baisser, a beaucoup haussé. Autrefois, pendant de longues années, l'escompte était à 4 p. 100 en France, à 3 p. 100 en Angleterre ; maintenant, quoique l'approvisionnement métallique de l'Europe ait augmenté d'un tiers environ, il est souvent à 5 p. 100, et l'an dernier,

abord qu'on pourrait combattre cette théorie par l'exemple de la Californie, où l'or est abondant et l'intérêt élevé ; mais en y réfléchissant on voit que cet exemple ne prouve rien. En Californie et en Australie, l'or est plutôt une marchandise qu'un intermédiaire des échanges, et l'abondance de l'or, en tant que marchandise, n'agit pas plus sur l'intérêt que l'abondance du fer ou du plomb. Ce qui fait baisser l'intérêt, c'est la quantité de numéraire s'offrant sur le marché monétaire, non celui qui s'exporte ou se thésaurise, et précisément dans les pays producteurs de l'or c'est ce métal qui s'exporte pour payer les importations. Enfin l'intérêt est élevé en Californie et dans toute l'Amérique du Nord, parce que les profits y sont considérables dans toutes les branches de la production. Tant qu'avec 100 fr. on en pourra gagner annuellement 10 ou 12, jamais on ne les prêtera pour 2 ou 3.

1864, il s'est élevé, pour toute l'année, au taux moyen de 7 p. 100. Comme ces faits paraissent démentir les principes que nous avons essayé de démontrer, il ne sera pas inutile d'en chercher l'explication.

Pour faire bien comprendre l'effet produit par un accroissement dans la quantité des métaux précieux, prenons un exemple très-simple. Supposons qu'un capitaliste possédant des millions aille s'établir dans un canton relativement pauvre ; il peut employer ces millions, soit à acheter des produits, soit à faire des avances aux entrepreneurs d'industrie. S'il se contente d'acheter des produits, il s'ensuivra que cette demande nouvelle fera hausser les prix, mais ne contribuera en aucune façon à faire baisser le taux de l'intérêt ; elle produira plutôt l'effet contraire. Il en serait tout autrement si le capitaliste employait son argent à faire des avances aux entrepreneurs d'industrie. Dans ce cas, il est évident que son offre, agissant sur le marché où se loue l'argent, fera baisser le taux de l'intérêt. Ce sera là l'effet immédiat[1]. Par un second effet plus lointain, cette quantité nouvelle de numéraire contribuera à la hausse des prix. Toutefois, ce que nous venons de dire ne sera exact que si nous ajoutons la formule recommandée par M. Stuart Mill, *toutes choses égales d'ailleurs*, car si cet or, prêté à l'industrie et répandu dans le canton, avait pour résultat de stimuler l'esprit d'entreprise, d'accroître

---

1. M. Stuart Mill, qui affirme au chap. xxiii, liv. III, de ses *Principes d'économie politique*, que l'abondance de l'argent n'a aucun effet sur le taux de l'intérêt, admet cependant dans un autre passage que la découverte d'un grand trésor ou une nouvelle émission de billets de banque ferait baisser l'intérêt. Voir chap. xxii, § 2, liv. III.

la production, et de multiplier ainsi le nombre des transactions il se pourrait que l'intérêt, loin de baisser, s'élevât par suite d'une grande augmentation dans les demandes d'avances nécessaires aux entreprises nouvelles. Or, voilà précisément les phénomènes qui se sont produits à la suite de l'exploitaton des *placers* de l'Australie et de la Californie : des quantités énormes d'or se sont répandues sur le monde ; une partie de cet or a pénétré dans la circulation sous forme d'achats de produits, en poussant à la hausse des prix, sans agir sur le taux de l'intérêt; mais une autre partie, et de beaucoup la plus grande, a passé d'abord par les mains des prêteurs d'argent, banques, banquiers et capitalistes, qui, à la recherche d'un emploi fructueux, l'ont offert sur le *money-market*, en contribuant ainsi à la dépression du taux de l'intérêt. Il suffit de lire les bulletins des journaux spéciaux pour se convaincre que c'est ainsi que les choses se passent. Les métaux précieux arrivant des mines sont enlevés par les banques, remis à la Monnaie, transformés en numéraire et prêtés ensuite à leurs clients, car ce n'est que sous cette forme de numéraire, que les métaux précieux agissent sur les prix et sur l'intérêt. Tant qu'ils restent en lingots, leur abondance n'a pas plus d'effet que celle de toute autre marchandise, du fer, du thé ou du coton.

Si l'accroissement énorme de la quantité d'or existant en Europe, depuis 1848, n'a pas eu pour effet d'abaisser le taux de l'intérêt, quoiqu'une grande partie de cet or ait été offerte sur le marché des prêts, cela provient de ce que, depuis cette époque, l'activité industrielle et commerciale s'est développée dans des proportions inouïes. Le commerce extérieur des principaux pays, France, Angleterre, États-Unis, s'est beaucoup plus que doublé ; partout la production s'est prodigieusement accrue ; on a construit des chemins de fer pour plus de trente milliards de francs. L'épargne annuelle de l'Angleterre s'est élevée de soixante millions à cent trente millions sterling, celle de la France, de cinq cents millions de francs à plus d'un milliard, et pour placer ces sommes dans des entreprises nouvelles, il a fallu opérer beaucoup de versements exigeant l'emploi d'une quantité croissante d'argent. Les découvertes si multipliées et si merveilleuses de la science ont ouvert de tous côtés au capital un large et fructueux champ d'emploi.

Le génie industriel des nations avancées et riches de l'Europe occidentale ne s'est pas contenté d'exploiter le fonds productif de la patrie, il s'est appliqué à faire valoir les ressources immenses et négligées des pays encore en retard ; il a franchi les mers, emportant le capital avec lui, pour construire des chemins de fer, ouvrir des mines, fonder des banques, améliorer l'agriculture, percer les isthmes, franchir les montagnes, établir des irrigations, en un mot entreprendre les travaux les plus divers, aux Indes, en Australie, en Turquie, en Égypte, au Cap, au Brésil, au Chili, dans les républiques de la Plata, au Canada, etc. Dans les pays ainsi fécondés, la production locale s'est aussitôt développée. Les échanges se sont multipliés et se sont accomplis d'une façon inconnue jusqu'alors. Les prestations en nature ont fait place aux payements en

10

argent. Le flux des métaux précieux, après avoir passé par la France et l'Angleterre, s'est répandu sur le monde entier et a pénétré dans des lieux où les échanges n'en faisaient presque pas usage. Cette diffusion universelle de l'or explique comment le taux de l'intérêt ne s'est pas plus abaissé depuis 1848.

Il est une autre circonstance qui est venue agir dans le même sens. L'argent placé dans des pays dont les ressources étaient encore pour ainsi dire inexploitées devait donner de larges profits, huit, dix, douze pour cent et davantage, bien plus, à coup sûr, que chez les nations où la concurrence avait depuis longtemps réduit les bénéfices au minimum. Dans ces dernières années, les mœurs et la législation des contrées lointaines se sont rapprochées des nôtres, offrant ainsi plus de sécurité à nos capitaux, et comme d'autre part la demande de ces capitaux était à peu près illimitée, parce que le champ d'emploi l'était aussi, il en est résulté qu'ils ont toujours été insuffisants et que par suite ils ont toujours pu se louer très-cher. Sans examiner les revenus qu'ont pu donner les entreprises fondées en Asie ou en Amérique, voyez ce qui se passe en Europe même. La Russie, la Turquie, l'Espagne, et l'Italie ont voulu construire en peu de temps un réseau de chemins de fer. Leurs propres ressources n'étant pas assez grandes, elles se sont adressées aux marchés des pays plus riches et s'y sont fait concurrence. Pour avoir de l'argent immédiatement, elles ont consenti à payer 8 et 9 p. 100 contre de très-bonnes garanties. Il est certain, d'autre part, que les nouvelles voies de communication enrichiront très-vite les contrées qu'elles traversent. Il suffit donc d'y acheter des propriétés quelconques et d'attendre, pour voir s'accroître très-promptement le capital ainsi placé. Quand on songe à la grande quantité de placements avantageux qui se disputent les épargnes annuelles de l'humanité, on cesse de s'étonner que le taux de l'intérêt ne soit pas tombé plus bas. Depuis 1848, la masse des métaux précieux s'est accrue d'un tiers, mais d'autre part les transactions qui en réclament l'usage ont probablement doublé dans certains pays et triplé, quadruplé dans d'autres. Il devait nécessairement en résulter une demande plus grande de l'intermédiaire universel de l'échange et par suite une hausse dans son prix de location.

Le capital est donc devenu cosmopolite. Partout où de grands profits l'appellent il accourt. Dans un intéressant article de la *Revue d'Édimbourg* de janvier dernier (1865), M. Goschen a montré comment la forme nouvelle de l'association à responsabilité limitée a favorisé ce mouvement d'émigration des capitaux [1]. Avec la législation ancienne ils se contentaient de l'intérêt de 3 ou 4 p. 100 qu'ils trouvaient dans la mère patrie ; aujourd'hui ils vont aux antipodes recueillir un revenu de 10 ou 12 p. 100. Pour

---

1. M. Goschen fait remarquer que le nom même des compagnies nouvelles indique la direction que prennent maintenant les capitaux. Ainsi, en 1863, on a vu se fonder à Londres les compagnies suivantes :
Ottoman financial Association, Turkish crédit foncier, Anglo-Austrian bank, Anglo-Égyptian bank, Anglo-Italian bank, English and Swedish bank, British and Californian bank, London and Brazilian bank, London and Buenos-Ayres bank, South American bank, African trading company, Australian Mortgage bank, Mauritius land Credit, Natal land and colonisation company, South mortgage company, etc.

opérer ces immenses déplacements de capitaux il a fallu
aussi beaucoup plus de numéraire [1], car c'est ordinairement sous cette forme que le capital va féconder les
pays en retard.

Ainsi donc, le gigantesque mouvement économique qui
transforme en ce moment les conditions matérielles du
monde entier, a eu pour effet de faire renchérir en Europe
à la fois le loyer des capitaux et le loyer de l'argent, l'argent servant de véhicule à l'échange et au déplacement
des capitaux.

Il est même probable qu'aussi longtemps que le niveau
ne sera pas établi, le taux de l'intérêt restera élevé. Quand
on remonte ainsi aux causes profondes et générales de ce
fait, on est moins disposé à l'attribuer aux règlements
plus ou moins parfaits de la Banque de France ou de la
Banque d'Angleterre.

1. Pour transporter un capital d'un pays dans un autre, il ne faut pas
nécessairement expédier une somme correspondante de numéraire. Ainsi
par exemple, des capitalistes anglais ayant souscrit à une compagnie de
travaux publics dans l'Inde pourront faire leurs remises en achetant les
traites émises par le gouvernement indien sur le marché de Londres ; mais
cette opération tendra néanmoins à produire un change contraire et un
écoulement de numéraire. Ensuite, aux Indes, il faudra payer le salaire
des ouvriers employés aux travaux ; là donc se manifestera un nouveau besoin d'argent.

CHAPITRE VII

L'historique de cette crise, tracé dans un chapitre précédent, indique déjà les principales causes qui l'ont amenée. Mais il ne sera pas inutile de les mettre mieux encore en relief, afin de confirmer ainsi la théorie générale des crises que nous avons essayé de formuler précédemment, en nous appuyant sur tous les faits observés depuis le commencement du siècle. On peut conclure de ces faits que les crises sont occasionnées par la *réunion* de trois circonstances, agissant toutes trois au même moment.

1° Emploi du crédit sous toutes ses formes; 2° un marché chargé d'opérations à terme et d'engagements de toute nature : souscriptions aux emprunts publics des États et des villes, aux émissions d'obligations ou d'actions des grandes compagnies, travaux d'amélioration et de construction entrepris par des particuliers, etc. ; 3° dérangement de la balance du commerce qui nécessite l'exportation d'une notable quantité de numéraire à prendre sur une circulation qui en possède tout juste le nécessaire.

La première et la dernière de ces causes se rencontrent

à peu près constamment depuis quelques années chez les nations dont la prospérité augmente, parce que d'une part elles se servent plus du crédit à mesure que les habitudes et les institutions commerciales se perfectionnent, et que d'autre part l'industrie, guidée par la science, découvre constamment de nouveaux champs d'emploi. Les éléments d'une crise sont donc toujours prêts, ou si l'on veut, tout tend constamment à en amener une, mais ce qui la détermine, c'est toujours l'exportation des métaux précieux qui raréfie les instruments de la circulation, et qui amène à sa suite une contraction du crédit dont l'usage se généralise de plus en plus.

Or les trois causes de toutes crises se sont manifestées en 1863-1864, dans l'Europe occidentale, avec des caractères si marqués qu'aucun doute n'est possible à ce sujet. Il suffit de mentionner quelques faits pour le prouver à l'évidence.

1° Que l'emploi du crédit se soit généralisé à un point étonnant depuis une quinzaine d'années, c'est un lieu commun sur lequel il est à peine nécessaire d'insister. Pour ne citer que les chiffres qui concernent la circulation fiduciaire, le phénomène le moins important mais le plus facile à constater, celle-ci a été portée en France de 400 millions en 1848 à environ 800 millions en 1863, et en Belgique de 20 millions à 120 millions. En Angleterre elle a plutôt diminué, mais l'emploi des autres instruments de crédit, chèques, warants, virements, crédits au livre, a pris une extension dont on peut à peine se faire une idée. Ainsi donc emploi du crédit pour opérer les échanges dans une proportion dont on n'avait nulle idée il y a vingt ans, voilà le fait admis par tout le monde. Dès lors il en est résulté, ainsi que nous l'avons vu, que le marché monétaire est devenu beaucoup plus sensible , plus soumis aux fluctuations parce que toutes les obligations nées du crédit étant stipulées payables en métal ou en billets convertibles , on craint de ne pouvoir se procurer, au temps de l'échéance, la quantité d'argent ou de son substitut le billet qu'on s'est engagé à livrer.

2° En 1863-1864, le marché était très-chargé d'engagements à terme ; je ne dis point surchargé parce que l'épargne annuelle a suffi, grâce aux mesures de prudence, à faire face aux obligations contractées. M. d'Eichtal estime[1] que les engagements et placements de capitaux s'étaient élevés en 1863, sur le marché français, à environ 800 millions de fr. Pour l'Angleterre, l'*Economist* a publié des chiffres suffisamment exacts dans un tableau complet des demandes de fonds faits sur le marché de Londres pendant l'année 1863. Ces demandes se seraient élevées à la somme énorme de 145,000,000 l. st. ou 3,625,000,000 fr. Les emprunts des gouvernements et des colonies figurent dans le total pour 43 millions sterling , seulement le capital réellement versé de ce chef ne doit pas dépasser 11,000,000 l. st., dont voici le détail approximatif :

1. *De la Monnaie de papier et des banques d'émission*, par A. d'Eichtal. Guillaumin, 1864.

Emprunt de Ceylan..........................	1.000.000 l. st.
— de la Colombie..................	200.000
— des États confédérés..............	3.000.000
— de l'Italie à 5 p. 100 (environ)....	3.000.000
— du Brésil........................	2.300.000
— de la Turquie..................	300.000

Voici maintenant l'indication des diverses compagnies dont les actions ont été émises sur le marché anglais.

Compagnies.	Nombre.	Capital autorisé.	Capital versé.
Banques..............	27	31.900.000 l. st.	2.171.500 l. st.
Sociétés financières.......	15	19.000.000	1.082.500
Sociétés manufacturières et commerciales.........	65	14.455.000	1.786.750
Chemins de fer..........	17	9.496.000	1.064.850
Assurance..............	14	10.300.000	692.500
Navigation..............	6	4.168.000	142.500
Hôtels.................	47	4.320.000	625.150
Mines.................	49	3.019.000	989.050
Gaz..................	6	670.000	38.500
Divers.................	17	2.655.000	282.250
TOTAL.........	263	100.053.000	8.875.550

Les souscriptions se sont élevées à **78,135,000** l. st., et les versements immédiats à **8,875,550** l. st., laissant encore **70 millions** sterling d'engagements dont une partie, il est vrai, comme le capital des banques et des sociétés d'assurance, ne forme qu'un fonds de garantie. Néanmoins le total des sommes à verser effectivement, soit au moment de la souscription, soit plus tard, n'a pas dû être inférieur à **60 millions** sterling ou **1,500 millions** de fr. pour la part de l'année **1863**. Malgré la crise déjà déclarée, l'activité industrielle et commerciale ne s'arrêta pas au commencement de l'année **1864**, et un grand nombre d'affaires nouvelles furent lancées. Je citerai seulement les principales d'entre elles, mentionnées dans les bulletins hebdomadaires des journaux spéciaux.

Désignation des compagnies ou emprunts.	Chiffres de l'émission.
General floating dock company...............	200.000 l. s.
London financial association.................	1.000.000
Financial corporation......................	3.000.000
Land Securities company....................	2.000.000
Emprunt danois...........................	1.200.000
Anglo-italian bank........................	1.000.000
London italian and Adriatic company..........	500.000
London and mercantile discount company.......	500.000
International alliance Hotel company..........	300.000
Mines de Panusallo (Chili).................	200.000
Norway's copper company..................	100.000
Imperial bank of China....................	1.000.000
Great-eastern-northern railway..............	1.500.000
Association financière ottomane.............	1.000.000
British and Californian banking company.......	1.000.000
Land Mortgage company....................	3.000.000
South-eastern-banking company..............	500.000
Imperial financial company.................	2.000.000
Cleveland-iron company.	100.000
Mines d'or de Trontino (Nouvelle-Grenade).....	100.000
Queensland-sheep company	400.000
Merthyr-coal company.....................	120.000
Imperial bank (nouvelle émission)............	1.000.000
Chemin de fer Rosario à Cordova............	1.000.000
Isle of Man rail-way......................	100.000
Warrant banking company..................	2.000.000
Liverpool financial association..............	500.000
Albion bank..............................	1.000.000
Compagnie nationale d'Assurances maritimes....	500.000
Divers..................................	1.000.000
Emprunt de la Bolivie.....................	1.000.000
— de Venezuela......................	1.500.000
Télégraphe électrique Banelli...............	250.000
Britisch copper company...................	100.000
Columbia an Van Couver Island company......	50.000
City offices company......................	1.000.000

Dutch tramway company.....................	50.000
Western bank of Scotland...................	1.000.000
Contract corporation.	4.000.000
South Australian company..................	100.000
National bank (nouvelle émission)...........	1.000.000
Oriental financial corporation..............	1.000.000
National financial company................	500.000
Britsch Schipowners company..............	2.000.000
Port Augusta rail-way (Australie)..........	300.000
Clyde iron ship building company.	300.000
English and foreigh Credit association.	2.000.000
East India financial association.	1.000.000
Home and colonial insurance company........	2.000.000
Emprunt mexicain........................	10.000.000
— russe.	6.000.000
Italian credit association..................	3.000.000
Eastern exchange bank..	2.000.000
Land credit company of Ireland............	1.000.000
Humber iron works company..............	1.000.000

Nous ne poursuivrons pas cette énumération des compagnies nouvelles au delà du 31 avril, et elle est loin de contenir le nom de toutes les sociétés fondées jusqu'à cette époque. Des calculs très-exacts montrent que durant les 4 premiers mois de l'année 1864, on avait émis sur le marché anglais des titres nouveaux pour une valeur nominale de 75 millions st. soit 1,885,000,000 fr. dont un dixième au moins, soit environ 200 millions de fr., payable en souscrivant. Ce qu'il y a de vraiment remarquable c'est que ces émissions se firent quand la crise était déjà déclarée, et néanmoins les actions de la plupart de ces entreprises firent prime à leur apparition. Ainsi qu'on peut le voir en consultant le tableau, beaucoup de ces sociétés étaient des banques et des compagnies financières qui n'exigent point de versement intégral du capital. Toutefois les nouveaux appels de fonds ajoutés à tous ceux qui résultaient des trois milliards d'émissions de 1863, devaient fortement peser sur le marché monétaire.

L'épargne annuelle dans le Royaume-Uni atteint, il est vrai, des proportions colossales, puisque des calculs exacts permettent de la porter au minimum à 130 millions st. [1], soit 3,250,000,000 fr. mais il s'en faut de beaucoup que toute cette somme soit à la disposition des compagnies nouvelles. Une grande partie en est employée à construire des maisons, des routes, des ponts, des hopitaux, des écoles, à améliorer le sol et les cultures, à acheter des objets mobiliers, des machines, à étendre le commerce, à augmenter le nombre des navires. Les maisons seules depuis dix ans, prennent 1 milliard de fr. par an. En appliquant encore un milliard pour les autres objets, il resterait environ 1,500 millions de fr. pour les entreprises mises en société, tant sous la forme ordinaire que sous la forme limitée. D'après ces estimations approximatives, il faut conclure que durant l'année 1863 et le commencement de 1864, les émissions nouvelles avaient à peu près absorbé toute la partie de l'épargne annuelle dont elles peuvent disposer. Il y a cependant tout lieu de croire que les appels de fonds des sociétés n'auraient point produit de crise, sans la troisième circonstance dont nous allons nous occuper, l'écoulement des métaux précieux ; car les souscripteurs ne manquaient pas, même quand l'intérêt était à 8 et 9 p. 100, et d'ailleurs les bulletins financiers des journaux

1. Voy. aux Annexes, n° 5.

spéciaux, celui de l'*Economist* entre autres, répètent souvent que le *capital* ne manque pas et que dans Lombard-Street l'actif inscrit aux livres est toujours important, mais que c'est le *numéraire* qui fait défaut.

3° Et en effet c'est réellement l'exportation du numéraire qui a déterminé la crise de 1863-1864, comme elle a occasionné toutes celles qui l'ont précédée. Mais les chiffres que la douane publie au sujet du mouvement des métaux précieux, ne peuvent pas rendre compte de la façon dont leur écoulement amène les crises. En effet, le total peut présenter une balance en faveur des importations, quoiqu'à diverses reprises le métal ait été rare et très-demandé ; une hausse d'escompte énergique aura rétabli l'équilibre [1].

Ainsi que nous l'avons montré dans l'histoire financière de 1863-1864, il faut rechercher la cause de l'écoulement de l'or et de l'argent, dans la nécessité de payer le coton qu'avaient envoyé à l'Europe des nations qui consomment peu de produits fabriqués par l'industrie européenne. Quand le coton était acheté aux États-Unis, il était payé au moyen de marchandises : les dettes s'équilibraient et il ne fallait pas envoyer d'argent. Le Brésil, l'Égypte et l'Inde surtout qui

---

1. Les chiffres fournis par la Douane ne sont pas non plus d'une rigoureuse exactitude, et leur principale valeur est surtout de fournir des données comparatives d'une année à l'autre, parce qu'alors les erreurs se compensent. Voici pris au hasard un exemple des inexactitudes de ces tableaux officiels. Les exportations d'or et d'argent d'Angleterre en France sont portées dans les documents anglais à 4,955,435 l. st. (123 millions de francs) pour le premier semestre de 1864. Dans les documents français, les importations d'or et d'argent d'Angleterre en France sont portées à 165 millions de fr. pour ce même semestre ; différence 42 millions.

depuis la guerre civile des États-Unis fournissent presque
tout le coton consommé en Europe, n'ont pas augmenté
leurs importations en proportion de leurs exportations, la
balance a penché en leur faveur et pour s'acquitter envers
eux, il a fallu leur expédier des métaux précieux. On estime qu'en 1863 l'Inde seule a absorbé pour 15 millions
sterling d'argent, et comme la production totale de ce
métal ne s'élève qu'à 10 millions environ, dont il faut déduire la consommation industrielle, il s'ensuit qu'il a fallu
puiser largement dans les approvisionnements de ce métal
que possédait l'Europe. La France y a contribué pour
une large part, ainsi que le montre le tableau comparé du
mouvement des métaux précieux dans les trois dernières
années.

MOUVEMENT DES MÉTAUX PRÉCIEUX EN FRANCE.

	Or.		
	1863.	1862.	1861.
Importation....	369.699,474	401.826.987	244.036.749
Exportation....	377.481.219	236.788.908	267.770.439
	Argent.		
Importation....	161.000.603	131.435.592	172.179.787
Exportation....	240.594.900	217.615.905	233.993.067

On voit que l'exportation de l'argent a atteint en 1863,
240 millions, et tandis que l'année précédente, en 1862,
l'excès d'importation de l'or avait comblé le vide laissé
par l'exportation de l'argent, en 1863 on a exporté même
plus d'or qu'on n'en a importé. Pendant les premiers mois
de 1864, à l'époque où la crise est la plus violente, les ex-

portations de métaux précieux continuent à être considérables. L'Orient enlève 104,280,316 fr. d'argent durant le trimestre en 1864, contre 79,299,220 en 1863. En Angleterre les exportations de métaux précieux sont aussi élevées, mais grâce au mécanisme de l'élévation de l'escompte par lequel on combat la rareté des moyens d'échanges, l'or appelé de toute parts remplace rapidement celui qui est envoyé vers l'étranger.

L'étude de l'origine de la crise de 1864 nous révèle donc l'action des trois causes principales qui ont produit les autres grandes perturbations financières. Ce qui caractérise celle de 1864, c'est qu'elle a été produite en grande partie non par une mauvaise récolte, comme en 1847 ou par de folles spéculations commerciales comme en 1825, mais par de grandes importations de coton à payer en numéraire, par un *coton-drain*, comme on a dit énergiquement en Angleterre. Cette cause déterminante a donné aux événements financiers de l'année dernière une physionomie particulière. Quand la gêne résulte de la nécessité de payer de grandes importations de céréales à la suite d'une mauvaise récolte, l'industrie souffre et la production diminue, parce que la cherté de la nourriture impose des économies sur toutes les autres consommations. La demande de capital tend donc à se restreindre, et d'autre part aussi le capital est rare, parce que les épargnes que le pays peut faire dans une mauvaise année sont notablement diminuées. L'an dernier le pain était à bon marché. La récolte de 1863 avait été bonne; l'industrie était donc active; le commerce avait pris une extension inouïe et un nombre considérable d'en-

treprises nouvelles s'étaient constituées; mais d'autre part
le capital ne faisait pas défaut; l'épargne et l'accumulation
de nouveaux capitaux avaient été aussi fortes que jamais.
Une preuve évidente que le capital ne manquait pas, c'est
la quantité prodigieuse de nouvelles compagnies qui, dans
les premiers mois de 1864, ont pu émettre leurs actions à
prime sur le marché de Londres, et le chiffre extrêmement restreint de faillites qui ont éclaté vers la fin de
l'année. Eu égard aux ressources disponibles, il n'y a
pas eu excès de spéculation comme dans les années 1825
et 1857 signalées par une véritable débâcle et d'innombrables sinistres commerciaux. Les demandes de capitaux
ont été grandes, mais l'offre y a fait face. Ce qui semble
avoir manqué c'est le numéraire, dont la quantité n'augmentait pas à proportion de l'immense développement des
transactions.

Que réclame l'escompte? De la monnaie évidemment,
puisqu'escompter est une opération qui consiste à acheter
des promesses à terme en livrant de l'argent comptant.
Quand le mouvement des affaires s'étend, quand le commerce exporte beaucoup de produits[1], plus de lettres de
change sont créées et présentées à l'escompte pour obtenir
du numéraire. Il aurait donc fallu qu'en 1864, année d'expansion commerciale, la quantité de métaux précieux employés à l'échange augmentât à proportion. Or, on l'a vu,
la nécessité de faire de grands payements à l'Orient enlevait l'or et l'argent surtout, à mesure des arrivages,

---

1. Au commencement de 1864, les exportations de l'Angleterre s'étaient
accrues de 50 à 60 millions de francs par mois.

d'où résultait l'élévation du loyer de l'instrument métallique des échanges.

En résumé donc la crise de **1864** a été longue et même
intense si l'on considère le taux de l'intérêt et la dépréciation des principaux fonds publics, *consolidés* anglais et
rente française. Mais elle a été moins désastreuse que
les crises précédentes, et elle n'a arrêté d'une manière
sensible l'accroissement de la production et l'accumulation de la richesse dans aucun pays de l'Europe.

CHAPITRE VIII

La discussion des effets produits par l'abondance et la
rareté du numéraire nous permet d'aborder maintenant
l'examen des mesures propres à prévenir les crises ou du
moins à en pallier les funestes conséquences. On a vu que,
pour qu'une véritable crise éclate dans un pays, il faut la
réunion de trois circonstances : d'abord l'emploi du crédit
sous toutes ses formes et porté à ce point qu'il réduise extrêmement l'usage de la monnaie métallique ; puis un
vaste commerce qui de temps à autre, par un dérangement
de la balance, nécessite l'exportation d'une grande quantité de numéraire à prendre sur une circulation qui en possède tout juste le nécessaire ; enfin un marché surchargé
d'opérations à terme qui exigent le secours du crédit, et
qui, le crédit se refusant ou se contractant, aboutissent à
des pertes, à des désastres. Si les crises résultent de la
concordance de ces trois circonstances, pour les prévenir il
faudra nécessairement empêcher que ces causes ne se représentent ; mais comment y parvenir ?

Le premier remède qui s'indique est de conserver une

44

circulation métallique abondante. M. Fullarton, dans son remarquable essai sur le *Règlement de la circulation*, a parfaitement montré comment la France naguère encore échappait aux perturbations monétaires, grâce aux innombrables accumulations d'argent grandes et petites qui existaient chez tous les particuliers, depuis le paysan qui enfouissait ses écus dans un pot de fer jusqu'au banquier qui les conservait dans son coffre-fort. Quand l'exportation enlevait une certaine quantité de numéraire, une partie de ces petits trésors, attirée dans la circulation par une légère hausse d'intérêt, suffisait pour combler le vide, et c'est ainsi qu'on a vu la France, après les maux d'une double invasion, payer un demi-milliard aux puissances alliées en quelques mois, sans qu'on remarquât aucune gêne sensible dans la circulation. Depuis que l'argent ne s'enfouit plus, mais se place en titres d'emprunts publics ou en obligations de chemins de fer, et qu'en même temps la circulation fiduciaire s'élève à 800 ou 900 millions, le *money-market* français est devenu bien plus sensible aux contractions et aux fluctuations produites par le commerce extérieur.

Afin de conserver une large circulation métallique, faudrait-il donc renoncer à l'emploi du crédit ou tout au moins à celui du billet de banque? M. Wolowski fait un calcul très-simple qui engagerait presque à recommander ce dernier parti, quelque extrême qu'il paraisse. L'emploi de 800 millions en billets, moyenne de l'émission tant en France qu'en Angleterre et aux États-Unis, procure une économie annuelle de 40 millions; mais si les crises décennales occasionnent une perte d'un demi-milliard, estimation bien inférieure à la réalité, chacun de ces pays perd au moins 10 millions par an par l'usage de la monnaie de papier, bien à tort vantée comme la plus économique de toutes. Certes, si en renonçant au billet on était certain d'échapper aux crises, il ne faudrait pas hésiter à payer les 40 millions de primes que coûterait ce sacrifice fait à une complète sécurité ; mais cela ne suffirait pas, car Hambourg, sans véritable émission de billets, n'a pas échappé aux grandes tourmentes commerciales, et c'est l'emploi de tous les instruments de crédit, dont le billet de banque est l'un des moins importants [1], qui tend à réduire la circulation métallique, circonstance essentielle sur laquelle Robert Peel n'avait point assez fixé son attention en 1844. Quoi qu'il en soit, il est toujours certain que, pour rendre les crises moins fréquentes, il faudrait limiter la circulation des billets plutôt que de l'étendre, comme le demandent à tort la plupart des publicistes français en ce

1. En Angleterre, le billet de banque perd chaque année de son importance comme agent d'échange. En 1844, la circulation fiduciaire se montait à environ 30 millions sterling. Aujourd'hui, quoique le mouvement d'affaires ait probablement doublé, le chiffre des billets ne dépasse guère 26 millions, et l'émission des banques provinciales est réduite à la moitié environ de ce qu'elle était en 1844 et du maximum légal. A mesure que le mécanisme des opérations de banque se perfectionne, on règle davantage les dettes réciproques par de simples transcriptions dans les livres. Depuis que tout récemment la Banque d'Angleterre s'est fait représenter au *clearing-house* de Londres, les centaines de millions qui s'y soldent chaque jour n'exigent plus même l'emploi des *banknotes*. En 1863, on a fait par jour jusqu'à 330 millions d'affaires au *clearing-house* de New-York par de simples annotations dans les écritures. Dans ces deux pays, l'emploi du billet diminue à mesure que le mouvement des échanges devient plus considérable. En présence de ce fait, ne serait-on pas amené à croire que la liberté d'émission ne ferait ni tout le mal que redoutent ses adversaires, ni tout le bien qu'en espèrent ses partisans ?

moment. En Angleterre, où la monnaie métallique ne sert
plus qu'au commerce de détail, on reconnaît le danger de
la situation en présence d'un mouvement d'exportation et
d'importation qui s'élève par an à 9 ou 10 milliards. Les
deux écoles économiques qui se partagent l'opinion au sujet de la circulation sont d'accord sur ce point. On sait ce
qu'a fait l'école de Mac-Culloch par son représentant au
pouvoir, Robert Peel, en vue d'assurer à la Banque une
forte réserve. Tooke, le chef de l'école adverse, est aussi
d'avis que les banques devraient toujours conserver un approvisionnement métallique très-considérable. C'est le dernier mot de sa fameuse *Histoire des Prix*. Voici le raisonnement qu'il fait et qu'il appuie sur une étude approfondie
de l'histoire du *money-market*. Quand la balance du commerce est dérangée par un excès d'importation, il faut nécessairement envoyer de l'or à l'étranger pour rétablir l'é-
quilibre ; mais, une fois ces expéditions faites et les dettes
payées, le change se remet au pair, car il n'y a plus excès
de traites sur l'Angleterre : dès lors la cause du drainage
métallique cesse, et l'or ne s'écoule plus du pays. Si donc,
quand l'écoulement commence, la banque est en possession d'un puissant encaisse, elle pourra atteindre le moment
où l'équilibre se rétablira, sans aucune mesure exceptionnelle et en portant seulement l'escompte aux taux de 5 ou
6 p. 100. Si au contraire le commerce doit puiser l'argent dont il a besoin dans un réservoir à moitié rempli au
début, il le mettra complétement à sec avant d'avoir pu
solder ses dettes envers l'étranger, et la banque sera
obligée d'avoir recours à des mesures d'une rigueur déses-

pérée et funeste pour tous, afin d'échapper au danger d'une suspension. Ainsi donc éviter d'étendre d'une façon artificielle la circulation fiduciaire et conserver dans les caisses des institutions de crédit de larges approvisionnements métalliques, telle est la première mesure de prudence que conseille l'expérience du passé.

CHAPITRE IX

La seconde circonstance qui contribue à déterminer les crises est, avons-nous dit, un dérangement dans la balance du commerce. Ce point demande quelques explications. Pour savoir si l'équilibre existe, il ne suffit pas de consulter le tableau des exportations et des importations, afin de se réjouir quand les premières dépassent les secondes, ou de s'affliger à la vue d'un résultat opposé, comme le ferait un disciple naïf de l'école mercantile. En effet, si l'on relevait par exemple les chiffres qui concernent l'Angleterre, on se convaincrait qu'elle importe, année moyenne, au delà d'un milliard de francs en valeur de plus qu'elle n'exporte [1]. Il n'en résulte pourtant pas que la balance lui soit défavorable, car généralement tous ces millions de mar-

1. Voici le tableau du commerce extérieur de l'Angleterre pour les quatre dernières années. Les chiffres en sont réellement instructifs.

Années.	Importations.	Exportations.	Balance en faveur des importations.
1860.	210.531.000 l. st.	164.521.000	46.010.000
1861.	217.485.000	159.632.000	57.853.000
1862.	226.593.000	167.190.000	59.403.000
1863.	248.981.000	196.902.000	52.079.000

chandises représentent simplement les bénéfices de leurs
opérations de commerce et l'intérêt annuel des immenses
capitaux que les Anglais ont placés dans le monde entier
et dont ils touchent le revenu sous forme de denrées qu'ils
consomment. Ces importations sont donc une sorte de tribut que l'univers paie à la nation qui lui a prêté de l'argent
pour faire ses chemins de fer, exploiter ses mines ou entre-
tenir ses armées, et l'Angleterre ne doit rien exporter en
retour, car elle ne fait que toucher les sommes qui lui sont
dues. La seule indication infaillible d'un dérangement de
la balance commerciale est le taux du change, et en temps
ordinaire les variations du change suffisent pour ramener
le commerce international vers un état d'équilibre où les
importations balancent les exportations, en exceptant,
bien entendu, celles qui ont le caractère d'un tribut ou
d'un payement et qui n'exigent pas de compensation [1].
Toutefois il se présente de temps à autre des cas exceptionnels, où par suite soit d'une disette, soit d'une importation extraordinaire de certaines matières premières à des
prix exorbitants, ainsi que nous le voyons en ce moment
pour le coton, l'équilibre ne se rétablit pas et où le change
reste longtemps contraire malgré les envois continuels de
métaux précieux. Dans ce cas, par quel moyen échapper à

1. Cette loi si curieuse a été admirablement exposée par M. Stuart Mill
dans les chap. XXII et XXIII du quatrième livre de ses *Principes d'économie politique*. On la trouvera indiquée aussi dans un opuscule que j'ai
publié sous le titre de : *Études sur la liberté du commerce international* ;
Paris, *Guillaumin*. Un mot suffit à expliquer cette loi. Un change défavorable résultant d'un excès d'importation stimulera l'exportation, parce
que souvent il sera moins onéreux d'envoyer des marchandises que de l'or
pour solder la différence.

la crise? Ici encore tous les hommes compétents s'accordent en Angleterre à reconnaître qu'il n'y a qu'un seul remède : la hausse du taux de l'escompte officiel fixé par la banque régulatrice. Jadis les souverains défendaient l'exportation du numéraire sous peine de mort, et le métal précieux ne s'en écoulait pas moins; aujourd'hui on a vu que, pour attirer l'or des quatre coins de l'horizon, il suffisait d'élever l'intérêt de 2 ou 3 p. 100, c'est-à-dire de le payer son prix.

La puissance de ce mécanisme merveilleux, qui agit avec la régularité d'une pompe aspirante, était à peine soupçonnée il y a vingt ans, peut-être parce qu'alors le capital, moins mobile et moins cosmopolite, obéissait moins exactement à l'appel. En 1844, on croyait généralement que la prudence des banques devait surtout se manifester par le règlement de leur circulation fiduciaire. Depuis lors, on a reconnu que celle-ci échappait presque entièrement à leur contrôle, qu'elle se maintenait toujours à peu près dans les mêmes limites, et que son influence sur le *money-market* était tout-à-fait insignifiante ; mais d'un autre côté l'expérience journalière a montré que l'effet d'une hausse de l'escompte était magique, infaillible. Il est facile d'expliquer ce phénomène, l'un des plus intéressants que présente l'étude du monde commercial, l'un des plus importants aussi par ses conséquences pratiques. Élever le taux de l'intérêt signifie qu'on est disposé à payer un plus fort loyer pour l'usage du numéraire. Il s'ensuit que l'argent disponible sur les places où relativement il abonde et où il se loue bon marché se précipitera vers le marché où on consent à le payer cher. C'est l'inévitable conséquence de la loi de l'offre et de la demande. Si l'on payait les voitures publiques 5 francs l'heure à Londres, tandis qu'à Paris on ne voudrait donner que 3 francs, il est évident que toutes passeraient la Manche à la condition qu'elles pussent se transporter aussi facilement que les véhicules d'or et d'argent. L'or est aussi mobile que l'eau, et tend, comme cet élément, à se mettre partout de niveau. Il coule avec impétuosité vers les endroits où un vide se produit, et c'est précisément ce vide, ce besoin d'argent, que trahit l'élévation de l'intérêt. Pour faire passer le métal d'un pays dans un autre, il y a mille moyens, et ils deviennent chaque jour plus rapides, plus économiques, à mesure que les relations internationales se resserrent et se multiplient. Indépendamment des opérations de banque qui rendent possibles des transports d'argent ou qui en tiennent lieu, il se fait des achats de fonds publics et de marchandises sur la place où l'escompte s'élève, car cette hausse a pour inévitable conséquence de déprimer d'abord le prix des fonds publics, et ensuite, si elle continue, celui des marchandises. Le reflux de l'or sur le marché de New-York en novembre 1857, après la suspension universelle du mois précédent, est un des plus concluants exemples de ce phénomène.

La solidarité des divers marchés monétaires, qu'on s'étonne de voir encore niée en France par des financiers habiles [1], est depuis longtemps en Angleterre un axiome

1. Lorsque, dans sa récente brochure sur l'*Organisation du crédit*,

incontesté dans la région des affaires. Déjà en 1857, lord Overstone, — autrefois M. Loyd, — développait cette vérité dans des lettres adressées au *Times* au sujet de la crise de cette année. « Tandis que toutes les nations civilisées, disait-il, se font concurrence pour la possession du capital, il est impossible qu'un pays en conserve la proportion dont il a besoin, s'il ne consent pas à en payer le prix sous la forme d'un intérêt élevé. Quand des circonstances spéciales amènent une forte demande de métaux précieux, le peuple qui ne se résigne pas à s'imposer les sacrifices que les autres subissent doit renoncer à conserver une circulation métallique et se préparer au régime du papier-monnaie. Il est désormais impossible que l'un jouisse des avantages de l'argent à bon marché, tandis que les autres sont dans l'embarras et supportent la gêne d'un intérêt élevé. » L'exactitude de ces affirmations est clairement démontrée par l'histoire financière de l'année dernière (1864), où l'on a vu l'escompte s'élever et descendre à peu près du même pas sur les principaux marchés monétaires de l'Europe.

La diversité des opinions qui règnent à ce sujet à Paris

M. Isaac Péreire veut que l'intérêt reste bas en France, même quand il s'élève sur tous les autres marchés monétaires, n'est-ce pas comme s'il voulait assurer à tout l'empire du froment à 18 fr., tandis qu'à l'étranger on le payerait 25 ou 30 fr.? Et demander comment l'argent pourrait passer de France en Angleterre, n'est-ce pas exiger qu'on explique comment fait l'eau pour remplir le vide qui la sollicite? Dans les pays où la loi limite à 6 p. 100 le taux de l'intérêt, les banques défendent leur encaisse en repoussant certaines valeurs qu'elles escomptent d'ordinaire, et cela irrite bien plus le commerce qu'une hausse, qui atteint tout le monde et qui ne crée pas deux catégories, les élus et les réprouvés du crédit.

et à Londres est remarquable. Tandis qu'ici le reproche qu'on adresse sans cesse à la Banque de France est d'élever trop l'escompte, là-bas celui qu'on répète à tout instant contre la Banque d'Angleterre est de ne pas l'élever assez et assez tôt. Toutes les crises anciennes, affirme-t-on, ont été causées ou aggravées par la même faute, qui consiste à ne pas hausser à temps le taux de l'intérêt. Et ce ne sont pas, qu'on veuille bien le remarquer, des théoriciens qui tiennent ce langage, ce sont les organes de la Cité, les représentants des intérêts du commerce, le *Times* et l'*Economist*. Pendant toute l'année dernière, ils n'ont cessé de gourmander la Banque sur sa lenteur à hausser l'escompte et sur sa hâte intempestive à l'abaisser. Le premier devoir de la Banque dans les moments difficiles, dit-on là-bas, est de maintenir un large approvisionnement métallique. Aussi longtemps que l'encaisse est conservé, la confiance demeure intacte, il n'y a point de crise violente à craindre, car il n'y aura point de ces paniques qui tuent le crédit. Le crédit sera cher, mais les bonnes valeurs trouveront à s'escompter. L'argent s'écoule, il est rare, donc il ne peut être loué à bon compte. Tant pis pour ceux qui ne peuvent pas en payer l'usage au prix du jour ! Du moins, s'il y a gêne, il n'y aura pas de désastres. Et en effet le *money-market* a échappé en 1864 à une tourmente qui semblait imminente.

Ainsi donc l'expérience des cinquante dernières années et celle toute récente de l'année qui vient de s'écouler permettent de formuler avec précision les mesures de prudence à prendre dans le réglement du commerce international. Le change contraire amène-t-il un écoulement prolongé du numéraire, haussez l'escompte, afin que le vide attire le métal de tous les marchés où il est encore abondant. L'or reflue-t-il largement, desserrez l'écrou, *the screw*, comme disent les Anglais ; abaissez l'intérêt, afin que le commerce ait la faculté de puiser dans l'approvisionnement reconquis de quoi opérer ses payements. Et ainsi faites marcher sans hésitation la pompe pneumatique du numéraire jusqu'à ce que l'équilibre soit rétabli et le danger passé.

J'arrive maintenant à la troisième et dernière circonstance qui contribue à déterminer les crises, l'excès des engagements à terme, qui exigent l'intervention d'un large crédit et d'un numéraire abondant, et qui aboutissent à des catastrophes quand le numéraire fait défaut et que le crédit se contracte ; mais il semble impossible ici d'imposer des mesures de prudence. Comment en effet entraver par des réglements restrictifs la liberté des transactions commerciales, ce domaine réservé que respectent même les despotes? Comment empêcher les particuliers d'acheter des marchandises à terme, de souscrire à des entreprises nouvelles, de s'engager à des versements futurs? L'idée seule d'une prétention semblable paraît absurde, et pourtant on y arrive tout simplement, sans restrictions et sans réglementation, par le même procédé qui permet de maintenir l'équilibre dans les échanges internationaux, la hausse de l'escompte. Un exemple récent va le démontrer. En 1863, comme en 1824, 1845 et 1856, on avait vu s'établir en Angleterre un très-grand nombre de sociétés ; on en avait lancé à la Bourse de Londres deux cent soixante-trois avec un capital souscrit de 2 milliards 1/2, dont 1 milliard payable en 1864. Il n'y avait pas encore de quoi gêner sensiblement, en temps ordinaire, la circulation d'un pays dont l'épargne actuelle monte, suivant des calculs très-bien faits, à environ 130 millions sterling ou plus de 3 milliards par an. L'élan toutefois était donné ; beaucoup d'autres sociétés continuaient à se constituer au commencement de 1864, et les appels de fonds, pesant sur un marché déjà gêné par la situation du commerce extérieur, pouvaient provoquer de graves perturbations. La hausse de l'intérêt a écarté le danger en entravant l'essor de l'esprit d'entreprise et de spéculation, car les faiseurs de projets savent bien que les souscripteurs qui abondent quand l'intérêt est à 2 ou 3 p. 100, ne sont plus aussi empressés quand l'escompte officiel est à 8 ou 9, parce qu'ils trouvent alors facilement un emploi très-lucratif de leur argent. Si en 1864 la Banque d'Angleterre avait agi comme en 1825, maintenant l'escompte à bas prix malgré la fuite du numéraire, le change contraire et le développement de l'esprit d'entreprise, il est certain que le monde des affaires aurait eu à traverser de terribles épreuves et à enregistrer de nouvelles catastrophes.

CHAPITRE X

COMMENT LA HAUSSE DE L'INTÉRÊT AMÉLIORE LE COURS DU CHANGE
ET RAPPELLE LE NUMÉRAIRE.

On admet qu'un change défavorable a pour conséquence
l'exportation du numéraire; mais, dit-on, le taux de l'intérêt ne peut avoir aucune influence sur ce phénomène
résultant de la balance des échanges internationaux.

« Il est conséquemment bien établi, dit M. Péreire, que
les mouvements des métaux précieux n'ont aucun rapport
avec les variations du taux de l'intérêt. Le cours du change
est indépendant du taux de l'escompte [1]. »

Il y a lieu de s'étonner qu'un homme habitué aux grandes opérations financières nie un fait certain cent fois constaté. Nous en citerons bientôt quelques exemples frappants. Voyons d'abord comment la hausse du taux de
l'intérêt peut rappeler les métaux précieux ou arrêter leur
écoulement en modifiant le cours du change.

L'effet certain, incontesté d'une hausse de l'intérêt est de
faire fléchir le prix des marchandises et de tous les fonds.
Il en est ainsi parce qu'un grand nombre de personnes

1. *Principes de la Constitution des banques*, p. 93, 1865.

ont toujours besoin de crédit pour soutenir leurs opérations et quand le crédit se contracte, il faut qu'elles liquident, qu'elles vendent leurs marchandises ou leurs fonds pour faire face à leurs obligations. Si les marchandises et les fonds baissent de prix, il est inévitable que les capitalistes des pays où l'argent est encore abondant donneront des ordres d'achat. Pour payer ces achats, ils seront obligés de faire des remises, et ainsi l'argent refluera vers le pays où la hausse de l'intérêt a amené la baisse du prix[1].

Quand un pays a plus importé qu'exporté, quand il doit faire des remises à l'étranger soit pour couvrir des frais de guerre ou des placements en chemins de fer, soit pour payer le coton ou le blé qu'il a importé, il y a sur les places étrangères beaucoup de traites payables dans ce pays et comme elles sont offertes, elles baissent. Elles baissent jusqu'au moment où il est plus avantageux pour les créanciers étrangers de faire venir de l'or que de vendre des traites, et alors commence l'écoulement des métaux précieux. Mais dès que la hausse de l'intérêt suivie de la baisse des prix attire les placements des capitalistes étrangers, ceux-ci pour opérer leurs remises recherchent ces mêmes traites tout à l'heure dédaignées, et les créanciers pouvant

1. « Une baisse de prix, dit M. Stuart Mill, modifie le cours du change en faisant cesser la cause qui l'avait rendu contraire. Lorsque la baisse est survenue, il est plus avantageux d'exporter des marchandises que de l'or, même pour couvrir des dettes anciennes. L'élévation du taux de l'intérêt et la baisse du prix des titres, qui en est la suite, vont plus directement au but, parce qu'elles engagent les étrangers à ne pas retirer l'or qui leur est dû et à le placer dans le pays ou même à y en envoyer pour profiter de l'élévation du taux de l'intérêt. Nous avons vu, en 1847, un exemple remarquable de cette manière d'arrêter une exportation d'or. »

vendre avantageusement leurs lettres de change renonceront à faire venir du métal. Le taux du change s'améliorant, tendra vers le pair et l'exportation de l'or cessera par suite.

Indépendamment des achats de marchandises et de fonds qui feront refluer l'or vers les pays où l'intérêt est élevé, il y a d'autres opérations qui auront le même effet. Il sera avantageux d'employer de l'argent à l'escompte là où l'intérêt est élevé ; ceux donc qui auront de l'argent disponible l'enverront sur la place où on pourra gagner 7 à 8 p. 100 en escomptant de bonnes valeurs, plutôt que de n'en retirer que 3 ou 4 p. 100 chez eux.

M. G. Goschen dans son excellente étude sur le change[1] a clairement montré comment se faisait cette opération. Nous allons résumer ce qu'il dit à ce sujet. Les dettes d'un pays vis-à-vis de l'étranger sont pour une grande partie sous forme de traites à échéance plus ou moins éloignée. La plupart de ceux qui émettent ces lettres de change les présentent à l'escompte. Les capitalistes, les banquiers les achètent sous déduction de l'intérêt jusqu'au jour de l'échéance, et ils exigent cet intérêt au taux où il est fixé dans le pays où la lettre est payable, parce qu'en effet si l'escompteur veut avoir de l'argent comptant, c'est ce taux qu'il devra subir lui-même. Maintenant si le taux de l'intérêt monte dans ce pays, il préférera attendre l'échéance, sinon il perdrait ; si au contraire l'intérêt tombe au-dessous du

---

1. The Theory of the foreign exchanges, by G. Goschen, M. P., fifth edition, 1864.

taux qu'il a exigé lui-même, il aura intérêt à faire reescompter le papier qu'il a pris, et à se faire envoyer de l'argent. En fait, il y a toujours sur les places du continent, Paris, Berlin, Francfort, Hambourg, Amsterdam, beaucoup de banquiers qui tiennent en portefeuille des traites pour des sommes considérables. Le taux de l'intérêt baisse-t-il à Londres, ils ont intérêt à présenter cette masse de traites à l'escompte en Angleterre pour s'en faire remettre le montant, qu'ils peuvent placer à un taux plus avantageux. Si au contraire l'intérêt est élevé, ils auront intérêt à laisser en Angleterre le capital dont ils peuvent disposer, en raison des traites qu'ils ont achetées.

Ainsi donc une hausse de l'intérêt aura un double effet : d'une part, elle déterminera tous ceux qui peuvent faire venir de l'argent d'Angleterre à l'y laisser le plus longtemps possible, et d'autre part, elle engagera ceux qui ont des fonds disponibles à les y envoyer, soit en achetant des traites sur l'Angleterre, soit en faisant tirer sur eux, de Londres même, ce qui aura un effet identique, qui sera de relever le cours du change et d'arrêter l'écoulement du numéraire.

M. Goschen montre aussi très-bien que pour qu'une hausse de l'intérêt amène ce résultat, il faut qu'elle s'élève assez haut au-dessus du taux régnant dans le pays dont on veut soutirer le numéraire, surtout si les deux places n'ont pas le même étalon monétaire. En effet, s'il s'agit de placements en lettres de change à trois mois, 4 p. 100 de différence ne donnerait que 1 p. 100 de profit, et sur ce 1 p. 100 il faut prélever le transport du numéraire et la conversion de l'argent en or ou de l'or en argent. C'est pour ce motif qu'entre Hambourg et Londres une différence d'intérêt de 4 p. 100 pourra subsister pendant assez longtemps. Entre Londres et Paris une semblable différence ne pourrait durer, parce qu'entre ces deux places les transports de numéraire se font à très-peu de frais.

Ces faits sont si bien connus, et on a vu si fréquemment en Angleterre la hausse de l'intérêt amener une amélioration dans le taux du change et arrêter ainsi l'exportation du numéraire, que dès que cette circonstance fâcheuse se présente, tous les organes du monde commercial engagent instamment la Banque à élever le taux de l'escompte. Cette hausse est sans doute un mal, car elle est une entrave au développement des affaires dont elle diminue ou anéantit les bénéfices. Mais elle n'est qu'un symptôme d'un mal plus profond, la rareté de l'argent qui amène les contractions du crédit.

Il faut donc attaquer la cause même du mal et y mettre un terme ; il faut rappeler l'argent pour rendre au crédit son élasticité perdue. Or, pour y parvenir, le meilleur moyen, le plus efficace, le plus prompt, est précisément la hausse de l'intérêt ; c'est un remède peu agréable, mais nécessaire. Le commerce anglais agissant comme le fait un malade raisonnable, n'hésite pas à réclamer lui-même l'application de ce remède, le seul qui puisse mettre promptement un terme à la crise dont il souffre.

Il ne faut jamais oublier que les transactions si multipliées engagées dans un pays sont toutes stipulées en monnaie. Tous ceux qui font des affaires se sont engagés à payer à certaines dates, des sommes en numéraire ou en billets convertibles en numéraire. L'intervention du crédit dispense d'un grand nombre de payements en écus, mais il ne peut les supprimer complétement. Il faut donc une certaine quantité de numéraire et de billets, et malheureusement quand le numéraire s'en va, la circulation fiduciaire aussi est menacée. Or, le commerce sait parfaitement que si une partie du numéraire s'écoule, on se disputera la possession ou la location de celui qui reste. Il haussera de valeur, c'est-à-dire que le prix des marchandises baissera, et d'autre part le loyer de l'argent sera nécessairement cher, car on ne peut pas prêter à bon marché ce qui est rare. C'est pour ce motif qu'il suit d'un œil attentif le taux des changes, baromètre infaillible, qui indique dans quelle direction va couler le courant monétaire, et dès qu'il voit qu'un change contraire lui enlève l'instrument indispensable des échanges, il réclame l'application de la mesure qui peut renverser ce courant et le faire refluer vers eux, c'est-à-dire une hausse de l'intérêt[1].

S'il fallait citer à ceux qui nient le rapport intime qui existe entre le change, c'est-à-dire entre le mouvement des métaux précieux et le taux de l'escompte, il faudrait refaire l'histoire du marché monétaire depuis cinquante ans, car il ne s'est point passé d'année où l'on n'ait pu constater ce rapport. Nous rappellerons seulement deux exemples des plus frappants. En 1861, l'Angleterre avait importé d'Amérique pour des sommes considérables de blé et de coton.

---

1. Voy. aux Annexes, n. 6.

Ses exportations étaient insuffisantes pour rétablir la balance; le change devint défavorable. Les traites sur Londres se vendaient à New-York beaucoup au-dessous du pair et l'or s'écoulait. La Banque éleva l'escompte d'abord à 7 p. 100 le 9 janvier, puis à 8 p. 100 le 14 février. Aussitôt le haut prix de l'argent attira les capitaux du continent. Les banquiers achetèrent à l'envi des lettres sur Londres, les poussèrent au-dessus du pair par leur concurrence, et enfin le numéraire reflua vers les caves de la Banque avec tant de force que l'encaisse se releva rapidement, et que l'intérêt fut réduit à 7 p. 100 en mars et à 5 en avril.

Pendant la crise 1863-1864, on a pu constater à trois reprises différentes au moins l'effet infaillible de la hausse de l'escompte sur le cours du change, et par suite sur le mouvement des métaux précieux et le niveau de l'encaisse. Le 2 décembre l'encaisse de la Banque d'Angleterre était descendu à 13,048,475 l. st. et la réserve à 6,675,850 l. st. Le taux de l'escompte est porté à 8 p. 100 et le 23 décembre l'encaisse s'élevait à 13,048,475 l. st. et la réserve à 6,675,850 l. st. On a gagné 1,168,592 l. st. en trois semaines, et l'intérêt est réduit à 7 p. 100. Au 4 mai 1864, l'encaisse est tombé à 12,454,244 l. st. L'escompte est porté à 9 p. 100, et le 8 juin le métal monte déjà à 14,043,129. En quatre semaines on a reconquis 1,588,885. L'escompte est ramené à 6 p. 100.

Enfin le 8 septembre avec un encaisse de 12,840,575 l. st., l'intérêt est de nouveau relevé à 9. p. 100. Le 10 novembre il est abaissé à 8, avec 13,647,270 l. st. de métal et en décembre à 6 p. 100 avec 13,840,694 l. st.

CHAPITRE XI

•

Il n'y a qu'un seul moyen de fixer à son gré le prix de vente ou de location d'un produit, c'est d'en avoir le monopole absolu. Si les banques privilégiées possédaient tous les capitaux circulants ou tout le numéraire [1] d'un pays, elles pourraient élever ou diminuer, suivant leurs convenances, l'indemnité qu'elles réclameraient pour en céder la jouissance pendant un certain temps, c'est-à-dire le taux de l'escompte ; mais, comme elles ne possèdent qu'une très-petite partie de ces capitaux ou de ce numéraire, leur puissance, sous ce rapport, est très-limitée.

Vers 1840, M. Leatham, s'appuyant sur le nombre des timbres émis, portait la circulation moyenne des effets de commerce à 132,123,460 l. st. pour tout le Royaume-Uni, à une époque donnée.

En 1853, M. Newmarch arrivait, par un calcul semblable, au chiffre de 116,000,000 l. st. pour l'Angleterre et l'Écosse, dont 100 millions étaient présentés à l'escompte.

1. Si le taux de l'intérêt dépend, comme on le prétend, non de la quantité de numéraire, mais de la masse des capitaux, la proposition inscrite en tête de ce chapitre serait encore bien plus vraie.

Or, de ces 100 millions un cinquième au plus passait dans le portefeuille de la Banque.

Comme l'escompte, c'est-à-dire la location du numéraire, est une industrie libre, si les banques privilégiées demandaient un prix trop élevé, on s'adresserait aux banques privées. Si elles escomptaient à trop bas prix, on aurait vite épuisé leurs réserves, tout comme on ferait à un commerçant qui vendrait ses marchandises au-dessous du cours. Ces propositions paraissent si évidentes qu'il semblerait superflu d'invoquer des autorités pour en confirmer l'exactitude, mais puisqu'elles semblent mises en doute ou sans cesse oubliées, citons le témoignage d'un homme à qui on ne contestera pas, du moins, la connaissance des faits.

Dans l'enquête ouverte, en Angleterre, par la Chambre des Communes sur la question de la circulation, M. James Wilson, le fondateur de l'*Economist*, adressa à M. Weguelin, directeur de la Banque d'Angleterre, les demandes qui suivent. Ce petit dialogue est instructif, car il eût été difficile de trouver en Angleterre deux hommes plus compétents en cette matière.

« *Demande*. — L'idée que la Banque peut à son gré hausser ou baisser l'escompte est-elle fondée ?

Réponse. — En aucune manière.

D. — Étes-vous obligé de suivre le taux du marché ?

R. — Certainement.

D. — En temps ordinaire, si la Banque abaissait le taux de l'escompte au-dessous du prix du marché, le résultat ne serait-il pas de lui enlever tout son capital disponible ?

R. — Évidemment.

D. — Et si elle demandait un intérêt plus élevé ne perdrait-elle pas sa clientèle ?

R. — J'en suis convaincu.

D. — La Banque n'a donc pas plus le pouvoir de déterminer le taux de l'escompte qu'un autre marchand n'a celui de régler le prix de vente de son article?

R. — Pas plus, je pense.

D. — Y a-t-il un autre moyen de diriger la Banque que de suivre la loi de l'offre et de la demande?

R. — Je n'en connais pas d'autre. »

La Banque de France, dans une pétition adressée récemment au gouvernement, affirmait les mêmes principes dans des termes à peu près identiques : « La Banque, disait-on dans cette pièce, ne fait que refléter exactement les conséquences de l'offre ou de la demande des métaux précieux. Quand la Banque hausse ou baisse le taux de l'escompte, elle ne crée rien, elle n'invente rien, mais elle reflète exactement les conséquences de l'offre et de la demande des métaux précieux, elle obéit aux diverses nécessités du moment et suit l'impulsion de faits irrésistibles. »

Les banques peuvent, il est vrai, échapper à la nécessité d'élever le taux de l'escompte en limitant soit le terme d'échéance, soit le nombre des effets acceptés à l'escompte, c'est-à-dire en refusant d'escompter, de même qu'un marchand pourrait vendre au-dessous du prix en limitant le nombre des objets qu'il vendrait. Mais nous verrons que ce moyen est beaucoup plus onéreux pour le commerce que la hausse de l'escompte.

Toutefois, sans recourir à ces fâcheuses extrémités et

en suivant la loi de l'offre et de la demande, la puissance
des banques privilégiées, pour être limitée, n'est pas tout
à fait nulle. Elles peuvent avancer ou retarder le moment
où le taux de l'escompte sera haussé ou baissé. N'ayant
pas le monopole du marché monétaire, elles ne peuvent fixer
le prix de location de l'argent ; mais comme elles sont de
puissants capitalistes, leur offre et le taux de leur offre ont
nécessairement une grande influence, et cette influence est
beaucoup plus grande pour la Banque de France que pour
la Banque d'Angleterre, parce que les ressources que le
commerce trouve en dehors de la Banque sont incompara-
blement plus grandes dans le Royaume-Uni qu'en France.

Voici en quels termes M. Goschen précise l'influence que
la Banque d'Angleterre peut exercer sur le marché monétaire : — « La véritable importance des variations dans le
taux de l'escompte fixé par la Banque consiste, non dans
l'influence qu'elle exerce sur le *money-market*, mais dans
l'indication qu'elle donne de sa situation. La fixation du
taux *minimum* a cet effet qu'en pratique il devient un taux
maximum pour le public. Les personnes jouissant d'un bon
crédit peuvent presque toujours se procurer de l'argent à
une certaine fraction au-dessous du taux fixé par la Banque, et celle-ci est donc toujours la dernière à ressentir la
pression d'une demande croissante. Ainsi, une hausse de
ce taux indique que toutes les autres ressources à la disposition de l'escompte ont été absorbées, et que la demande
s'adresse aux dernières réserves. Quelquefois la Banque
peut élever l'intérêt par suite de causes tenant au commerce intérieur ou sous l'empire de certaines appréhen-

sions ; mais généralement la hausse reflète la situation que
nous avons décrite plus haut. C'est pourquoi les capitalistes
étrangers attachent une grande importance à suivre les
variations du taux *minimum* fixé par la Banque d'Angleterre plutôt comme indiquant une variation dans la valeur
de l'argent, que comme la marque d'une tentative d'en
régler le prix. En fait, il est certain que toute hausse de
l'intérêt de la part de la Banque a toujours tourné le change
en faveur de l'Angleterre, et qu'aussitôt que l'escompte est
abaissé, les changes deviennent moins favorables. »

Nous avons dit que les Banques ont un moyen d'échapper à la nécessité d'élever le taux de l'escompte quand l'argent devient rare, c'est de ne prendre qu'une partie du papier
qu'on leur offre. Ce moyen-là est nécessairement employé
partout où la loi limite encore le taux de l'intérêt. Mais il
est certain que son application est beaucoup plus désastreuse pour le commerce qu'une hausse de l'intérêt. Cette
vérité a été parfaitement mise en relief par M. d'Eichtal,
dans un discours prononcé le 22 février 1848 à la chambre
des députés. — « La Banque de Lyon, disait-il, se vante,
comme d'un service important, de ce qu'elle maintient le
taux constamment à 3 p. 100. — Savez-vous les conséquences de ce prétendu service ? Je ne reçois pas de lettre
de Lyon dans laquelle on ne me dise : N'opérez pas, ne
remettez pas de papier long ; la Banque restreint son escompte, elle ne prend plus que 10,000 fr. par bordereau,
que 5,000 fr., que 4,000 fr. Voilà donc cet admirable système de banque ; il dit aux gens : Vous avez faim, eh bien!
je ne vous donnerai pas tout ce dont vous avez besoin. Il

vous faut pour vivre une livre de pain, je ne vous en donnerai qu'une demi-livre, mais à bas prix. » « Quand un
commerçant ne peut obtenir les ressources dont il a besoin,
quand, avec les mains pleines de valeurs, on ne lui donne
qu'une faible partie de la somme qui lui est nécessaire, il
ne peut faire face à ses engagements ; il suspend ses
payements en maudissant le bon marché de votre argent. »

Il n'y a rien à ajouter à ces éloquentes paroles. — Le
système de l'intérêt limité à un certain taux est à peu près
partout abandonné, et la liberté est proclamée à la grande
satisfaction du commerce.

En France, par une singulière inconséquence qui donne
lieu aux plus justes réclamations, on a maintenu le taux
légal pour tous, sauf pour la Banque privilégiée. Mais ce
régime, condamné par l'opinion, ne peut tarder à être
modifié et remplacé par la liberté complète des contrats.

CHAPITRE XII

Les écrivains anglais qui se sont occupés des crises, affirment que les crises antérieures à 1863 ont toutes été sinon produites, au moins aggravées par le retard qu'ont mis les banques à élever le taux de l'escompte, et on n'a jamais pu démontrer qu'aucune perturbation financière ait été amenée par une hausse intempestive du taux de l'intérêt. On s'accorde très-généralement aussi à croire que si la crise de 1864 n'a pas occasionné plus de désastres, c'est parce qu'on a eu recours à temps au seul remède indiqué par l'expérience.

La raison de ces faits est facile à trouver. Nous avons vu que toute crise ou gêne financière résulte d'un défaut d'équilibre entre la quantité d'agents de la circulation, numéraire et crédit reposant sur le numéraire d'une part, et d'autre part les besoins qu'en éprouve le marché monétaire. Maintenir l'intérêt bas, c'est aggraver doublement le mal, car d'un côté c'est activer la spéculation, soutenir le mouvement des affaires, créer ainsi des demandes d'argent, et d'un autre côté, c'est éloigner l'argent en ne lui

assurant qu'une faible rémunération. Aussi longtemps
que les banques continuent à faire de larges avances au
commerce, celui-ci loin de restreindre ses opérations les
étend et les active ; tous les prix restent élevés et l'or continue à s'écouler jusqu'au moment où il en reste si peu sur
le marché monétaire , qu'une brusque contraction est
inévitable et alors se déclarent la panique et la crise avec
les désastres qu'elles traînent à leur suite.

C'est ainsi qu'a éclaté la formidable tourmente financière
de 1825, dont l'origine a été à tort attribuée à un excès
d'émission. En 1820, la circulation de la Banque d'Angleterre se montait à 20,295,000 l. st. En 1822 , elle tombe
à 17,464,000 ; en 1823 , elle remonte à 20,295,000 ; en
1824, à 20,123,000 et en février 1825, au plus fort de
l'expansion des affaires, elle n'est que de 20,753,000 et au
mois d'avril de la même année de 19,398,000. Les variations sont donc insignifiantes. Mais c'est par les avances
faites au commerce, au détriment de son encaisse, que la
Banque a contribué aux sinistres si multipliés de cette
époque. En 1821, le portefeuille s'élève à 18,475,000 l. st.,
et en avril 1825 à 25,106,000, soit un accroissement de
7 millions sterling ; d'autre part, l'encaisse est tombé de
11,233,000, en août 1821 à 3,634,000 l. st., en 1825. La
Banque a livré son numéraire au public et en a permis
l'exportation en négligeant d'élever le taux de l'escompte
qui fut maintenu à 4 p. 100 jusqu'en décembre. On a vu
les suites désastreuses de cette faute.

Les événements de 1837 et de 1847, nous apportent les
mêmes enseignements. De 1834 à 1837, point de change-

ment pour ainsi dire dans la circulation, c'est le mouvement de l'encaisse et du portefeuille qui explique seul la
crise de 1834 à 1837. Les avances sur les *private securities*
montent de 8,524,000 l. st. à 15,000,000, et cet accroissement est contrebalancé par une réduction de l'encaisse
de 6 millions environ, de 9,556,000 l. st. à 3,938,000.
Le bas prix de l'intérêt a stimulé la spéculation et enlevé
l'or, par suite d'un change constamment défavorable que
la Banque n'avait rien fait pour améliorer. En 1847, la
circulation est de 20 millions contre 21 en 1846. Mais le portefeuille des *private securities* s'est élevé de 12,523,000 l. st.
en janvier 1846, à 18,136,000 en avril et à 19,467,000 l. st.
en octobre 1847. Par contre le numéraire a fléchi de
16,273,000 l. st. à 8,312,000. La Banque ayant fixé l'escompte à 3 p. 100 en septembre 1846, permit à un change
contraire d'enlever 3 millions de l'encaisse avant d'arriver
au taux de 3 1/2 en janvier 1847.

L'écoulement de l'or se poursuit jusqu'en mars ; l'escompte ne dépasse pas 4 ; au 10 avril, il est porté à 5 p. 100,
mais le métal continue à fuir. Plus tard la Banque abaisse
le taux de ses avances et détermine ainsi la débâcle
du mois d'octobre. Depuis lors elle a commencé à appliquer la théorie du *Banking principle* exposé depuis longtemps par Tooke avec une grande force, mais obscurci par
les idées très-répandues de l'école adverse , qui croyait
qu'il fallait surtout réduire la circulation à mesure que
s'écoulait le numéraire. En 1853, l'escompte fut porté à 5,
en octobre, quoique le numéraire ne fût pas tombé au-
dessous de 15,612,000, et en 1856 à 7, avec un encaisse de

10 millions qui tomba même à 9,530,000 au 8 novembre.
On est d'avis qu'en 1857, la Banque n'agit pas assez énergiquement, tandis qu'en 1864, ainsi que nous l'avons montré,
elle n'hésita pas à porter le taux de l'escompte à 9 p. 100,
plutôt que de laisser tomber l'encaisse au-dessous de 12 millions sterling.

Si en négligeant d'élever à temps le taux de l'intérêt les
Banques ont fait beaucoup de mal, par une hausse intempestive, elles se nuiraient principalement à elles-mêmes ;
car d'une part elles éloigneraient leur clientèle, et d'autre
part, en attirant l'argent de l'étranger, elles amèneraient
une plus forte baisse dans le taux de l'intérêt. L'intérêt
élevé de 9 et 10 p. 100 aux époques de crise n'empêche pas
les banques d'escompter alors plus de papier qu'en temps
ordinaire ; ainsi en 1864 le portefeuille de la Banque de
France a monté à 616 millions de fr. et celui de la Banque
d'Angleterre à plus de 500 millions de fr. C'est la preuve
que ces banques ne louaient pas l'argent au-dessus du prix
du marché , car sinon le commerce se serait adressé ailleurs.

CHAPITRE XIII

Les partisans de la liberté des banques croient qu'il suffirait de la proclamer pour prévenir les crises monétaires, et ils attribuent celles-ci au monopole des banques privilégiées. On leur a toujours opposé l'exemple des États-Unis, où la liberté d'émission était moins limitée, et les crises plus fréquentes et plus désastreuses que partout ailleurs. Mais comme l'autorité de cet exemple a été contestée[1], examinons comment le remède qu'on propose pourrait prévenir le mal qu'on veut combattre.

La création d'un nombre plus ou moins grand de banques libres, aurait pour avantage, affirme-t-on, de remplacer une partie du numéraire métallique par de la monnaie fiduciaire qui, ne coûtant rien, pourrait se prêter à bon marché ; et la baisse du taux de l'intérêt favoriserait nécessairement le développement du commerce et de l'industrie.

Il est donc avéré que le but à atteindre est de chasser une certaine quantité d'or de la circulation, et c'est en

1. Voir aux Annexes, n. 7.

cela que consiste le bénéfice à retirer de l'emploi des billets
de banque. Voici quelle était à ce sujet l'opinion de
M. Weguelin, ancien directeur de la Banque d'Angleterre,
lorsqu'il fut interrogé par la commission d'enquête de la
Chambre des Communes en 1857 :

« *Demande.* —— Croyez-vous qu'il serait utile que la Banque pût étendre son émission au delà des limites posées
par l'*act* de 1844?

« *Réponse.* —— Il m'est impossible d'y découvrir une utilité quelconque.

« *Demande.* —— Les inconvénients de cette mesure ne l'em-
porteraient-ils point sur l'avantage d'une économie dans le
capital métallique?

« *Réponse.* —— Je considère cet avantage comme insigni-
fiant. Notre approvisionnement en métaux précieux diminuerait. Aussitôt que s'établirait un change défavorable,
l'or épargné s'écoulerait, et toutes choses seraient comme
auparavant [1]. »

Nous avons vu que la cause déterminante de toutes les

---

[1]. On pourrait donc conclure de l'opinion de M. Weguelin qu'une plus
forte émission de billets n'aurait point pour résultat, comme on le prétend,
une baisse dans le taux de l'intérêt. Et, en effet, la masse de la *currency*
ne serait pas augmentée, seulement elle se composerait de plus de papier
et de moins d'or. Signalons ici une contradiction des partisans d'un
accroissement de l'émission, à laquelle M. Péreire n'a pas échappé. Au
chap. x de son livre sur les *Principes de la Constitution des banques*, il
soutient que le taux de l'intérêt ne dépend pas du tout de l'abondance de
l'argent (p. 129), et quelques pages plus loin, il prétend qu'on abaisse
l'intérêt au moyen de l'émission de billets (p. 145).

Je crois, quant à moi, que l'émission des billets agit comme l'accroissement du numéraire. Le papier et l'or arrivant sur le *money-market* pour
s'y louer, ont d'abord pour effet de faire baisser l'intérêt, et en second
lieu de faire hausser les prix.

crises réside dans l'écoulement d'une partie des métaux précieux. Si donc par une plus grande émission de billets vous parvenez à en réduire la quantité, il est évident que la gêne qui résulte d'une contraction de la circulation métallique se fera sentir plus tôt[1].

Il est admis par tout le monde que ce qui a préparé les crises, c'est l'expansion démesurée des affaires, favorisée par l'abondance de l'argent et le taux extrêmement réduit de l'intérêt. En Angleterre même, on a souvent blâmé la Banque d'avoir mis l'escompte à trop bas prix dans les époques prospères. La Banque a répondu qu'elle devait suivre le cours du marché et se soumettre à la loi de l'offre et de la demande, sous peine de voir sa clientèle lui échapper complétement.

Quoi qu'il en soit de ce débat particulier, nul doute que toute mesure qui aurait pour effet d'abaisser encore l'intérêt en étendant le crédit outre mesure, multiplierait ou aggraverait les crises. On voit clairement d'après cela que l'accroissement de la circulation fiduciaire, loin de prévenir le mal, en hâterait plutôt l'explosion.

Il est une troisième conséquence de la liberté des banques d'émission, qui agirait dans le même sens; ce serait de contribuer directement à la contraction de la circulation aux époques de perturbations financières. Aussi long-

---

1. Comme l'a montré M. Victor Bonnet dans un excellent article sur la crise financière de 1861, en France (Voy. *Revue des Deux-Mondes*, 1ᵉʳ janvier 1862), ce que l'on demande aux époques critiques, c'est du métal, parce que c'est la marchandise avec laquelle on paye l'étranger.

Une plus forte émission peut être utile, comme nous allons le voir, mais seulement au plus fort de la crise et comme mesure de salut.

temps que l'horizon commercial est serein, on accepte sans
trop y regarder le billet de banque, assuré que l'on est de
pouvoir s'en servir à son tour comme moyen de payement.
Mais à la moindre apparence de danger, la défiance naî-
tra, et pour ne pas s'exposer à des pertes faciles à éviter,
on ira demander le remboursement aux banques, dans la
solidité desquelles on n'aura pas une confiance entière.
C'est ce que l'on a vu dans toutes les crises américaines
depuis 1814 jusqu'en 1857, et en Angleterre en 1825,
1847 et 1857. Pour n'insister que sur les faits de cette
dernière année, nous rappellerons que les demandes de
remboursement adressées aux Banques d'Écosse, considé-
rées pourtant comme si solides, ont amené la chute de plusieurs d'entre elles, et ont aggravé la situation à Londres,
par suite des envois de métaux qu'il a fallu leur faire pour
les soutenir. Ainsi donc il se produit une diminution violente et brusque des moyens d'échange y compris le crédit, d'où résultent la panique et la débâcle.

Quand, au contraire, l'émission est exclusivement,
comme en France, ou principalement comme en Angleterre, confiée à un établissement privilégié appuyé sur
l'État, les demandes de remboursement provenant de la
défiance sont ou nulles ou beaucoup moins importantes,
et elles le deviennent de moins en moins à mesure que le
public apprécie mieux la situation. Aux époques de crise,
loin qu'il y ait contraction dans les moyens d'échange par
suite de la rentrée des billets de banque, l'émission de
ceux-ci peut être impunément accrue. C'est ce qu'on a
constaté en Angleterre, en 1847 et 1857, et c'est dans ce

but que l'*act* de 1844 a été suspendu alors. La confiance illimitée du public a permis ainsi à la Banque de secourir le commerce en escomptant plus de papier, tandis que les banques particulières s'y refusaient pour faire rentrer leurs fonds. En présence de ces faits, on peut conclure que si les banques privées n'ont pas fait, par leurs excès d'émission, tout le mal qu'on leur a attribué, elles en ont fait un très-réel par la contraction de la circulation résultant de la rentrée de leurs billets dans les moments d'alarme.

On pourrait peut-être invoquer en faveur de la liberté des banques un argument assez piquant parce qu'il serait tout l'opposé de celui que font valoir les partisans de cette liberté. L'expérience comparée de la Belgique et de la Suisse montre que la pluralité des banques a pour effet de limiter plutôt que d'étendre la circulation fiduciaire, ce qui oblige de conserver plus de monnaie métallique. Jusqu'en 1848, la circulation des cinq banques d'émission existant en Belgique ne dépassa jamais 20,000,000 de fr. [1], tandis que celle de la Banque Nationale actuelle flotte aux environs de 120,000,000.

En Suisse, la législation varie de canton à canton. Nulle part, sauf dans le canton de St-Gall, n'existe la liberté absolue de fonder des banques sous forme de société anonyme ; à peu près partout, sauf dans le canton de Zurich, émet qui veut des billets de banque. Mais pour constituer

---

1. Au mois de décembre 1838, la Banque de Belgique se vit obligée de fermer momentanément sa caisse avec une circulation de trois millions et demi, et en 1848, la législature fut amenée à donner cours forcé aux billets de cette Banque et à ceux de la Société générale.

une banque en société anonyme, il faut une autorisation de l'État, comme pour toute autre compagnie [1]. Sous ce régime très-libéral, mais qui n'est pas encore la liberté absolue, il s'est constitué une trentaine de banques. Quoique leurs billets soient fréquemment reçus dans les caisses cantonales, le total de la circulation fiduciaire dans la Confédération est resté très-limité, relativement à ce qu'elle est dans les pays à banques privilégiées. En 1859, elle ne dépassait pas 17 1/2 millions de francs, et depuis lors il ne paraît pas qu'elle se soit accrue, car M. Dameth ne la portait qu'à 14 millions en 1864 [2]. Aux États-Unis, pays à banques d'émission nombreuses, la circulation est aussi très-restreinte relativement aux encaisses. Le reproche qu'on pourrait donc adresser aux banques privilégiées, ce serait, non comme le prétendent leurs adversaires de mal remplir leur office, mais, au contraire, par la confiance illimitée qu'elles méritent, de permettre d'opérer les échanges avec trop d'économie, c'est-à-dire avec trop peu de numéraire. Les banques libres, inspirant plus de défiance, seraient préférables, parce qu'elles seraient moins efficaces comme agents d'émission, et elles seraient d'autant plus utiles qu'elles seraient plus impuissantes sous ce dernier rapport. Avec une Banque privilégiée, il n'existe qu'un seul grand approvisionnement métallique ; avec des banques libres, il y en aurait plusieurs, et, en cas de besoin, ce serait un avantage incontestable ; néanmoins, il semble que l'inconvénient signalé plus haut, celui de la contraction

1. Voir aux Annexes, n° 8.
2. Voir le *Journal des Économistes*, juillet 1864, p. 73.

de la circulation à laquelle les banques privées contribuent si grandement, dépasse de beaucoup cet avantage.

Pour résoudre la question, on pourrait appliquer aux opérations de banque, et même à l'émission des billets au porteur, le droit commun, c'est-à-dire la liberté, à la condition que la responsabilité personnelle et illimitée vienne s'y joindre. L'anonymat est un privilége; ce qui fait l'essence de cette forme d'association est une série d'exceptions au droit commun; ce n'est donc pas en vertu de la liberté qu'on peut en réclamer le bénéfice pour tout le monde. En vue de l'utilité générale, l'État peut accorder ce privilége à une compagnie sous certaines conditions. Chacun serait libre de lui faire concurrence en escomptant et en émettant des billets, mais à ses risques et périls. Qui dit liberté, dit responsabilité. D'après les principes généraux du droit, si vous promettez de payer une somme à un tiers, vous êtes tenu d'exécuter votre promesse sur tous vos biens. Ce sont ces principes qu'il faudrait appliquer aussi en matière de banques. C'est le régime qui existe en Écosse, ce pays que l'on cite toujours comme un modèle à suivre en cette matière. C'est celui que recommandait le congrès des économistes allemands réunis à Dresde, le 14 septembre 1863[1], et qui est en vigueur en Belgique, comme le montrait M. A. Jamar, dans son remarquable rapport sur le prêt à intérêt, déposé à la Chambre des représentants, en décembre 1864. « La Banque nationale, y est-il dit, n'a point, comme la Banque de France,

1. Voy. *Vierteljahrschrift für Volkswirthschaft* herausgegeben von Julius Faucher, 1863, 3er Band.

le privilége exclusif d'émettre des billets de banque. Non-
seulement tous les particuliers ont le droit d'émettre des
billets au porteur, sous la forme qu'ils jugent la plus convenable ; mais les sociétés en nom collectif jouissent de la
même faveur. Ce n'est que là où cesse la responsabilité
personnelle de l'individu, banquier ou associé d'une maison
de banque, que commence une restriction dont la loi a sagement réservé au législateur le soin d'apprécier l'opportunité et de fixer les limites [1]. » Si les particuliers et les sociétés responsables n'ont pas fait usage de la faculté d'é-
mission que la loi ne leur a pas enlevée, c'est uniquement
parce que le public n'accepte pas leurs billets. Ces billets
forment un moyen d'échange très-imparfait, car ils ne
sont point reçus dans les caisses de l'État ; ils ne pourraient circuler tout au plus que dans un rayon très-limité,
et pour ces raisons, ils seraient souvent refusés en payement. Les billets de la banque privilégiée n'ont aucun de
ces désavantages, et on peut s'en procurer à volonté en
échange de valeur égale en numéraire. Il en résulte que
ceux-ci suffisent aux besoins de la circulation fiduciaire du
pays, et empêchent les autres de prendre place à côté d'eux [2].

1. La loi qui consacre en Belgique la liberté du prêt à intérêt, votée
récemment par la Chambre des représentants, contient l'article suivant :
« Art. 3. Le bénéfice résultant pour la Banque nationale de la différence
entre l'intérêt légal et le taux d'intérêt perçu par cette institution est attribué au Trésor public. » Excellente mesure, que la Banque nationale elle-
même a acceptée, parce que désormais on ne pourra plus l'accuser d'é-
lever le taux de l'intérêt au détriment du commerce et en vue de grossir
ses dividendes.

2. Voy. sur ce point une lettre de M. Bonnet au *Journal des Économistes*, avril 1864, p. 116.

Je n'ai considéré ici la question de la liberté des banques d'émission que dans ses rapports avec les crises monétaires. Je crois avoir démontré qu'elle n'en préviendrait aucune, et qu'elle aggraverait celles qui viendraient à éclater. Quant aux avantages qui se rattachent à l'unité de la monnaie fiduciaire, non moins qu'à l'unité de la monnaie métallique, ils ont été si parfaitement mis en lumière par M. Wolowski, dans son livre sur *les Banques*, qu'on peut considérer ce côté du débat comme épuisé.

CHAPITRE XIV

On s'est demandé si l'on ne parviendrait pas à se préserver des crises monétaires, en séparant le département de l'émission de celui de la banque, comme l'a fait l'*act* de 1844 en Angleterre.

On sait que d'après cette loi, le département de l'émission peut émettre 14 1/2 millions sterling de billets, couverts seulement par valeur égale de fonds de l'État. On s'est arrêté à ce chiffre parce que l'expérience avait montré que la circulation fiduciaire n'était jamais tombée au-dessous de 14 millions, le chiffre le plus bas depuis 1800 jusqu'à 1821, ayant été de 14,556,110 l. st. pour 1801, et depuis 1821 jusqu'en 1844 de 17,013,660 l. st., pour 1842. Au delà de 14 1/2 millions toute émission nouvelle

1. L'acte constitutif de la Banque privilégiée d'Autriche est évidemment conçu d'après l'*act* de Robert Peel. La Banque d'Autriche ne peut émettre que 200 millions sur garantie des fonds publics. Toute émission supérieure à cette somme doit être couverte par l'encaisse métallique. Pour donner plus de solidité à sa situation, il ne lui est permis d'employer dans ses opérations que la moitié des sommes qui lui sont remises en dépôt. Voy., dans le *Vierteljahrschrift für Volkswirthschaft*, un excellent article de M. Otto Michaelis sur la constitution des banques d'Autriche, et un autre travail sur le même sujet dans les *Jahrbücher* de M. Hildebrand.

doit être garantie par l'encaisse métallique ; si cet encaisse monte par exemple à 10 millions sterling, l'émission totale sera de 24 1/2 millions ; si elle tombe à 7 millions, elle ne sera plus que de 21 1/2 millions. Les billets émis sont livrés au département de la banque, qui les emploie dans ses opérations comme le ferait un banquier ordinaire, et ceux qui ne sont pas lancés dans le public par l'escompte ou les avances, constituent ses ressources disponibles désignées sous le nom de *Réserve*. Le but de l'*act* de 1844 était d'assurer d'abord de la façon la plus solide le remboursement des billets, et en second lieu de faire en sorte que la circulation composée de métal et de billets, ne variât pas dans d'autres proportions que ne l'eût fait une circulation purement métallique. L'esprit de l'*act* exposé par lord Overstone, était donc non-seulement de garantir la convertibilité, mais aussi de faire en sorte qu'une trop forte émission de billets même convertibles à vue, n'augmentât point les prix en dérangeant le rapport entre la masse des objets à échanger et les moyens d'échange (*currency*). « Je suis d'avis, dit-il, qu'avec des billets même convertibles, les prix peuvent s'élever pendant un certain temps au-dessus du niveau qu'ils auraient atteint avec une circulation purement métallique, et c'est pour éviter ce mal qu'il faut arriver à une réglementation qui ait pour effet de restreindre la monnaie fiduciaire dans les limites exactes qu'aurait eues une monnaie d'or ou d'argent. » Et à l'appui de son opinion, lord Overstone cite celle de M. Webster, l'illustre homme d'État américain, si compétent en ces matières. Ce dernier disait dans un discours

prononcé en 1838 : « Je considère comme une vérité démontrée, qu'aucun papier ne peut être maintenu au pair
avec l'or ou l'argent, à moins d'être convertible à vue en
or ou en argent; mais je vais plus loin, et je crois que
même la convertibilité ne suffit pas pour empêcher toute
dépréciation quelconque. »

Cette opinion, quoique défendue par deux hommes aussi
éminents, est difficile à admettre quand on songe que tant
de centaines de millions d'or ajoutés à la circulation depuis dix ans, n'ont pas encore eu pour effet de déprécier
ce métal d'une façon très-appréciable.

L'erreur qui régnait avant 1844 était de croire que les
banques devaient agir sur le *money market* en limitant
leurs émissions. Il est démontré maintenant que les variations dans le total de la monnaie fiduciaire *qui circule* [1]
sont tout à fait insignifiantes. Autrefois la Banque d'Angleterre a troublé le monde commercial et fait énormément de mal, non en émettant trop de billets, mais en re-
levant trop tard le taux de l'intérêt. Au moment où l'or
s'écoulait, il lui était impossible de restreindre ses
émissions. Les besoins du commerce qui varient chaque
jour déterminent la demande de billets, qu'il n'est pas
au pouvoir de la Banque de régler, mais ce qu'elle peut et
doit faire, c'est hausser l'escompte, afin d'arrêter la fuite de
l'or et d'en attirer de tous les coins du globe, où le métal
précieux est moins cher qu'à Londres.

---

1. A la banque d'Angleterre, quand l'encaisse métallique augmente, la
quantité de billets s'accroît en proportion; mais le surplus ne circule pas,
il repose dans la réserve du *banking department*.

Quoi qu'il en soit de cette méprise théorique aujourd'hui démontrée, le principal but pratique qu'avait en vue l'*act* de Robert Peel a été atteint. Depuis 1844, le département de l'émission a toujours possédé assez d'or pour rembourser cinq fois autant de billets, qu'il ne devait probablement s'en présenter. Son encaisse, même aux plus mauvais jours, s'est maintenu beaucoup plus haut qu'avant 1844. Tandis qu'en 1825 il était tombé à 1,261,000 l. st., en 1837 à 3,831,000 l. st., en 1839 à 2,406,000 l. st., le minimum s'est encore élevé en 1847 à 8,313,000 l. st., en 1857 à 6,080,000 l. st., en 1861 à 11,571,000 l. st., en 1863 à 13,048,000 l. st., en 1864 à 12,454,244 l. st. Sans les prescriptions de l'*act*, la Banque aurait peut-être pu maintenir son encaisse au même niveau, en haussant à temps le taux de l'escompte. Mais l'expérience prouve qu'avant 1844 elle n'avait jamais eu assez vite recours à cette mesure conservatrice, et il est très-possible que sans les strictes limites posées par la loi, elle aurait continué à en agir de même, comme cela s'est fait longtemps en France, pour éviter les réclamations d'une partie du commerce. Quoiqu'on eût été obligé de suspendre deux fois les effets de l'*act*, en 1847 et en 1857, les gouverneurs de la Banque d'Angleterre et de la Banque d'Irlande, et les représentants des Banques d'Écosse, entendus par la commission d'enquête de 1857, se prononcèrent tous en faveur de la loi de Robert Peel, et les événements financiers de 1864 paraissent avoir encore augmenté le nombre des partisans de cette mesure. Ceux-ci prétendent que c'est grâce à elle que la Banque a conservé son or, et qu'ainsi elle s'est trouvée, au plus fort de la crise, suffisamment pourvue de numéraire, pour émettre sans péril plus de billets et pour venir au secours du commerce en étendant son escompte.

Qu'il soit dans tous les cas indispensable de conserver un fort encaisse, les deux écoles financières, celle du *Banking principle*, et celle du *Currency principle*, MM. Tooke, Newmarch et Mill, aussi bien que lord Overstone, H. Norman et Hubbard en tombent d'accord. Mais les adversaires de *l'act* soutiennent qu'on aurait pu obtenir ce résultat, sans séparer les deux départements, et qu'on aurait échappé ainsi à une conséquence de la mesure qui tend, suivant eux, à aggraver les crises.

En effet, disent-ils, dans le système actuel on arrive en temps de grande gêne monétaire à un moment où le département de la banque, les billets de la réserve étant épuisés, est à la veille de devoir suspendre complétement ses opérations, quoique le département de l'émission ait encore un encaisse relativement assez élevé. Ainsi, au 11 novembre 1857, la réserve était tombée à 957,710 l. st.; encore quelques jours, et elle était complétement à sec, et alors tout escompte aurait cessé, car les banquiers privés faisaient rentrer leurs fonds pour les déposer à la Banque d'Angleterre. En ce moment, le département de l'émission avait encore en caisse 7,171,000 l. st., soit environ 178 millions de francs contre une circulation de 20,183,000 l. st., ou 504,000,000 fr. La proportion du métal à l'émission était d'un tiers, position considérée comme très-bonne et que la Banque de France est loin d'avoir toujours conservée, car en 1849 la réserve métallique était

tombée à 57 millions pour une circulation de plus de
200 millions, et même en 1864 au mois de janvier, la proportion du tiers était franchie, puisqu'il n'y avait plus que
165 millions de numéraire pour 752 millions de billets[1].
La situation de la Banque d'Angleterre en 1847 et
1857, quand on a dû suspendre *l'act* était donc encore
très-forte ; mais les prescriptions de la loi emprisonnaient
les 200 millions de numéraire et interdisaient d'en faire
usage. C'était déjà un mal, mais un mal plus grand
encore était l'alarme répandue dans le commerce à mesure qu'il voyait approcher, avec la réduction continue de
la réserve, le moment fatal où il ne devait plus espérer
aucune avance sous n'importe quelle forme de la part de
la Banque. Cette appréhension doublait la panique et la
transformait en une véritable agonie. Sans les restric-

---

1. Même dans la dernière crise de 1863-1864, la Banque d'Angleterre
n'a pas laissé tomber son encaisse beaucoup au-dessous de la moitié de
l'émission. Autrefois, elle n'agissait pas avec autant de prudence, comme
le montre le tableau suivant, où les chiffres représentent les millions
sterling.

	Émission.	Encaisse.
1782	6.7	1.9
1783	6.3	0.6
1784	5.5	1.5
1796	9.0	2.0
1825 (août)	19.3	3.6
1825 (décembre)	25.7	1.2
1826 (février)	25.3	2.4
1837 (janvier)	18.7	3.9
1839 (juillet)	18.4	3.1
1840 (janvier)	17.3	4.3

Voyez le *Dictionnaire d'économie politique* de Mac Culloch, et une ins-
tructive étude de M. le baron van Hall. *Considérations sur les Crises financières.* La Haye, 1858.

tions infranchissables de *l'act*, le public aurait suffisamment compris par la réduction des ressources de la Banque que la position était grave et qu'il fallait se soumettre à un escompte très-élevé, mais il n'aurait pas vu arriver le moment précis où tout crédit devait expirer. Il y a entre les deux systèmes, celui adopté en France et celui suivi en Angleterre, la même différence qu'entre un obstacle élastique qui arrête peu à peu l'élan des affaires, et un mur d'airain contre lequel tout doit venir se briser.

En résumé, *l'act* de 1844 a eu cet avantage d'assurer à la Banque de forts encaisses et de faire comprendre au commerce la nécessité d'élever à temps le taux de l'escompte. — L'inconvénient qu'on lui reproche n'est pas, comme le croit M. J. Péreire, de limiter la circulation fiduciaire dans des bornes trop étroites. Le besoin d'une plus forte émission de billets ne se fait pas sentir, puisque l'émission des banques privées n'atteint pas le *maximum* fixé par la loi. Mais le grief qu'on articule contre la mesure de Robert Peel et que Tooke a longuement développé dans son *Histoire des prix,* c'est d'aggraver les crises en immobilisant des ressources qui pourraient être si utilement employées dans ces moments critiques, et ce reproche paraît assez fondé pour que l'adoption d'une mesure semblable ne soit pas à conseiller.

CHAPITRE XV

On a proposé différents moyens de prévenir les crises sans recourir à la hausse de l'escompte. Nous allons les passer brièvement en revue.

L'un des remèdes les plus vivement préconisés par beaucoup d'économistes, consiste à autoriser, et au besoin à obliger les banques d'émission à payer un intérêt sur leurs dépôts. Ce qui occasionne les crises, dit-on, c'est le défaut de capital ; or, pour attirer les capitaux que faut-il faire ? Évidemment leur payer un loyer réglé par l'état du marché. Puisque déjà maintenant les banques d'Angleterre et de France détiennent toujours 200 à 300 millions de fr. que le commerce leur confie sans toucher aucune indemnité, il est hors de doute qu'elles en auraient 1 milliard, si elles consentaient à leur payer un intérêt, et ce milliard elles pourraient l'employer à escompter le papier du commerce, et en cas de besoin à faire face aux demandes d'argent toujours si nombreuses en temps de gêne financière.

Ceux qui tiennent ce langage méconnaissent les leçons de l'expérience. C'est en raison des dépôts à intérêt, et non par suite d'une circulation exagérée, que plusieurs banques d'Écosse, la *Western Bank*, la *Glasgow Bank*, avec leurs nombreuses succursales, et toutes les Banques des États-Unis ont succombé en 1857. En 1859, les Banques de l'État de New-York avaient pour 110,465,798 dollars de dépôts, contre une circulation de 28,507,990 couverte par 28,335,984 de numéraire. Ainsi donc le chiffre des dépôts était quatre fois plus considérable que celui de l'émission. Proportion gardée, c'est comme si la Banque de France détenait pour 3 milliards de dépôts. Puisque les banques doivent payer un intérêt sur ces dépôts, il faut qu'elles cherchent à les faire valoir : elle les avanceront donc au commerce et à l'industrie. Ces capitaux engagés dans des opérations d'une échéance plus ou moins éloignée, cesseront d'être disponibles, et cependant les banques sont tenues de les rembourser à la première demande comme leurs billets. Mais cela étant impossible, elles se trouvent donc dans un état de faillite permanente. Leurs ressources sont hors de toute proportion avec leurs obligations immédiates. Il est contre la nature des choses qu'un établissement de crédit puisse assurer à la fois le remboursement des billets et la restitution de ses dépôts. L'un de ces services sera sacrifié à l'autre. Les Banques d'Écosse et d'Amérique ne se sont soutenues que par l'insignifiance relative de leur circulation fiduciaire. On peut dire qu'en général celle-ci est presque nulle dans l'État de New-York, puisque l'encaisse égale environ la somme des billets, et en 1857, sans les secours en numéraire accordés par la Banque d'Angleterre, la plupart des Banques d'Écosse auraient été réduites à suspendre.

D'ailleurs il n'y a aucun avantage à charger les banques d'émission du soin d'employer les dépôts à intérêt. Comme l'a parfaitement montré M. Frère-Orban, l'éminent ministre des finances de Belgique, on ne crée point ainsi de capitaux nouveaux, on ne fait que déplacer ceux qui existent. On compromet la sécurité des porteurs de billets ou des déposants, sans nul avantage réel pour le commerce ; car cet argent qu'on veut attirer à la Banque centrale, est également employé maintenant en grande partie à l'escompte par l'intermédiaire des banques privées [1].

On a beaucoup vanté aussi comme palliatif aux embarras financiers le billet à rente, c'est-à-dire un titre remboursable à bref délai, 8 ou 10 jours de vue, et rapportant 3,60 p. 100 par an, soit 1 centime par cent francs et par jour. Sans doute cette combinaison est ingénieuse, et il serait, je crois, avantageux pour un pays de posséder dans sa circulation un titre qui servît d'intermédiaire aux échanges comme le billet de banque et qui portât intérêt comme la rente. Seulement il semble que ce serait l'État qui devrait émettre ce genre de billets, et non les banques d'émission ; car ces billets ne seraient que des reconnaissances de dépôts à intérêt, divisées en coupures de 100 fr. ou de 1,000 fr., et toutes les objections que nous avons fait valoir plus haut se représenteraient ici. Mais l'État pourrait très-utilement, et pour lui et pour les particuliers, convertir la dette flottante en billets à rente remboursables à échéance déterminée, et *recevables* en payement de toute

1. Voyez aux Annexes n° 9.

14

contribution. C'est le système que M. Gladstone a organisé en Angleterre, et les bons de l'échiquier y sont très-recherchés [1]. Ils permettent aux porteurs de rentrer dans leur capital, soit par le remboursement à terme, soit par la vente qui se fait toujours au pair. Étant reçus en payement par le Trésor, ils servent aussi, en certaines limites, de moyens d'échange. D'autre part ils procurent à l'État de l'argent à bon marché. Sous tous ces rapports, dans l'intérêt des particuliers et dans l'intérêt du Trésor, il serait donc utile de créer une certaine quantité de billets du genre de ceux introduits par M. Gladstone. Mais il est à peine nécessaire d'insister, pour prouver qu'une semblable mesure ne pourrait en aucune manière conjurer les crises.

On a préconisé aussi le billet de banque ordinaire mais non remboursable. Pourquoi, dit-on, faut-il que nous soyons exposés à manquer de numéraire, parce qu'il a plu à l'Angleterre d'acheter trop de coton dans l'Inde, ou de placer trop d'argent dans les entreprises de toute nature? Il ne faut pas que toutes les nations souffrent des fautes d'une seule, et que le commerce intérieur soit partout troublé parce qu'il a plu à l'Angleterre d'adopter tel ou tel mécanisme financier ou de se lancer dans de folles spéculations.

Ayons une monnaie métallique pour nos rapports avec l'étranger; mais, à côté de celle-ci, adoptons pour les transactions intérieures une monnaie nationale sans valeur intrinsèque, qu'on n'exportera pas, et qui sera toujours en même quantité.

1. Voy. aux Annexes, n° 10.

On a répondu à ce système qu'il était basé sur un faux principe, parce que le billet non remboursable ne circulerait pas ou ne circulerait que déprécié, mais c'est là une erreur. Après la suspension des payements en espèces, en 1796, les billets de la Banque d'Angleterre continuèrent à circuler au pair. Un excès d'émission de la part de cette banque et des banques locales déprimèrent plus tard la circulation fiduciaire, mais elle se releva quand l'émission fut restreinte. Tant qu'il n'y eut que 400 ou 500 millions d'assignats, ils se maintinrent au niveau de la monnaie métallique. Le même phénomène a été observé en Portugal, en Saxe, en Suède, aux États-Unis, en France et en Belgique en 1848. Il y a plus, pendant quelque temps, les billets de la Banque de France firent prime sur le métal en 1849, parce que l'émission en était limitée.

Ces faits s'expliquent facilement par les principes généraux de l'économie politique. Quiconque a un monopole absolu peut mettre le produit qu'il livre au prix qu'il veut. Il suffit que l'offre soit inférieure à la demande. Or, c'est ce que l'État peut faire pour la monnaie de papier, et comme le public a grand besoin de ce moyen d'échange, si celui-ci ne surabonde point, il ne tombera pas au-dessous de sa valeur nominale, quoiqu'il soit sans valeur intrinsèque, pourvu qu'il puisse faire sans obstacle le tour entier de la circulation. On peut donc admettre que des billets non remboursables circuleraient sans dépréciation, à condition que le chiffre de l'émission restât un peu inférieur aux besoins de monnaie fiduciaire qui existent dans le pays. Mais les inconvénients de ce système ont été

si souvent exposés, que nous pouvons nous dispenser d'y
insister,—c'est un des lieux communs de l'économie politique. Nous ajouterons seulement qu'il n'aurait en aucune
façon pour effet de prévenir les crises financières [1], car
celles-ci ne proviennent point, dans les pays à banque privilégiée, des demandes de remboursement des billets,
ainsi que nous l'avons démontré; elles sont occasionnées
par la raréfaction du numéraire qui amène une contraction
correspondante du crédit.

En decrétant que les billets ne seront point remboursables, vous n'empêchez point l'écoulement de l'argent,
et la contraction de la masse des agents de l'échange,
d'où résulte nécessairement une hausse du loyer de ces
agents, c'est-à-dire de l'escompte. Si vous augmentez alors
la masse des billets, vous hâtez encore la fuite du métal et
vous arrivez inévitablement à la dépréciation de la monnaie
fiduciaire. C'est un entraînement auquel il est difficile de
résister. Jusqu'à présent, on n'a jamais émis de billets
non remboursables que parce que l'État, en les armant du
cours forcé, peut en augmenter indéfiniment la quantité.
C'est le seul mérite de cette combinaison, et les conséquences de l'expérience ont toujours été assez désastreuses
pour ôter le goût de la recommencer.

Afin d'éviter le retour des mêmes inconvénients, on a
proposé d'émettre deux espèces de billets, les uns remboursables, les autres non remboursables. En escomptant, on

1. Il peut en être autrement dans certains pays pour les crises politiques; quand celles-ci semblent menacer la Banque, on comprend qu'on
demande le remboursement des billets. C'est ce que l'on a vu en 1848.

donnerait les uns ou les autres au choix, mais le taux de
l'intérêt serait toujours moins élevé pour l'escompte en
billets non remboursables. La combinaison paraît heureuse
au premier abord, et nul doute qu'on ne fût très-disposé,
en présentant un effet de commerce, à prendre les billets
qui assureraient les conditions les plus favorables, mais
quand celui qui les aurait reçus en échange de ses lettres de
change voudrait à son tour s'en servir pour faire un payement, le créancier, lui, n'aurait aucune raison pour prendre
le billet non remboursable. Il préférerait le billet convertible
en métal et refuserait l'autre ou ne l'accepterait qu'à perte.
Il serait donc impossible de maintenir au pair dans la circulation deux monnaies fiduciaires si complétement différentes. On peut faire circuler un billet non convertible au
même taux que la monnaie, et même à prime comme on l'a
vu en France, en 1849, parce que la monnaie de papier est
plus commode que la monnaie métallique. On ne le pourrait
plus, dès qu'il y aurait une autre monnaie de papier présentant les mêmes avantages, et étant, en outre, convertible.

Enfin, pour échapper aux crises ou pour en diminuer
l'intensité, on a soutenu que les banques privilégiées devraient augmenter leur capital, ou que tout au moins, au
lieu de l'immobiliser en rentes sur l'État, comme l'ont
fait les Banques d'Angleterre et de France, elles devraient
l'avoir à leur disposition sous forme de numéraire et lingots, ou de valeurs à brève échéance, bons du trésor, lettres de change sur l'étranger, etc.

La première de ces mesures serait absolument de nul
effet, car le capital des banques privilégiées est plus

qu'assez grand pour inspirer toute confiance et pour assurer le remboursement final des billets, mais on ne peut en dire autant de la seconde. Il semble en effet évident qu'une banque ayant son capital disponible traverserait plus facilement une crise qu'une autre banque qui a le sien engagé sous forme de rentes qu'elle ne peut vendre en cas de nécessité qu'avec perte et en déprimant les cours. Prenons pour exemple la Banque d'Angleterre dont le capital tout entier a été successivement remis à l'État à mesure qu'il s'est accru. Ce capital ainsi prêté qui au moment de la fondation de la Banque, en 1694, n'était que de 1,002,000 l. st., montait en 1833 à 14,543,000 l. st. A cette époque le gouvernement réduisit sa dette envers la Banque de 3,537,900 l. st., de sorte qu'elle ne figure plus au bilan de celle-ci sous le nom de *government debt*, que pour 11,015,100 l. st. La somme restituée par l'État est employée en fonds publics et bons de l'échiquier, ainsi que sa réserve appelée *rest* et qui se compose d'une partie des dividendes non distribués. Celle-ci monte à un peu plus de 3,000,000 l. st., de sorte que l'avoir total de la Banque s'élève à 18 millions l. st. dont 7 millions seulement forment aujourd'hui ses ressources disponibles, le *working capital*. Depuis l'origine c'est au moyen de l'argent du public que la Banque a opéré, et cet argent est arrivé entre ses mains par les dépôts et par l'émission de ses billets. Aussi a-t-elle débuté deux ans après sa fondation, en 1696, par une suspension de payement, et un siècle après nous assistons à une suspension nouvelle qui dure vingt-cinq ans. Depuis la reprise de ses payements en 1822, elle

a été deux fois à la veille de devoir les suspendre de nouveau. Pendant les grandes crises dont nous avons fait l'historique, la Banque, on l'a vu, n'a pas été mise en péril par les
demandes de remboursement des billets, mais même après
l'*act* de 1844 elle aurait été dans l'impossibilité de resti-
tuer ses dépôts. Il y a plus : ses propres ressources étant
épuisées, c'est au moyen des dépôts gratuits augmentant
en raison de l'intensité de la tempête, qu'elle est venue au
secours du commerce en étendant ses escomptes. Cela
prouve sans doute la confiance absolue qu'elle inspire,
mais ne peut-on pas conclure de toute l'histoire de la
Banque d'Angleterre que sa position serait bien plus solide
et qu'elle serait à même de rendre plus de services, si la plus
grande partie de son capital n'était pas aux mains de l'État?
On peut en dire autant de la Banque de France et de tous
les établissements qui sont dans une situation semblable.

Si les banques avaient tout leur capital à leur disposition sous forme de numéraire ou d'effets à court terme [1],
cela ne les dispenserait pas, comme on le croit, d'élever
le taux de l'escompte, quand l'argent devient rare, parce
que rien ne peut les soustraire à l'effet d'une loi économique, mais elles ne devraient pas si vite recourir à des
mesures de défense énergiques et répétées au moindre
écoulement du numéraire. Je sais qu'on objecte la théorie
de Mollien d'après laquelle le capital des banques ne doit

---

1. Dans une discussion récente au sujet de la Banque nationale, dans
les Chambres belges, le ministre des finances qui a organisé cet établissement allait jusqu'à regretter que la réserve fût placée en rentes sur l'État.
Il aurait voulu que même ce fonds, formé des bénéfices non distribués, fût
comme le reste du capital à la disposition des opérations de l'escompte.

être qu'un fonds de garantie. Mais quand on considère la prudence de ces grands établissements de crédit et les pertes tout à fait insignifiantes qu'ils éprouvent, on peut affirmer que leur capital engagé dans leurs affaires constituerait une garantie tout aussi solide, qu'immobilisé sous forme de créance sur l'État. D'ailleurs ce qui était une base suffisante pour les opérations de crédit du temps de l'Empire cesse complétement de l'être maintenant, avec le prodigieux développement des échanges et les grands mouvements de métaux précieux, auxquels nous assistons depuis quelques années. Tous les hommes compétents sont unanimes à proclamer la nécessité pour les banques de maintenir un fort encaisse. M. d'Eichtal[1] voudrait que la Banque de France fût tenue de conserver en métal une somme égale à la moitié du montant des billets en circulation. En Angleterre, sans aller aussi loin, la plupart des économistes et les journaux financiers répètent à l'envi que la Banque ne doit pas laisser tomber son encaisse métallique au-dessous de 11 millions st. Un fort encaisse c'est, comme nous l'avons dit, la conclusion finale de Tooke dans son *Histoire des prix*.

Encore un mot à ce sujet. Il ne suffit pas que l'encaisse des Banques soit élevé : il faut qu'en grande partie au moins il lui appartienne, et ne soit pas la propriété des déposants. L'*act* de 1844 y a pourvu en Angleterre par la séparation des deux départements. Au delà de 14 1/2 millions, le département de l'émission ne peut émettre des

1. *De la Monnaie de papier et des Banques d'émission*: Guillaumin, 1864.

billets que contre de l'or, et il ne reçoit pas de dépôts.
Ceux-ci sont remis au *Banking department*, qui n'a pas à
veiller à la convertibilité des billets. Mais sur le continent
il arrive fréquemment que pour garantir le remboursement de leurs billets, les banques rangent parmi leurs
ressources disponibles le numéraire qui provient des déposants et que ceux-ci peuvent réclamer. Pour se rendre
compte de la situation réelle des banques, il faut donc
mettre en regard de leur encaisse leurs obligations exigibles à vue, *liabilities*, c'est-à-dire leurs dépôts et leur circulation additionnés. C'est à ce point de vue que s'est placé
le législateur en Hollande en renouvelant le privilége de
la Banque néerlandaise. L'article 16 porte : «La proportion
dans laquelle le montant cumulé des billets de banque,
des mandats de versement et des soldes des comptes courants devront être couverts par du numéraire ou des lingots est fixée par arrêté royal, sur la proposition à faire
par la direction. — Cet arrêté est publié au journal officiel
et peut être modifié de temps en temps pour autant que de
besoin. »

Cet article, inspiré par une disposition à peu près semblable inséré dans l'acte constitutif de la Banque nationale
de Belgique, est une grande garantie de solidité. Il a égard
aux deux éléments qui peuvent compromettre la situation des Banques, les billets et les dépôts, et d'autre part,
il ne fixe pas une proportion immuable, parce qu'en effet
celle qui est indispensable varie avec les circonstances [1].

---

1. Au 26 septembre 1864, quand la Banque néerlandaise croyait de-

Il est d'autant plus nécessaire que les banques conservent de grandes ressources à leur disposition, qu'elles ne peuvent point, ainsi que le voulaient les auteurs de l'*act* de 1844, et comme on le répète encore chaque jour, réduire leur circulation dans la mesure de la diminution de leur encaisse. On lit par exemple dans un des meilleurs écrits publiés récemment au sujet de la question des Banques [1], que l'encaisse doit toujours être proportionné à l'émission « en ce sens qu'il doit s'accroître toujours ou diminuer dans la même proportion que l'émission. » Or si l'on consulte le bilan des banques, on voit que cette proportion n'existe en aucune façon, et qu'au contraire très-souvent quand l'encaisse tombe, la circulation s'étend, et réciproquement quand la circulation se réduit, l'encaisse s'accroît et ainsi la garantie diminue à mesure que la dette exigible à vue augmente. Ce résultat, si opposé à tout ce qu'on avait écrit à ce sujet, ressort de l'examen des bilans de la Banque d'Angleterre, même dans les premières années qui suivirent l'adoption de l'*act* de Robert Peel, c'est-à-dire alors qu'on était encore sous l'empire des idées qui l'avaient dicté.

---

voir se fortifier par le taux inouï en Hollande de 7 p. 100, elle possédait un encaisse de 72,395,729 florins, en regard de 99,176.515 de billets, et de 37,243,769 de dépôts ; total des *liabilities* : 136,419,874. Le numéraire dépassait donc la moitié des dépôts et de la circulation réunis.

1. Les *Débats sur la Banque de France*, par M. J. A. Rey ; Guillaumin, 1864.

BANQUE D'ANGLETERRE.

Dates.		Encaisse.	Circulation.
1845.	29 mars.........	l. st. 16.204 [1]	l. st. 20.532
	27 décembre......	13.325	20.818
1846.	26 septembre.....	16.224	20.773
	18 avril.........	13.627	21.501
1847.	2 janvier.......	14.951	20.932
	30 octobre.......	8.438	21.764
1848.	25 mars.........	15.316	18.507
	8 janvier.......	12.578	19.407
1849.	22 décembre......	18.872	17.080
	21 juillet........	14.767	20.830
1850.	5 janvier.......	17.020	19.341
	22 décembre.....	14.963	19.825
1851.	27 décembre.....	17.319	19.767
	19 juillet........	13.863	21.818
1852.	3 juillet........	22.197	23.573
	25 décembre.....	20.749	23.648

Dans ce tableau nous avons choisi les chiffres les plus
frappants dans chaque année pour montrer qu'il n'y a aucun rapport entre l'augmentation de la circulation et de
l'encaisse. En prenant les chiffres *maxima* et *minima* de
chacune des deux rubriques, on verrait également qu'ils
ne tombent point du tout aux mêmes dates.

Cette opposition entre la pratique et la théorie s'explique
facilement. Dans les moments d'expansion ou de crise
on demande à la fois aux banques et leur numéraire et
leurs billets ; dans les périodes de calme et d'atonie, on réclame moins les uns et les autres. L'argent et les billets

1. Les trois derniers chiffres sont omis.

faisant exactement le même office, ils sortent et rentrent en même temps, et ainsi l'encaisse diminue quand la circulation s'accroît, ou s'accroît quand la circulation diminue. Ce phénomène, peu observé, semble-t-il, il y a quelques années, est de nature à imposer aux Banques l'obligation d'avoir de vastes ressources toujours disponibles afin de faire face aux conséquences qui en résultent.

Afin qu'elles puissent mieux consacrer leur activité à l'escompte, qui est la fonction essentielle des Banques d'émission, il serait à désirer qu'elles renonçassent aux avances sur fonds publics. Il y aurait à cette réforme une raison très-solide tirée de la nature même du billet de banque. Ce billet doit remplacer seulement le papier de commerce créé pour opérer l'échange des capitaux circulant et des marchandises; il ne doit jamais servir à représenter le capital engagé d'un pays, ses terres, ses chemins de fer, et ses autres propriétés, sinon la multiplication des billets n'aurait point de limites. Or il n'est pas de capital plus définitivement engagé que celui de la rente, puisqu'il a été consommé par l'État, et que celui-ci ne s'oblige pas à le rembourser. Il n'est donc pas rationnel d'émettre des billets qui tiennent la place des titres de la dette publique. Ces billets sont remboursables à vue; il est dans la nature des choses qu'ils prennent seulement la place des titres remboursables à brève échéance. Les avances sur fonds publics ont en général peu d'importance; mais elles devraient être abandonnées aux établissements de crédit mobilier, parce qu'elles sont opposées aux principes sur lesquels sont fondées les Banques d'émission.

En résumé, il n'est point de mesures qui puissent prévenir le retour des crises [1], parce que celles-ci dépendent des mouvements du commerce du monde qui déplacent le numéraire, et du développement des entreprises de toute nature qui absorbent le capital : mais comme ces perturbations ne sont autre chose qu'un dérangement du système des échanges et une maladie du crédit, la bonne organisation et la bonne administration des Banques en atténuent les fâcheuses conséquences, tandis que leur mauvaise organisation et leur mauvaise administration peuvent les aggraver.

1. Voyez aux Annexes nᵒˢ 11 et 12.

ANNEXES

ANNEXES

I

DE L'INFLUENCE QU'EXERCE L'ÉMISSION DES BILLETS DE BANQUE SUR LES PRIX.

La question de savoir quelle influence l'émission des billets de Banque exerce sur les prix a été très-controversée en Angleterre, parce que l'on attribuait les crises commerciales aux excès de spéculation et à la hausse de tous les prix résultant, affirmait-on, d'une trop forte extension de la circulation fiduciaire. C'est en raison de cette théorie qu'on a limité le chiffre de l'émission totale par l'acte de 1844, et la plupart de ceux qui combattent la liberté d'émission la prennent encore pour base de leur argumentation.

Il nous faut donc examiner d'abord ce que c'est que le billet de Banque, et, en second lieu, quelle influence l'émission des billets exerce sur les prix.

Un grand nombre d'économistes ont refusé au billet de

15

Banque le titre de monnaie. Il lui manque, ont-ils dit, la qualité essentielle d'une monnaie, la valeur intrinsèque.

Dans tout achat, l'intermédiaire de l'échange, la monnaie, que l'acheteur livre au vendeur doit être l'équivalent de l'objet acheté; or, le billet de Banque n'est pas un équivalent. C'est une simple promesse commerciale, une obligation qui ne diffère pas au fond du billet à ordre et de la lettre de change.

Toute monnaie est nécessairement marchandise, ajoute-t-on. Otez-lui quelque chose de sa valeur intrinsèque, et aussitôt, quelque nom que vous lui donniez, de quelque sanction que vous la revêtiez, elle perdra dans la circulation et comme moyen d'échange exactement ce qu'elle aura perdu comme marchandise. Si donc il n'y a point de lois qui puissent attribuer à des pièces d'or ou d'argent une valeur supérieure à celle qu'elles possèdent réellement en tant que métal, comment pourrait-on élever à leur niveau un chiffon de papier dépourvu de toute valeur? Ainsi parlent M. Charles Coquelin et tous ceux qui ont partagé sur cette question sa manière de voir.

Cette opinion, fort plausible en apparence, est cependant erronée; elle s'arrête à l'apparence des choses. Elle ne pénètre pas jusqu'à la qualité essentielle de la monnaie et elle est d'ailleurs en contradiction avec les faits.

La qualité essentielle, principale de la monnaie est de servir d'intermédiaire en tout échange, et d'éteindre toute dette jusqu'à concurrence de sa valeur *nominale* ou *réelle*. Si avec un billet de Banque de mille francs à cours forcé indéfini, c'est-à-dire sans valeur intrinsèque aucune, je puis satisfaire mes créanciers, il est certain que je le préférerai à un lingot d'une valeur intrinsèque de mille francs qui ne me rendra pas le même service. Quand j'accepte une pièce de monnaie de cinq francs, ce n'est pas en raison du métal dont elle est faite et dont je n'ai pas besoin, c'est principalement parce qu'avec cette pièce je pourrai me procurer toutes les choses que je désirerai consommer ou posséder.

L'unité monétaire, qu'elle soit faite en métal ou en papier, circule comme un titre qui donne à son propriétaire la faculté de se faire délivrer les objets qu'il choisira; c'est une sorte de traite tirée sur tous les détenteurs de produits et payable entre les mains du porteur.

Mais pour que cette unité monétaire circule de main en main sans difficulté et sans imposer de perte à aucun de ses detenteurs successifs, il faut que sa puissance d'acquisition, qui est son vrai titre, sa véritable valeur, ne se déprécie ou n'augmente point, et pour qu'elle ne se déprécie ni n'augmente, il faut que le nombre des unités monétaires conserve le même rapport avec les besoins qu'on peut en avoir. C'est parce qu'on peut multiplier très-facilement le nombre des unités monétaires de papier que la monnaie de papier, quand elle est émise par l'État, est un moyen de circulation plus dangereux que la monnaie métallique. Mais quand on limite la fabrication des unités monétaires en papier aux besoins de la circulation, elles circulent tout aussi bien que des unités métalliques. Comme elles sont plus commodes que celles-ci, on pourra même les faire monter au-dessus du pair, leur assurer une prime; il suffira d'en émettre moins que le public ne désire en avoir. Le phénomène s'est produit en 1849, alors qu'on payait une prime pour les billets de la Banque de France.

Ainsi donc, quoi qu'en disent M. Coquelin et ceux qui soutiennent la même opinion, la loi, et, à défaut de la loi, le consentement général peuvent donner à un chiffon de papier, non les qualités matérielles, palpables de l'or et de l'argent, mais la qualité économique et essentielle de circuler, d'opérer tout échange et d'éteindre toute dette pour sa valeur nominale. Le billet de banque n'est pas, il est vrai, identique à la monnaie métallique, puisqu'il est fait en papier au lieu de l'être en métal; mais, dans la circulation, il se comporte exactement comme la monnaie métallique, et c'est là le point capital.

Faisant exactement l'office de la monnaie métallique, il peut donc la remplacer, et il la remplace en effet. Le papier chasse l'or, dit-on, et rien n'est plus vrai, même sans qu'il y ait panique. Supposez qu'un pays se serve pour opérer ses échanges d'un intermédiaire de métal valant trois milliards de francs; si on lance dans la circulation deux milliards de billets, deux milliards de monnaie métallique deviendront inutiles et seront exportés. Toutes choses égales d'ailleurs, la quantité de monnaie métallique qui restera dans la circulation d'un pays dépendra donc de la quantité de billets de Banque qu'on parviendra à faire accepter par le public. Si on accroît l'émission, la monnaie métallique s'écoulera; si on la restreint, le métal refluera. Voilà un premier point qu'il convient de ne pas oublier.

Un second point qui résulte de ce qui précède, c'est que la multiplication ou la raréfaction des billets de banque agit sur les prix exactement comme celles de la monnaie métallique. Multipliez les unités monétaires, qu'elles soient d'or ou de papier, et les prix hausseront; réduisez-en le nombre, et les prix baisseront, le chiffre des transactions restant, bien entendu, le même. C'est ici que se montre la supériorité de la monnaie métallique sur la monnaie de papier. La quantité de la première n'augmente ou ne diminue que lentement par le mouvement du commerce international; la quantité de la seconde peut varier brusquement, augmentant avec les demandes du public et les progrès de la confiance; diminuant par suite de la défiance qui réclame le remboursement. Pour éviter ces contractions dans l'agent des échanges qui se traduisent par de désastreuses variations dans les prix, il est donc essentiel que la confiance dans la solvabilité des banques soit absolue, inaltérable. Il faut que le public soit certain, non-seulement que les billets seront toujours reçus en tout payement, mais, en outre, qu'ils ne seront pas dépréciés par une émission exagérée, suite peut-être des besoins momentanés de la spéculation ou par les craintes qu'inspire la solvabilité de celui qui les a émis. Sous ce rapport, les avantages que présente une banque appuyée sur l'État et surveillée par l'État sont incontestables. Les extensions de la circulation fiduciaire seront très-limitées, parce que le besoin des billets varie peu, et les contractions résultant de la défiance seront nulles quand l'éducation commerciale du pays sera faite. On a pu affirmer, en s'appuyant sur les faits, qu'en Angleterre, depuis la reprise des payements en espèces, on n'avait jamais réclamé de remboursements par un sentiment de défiance, mais uniquement pour faire face aux besoins de l'exportation. Ce qui le prouve, c'est que, dans les plus fortes crises, quand la panique était au comble, en 1825, 1847 et 1857, ce que l'on demandait à la Banque, c'était d'émettre plus de billets, dont on savait parfaitement que le remboursement immédiat était impossible.

En apparence, le billet de banque ne ressemble pas du tout à la monnaie et se confond presque avec la lettre de change ou le billet à ordre. En réalité, il agit exactement comme la monnaie et point du tout comme la lettre de change, quoi qu'en aient dit MM. Michel Chevalier et Coquelin.

Il est vrai que le billet de banque, comme la lettre de

change, constitue une obligation de payer une certaine somme d'argent. Il est encore vrai que, sans la lettre de change, il faudrait se servir de monnaie métallique et payer comptant, et qu'ainsi cet instrument de crédit remplace l'usage de la monnaie comme le fait le billet de banque.

Mais voici où gît la différence capitale. La lettre de change représente le payement d'une transaction commerciale. Il peut y avoir autant de lettres de change que de transactions, mais pas plus. La transmission de la lettre par endossement n'éteint pas la dette, au contraire, la remise du billet éteint la dette comme celle d'une somme égale en numéraire, le billet circule donc exactement comme le numéraire ; il peut éteindre successivement cinq, dix, vingt dettes. Par la rapidité de la circulation, par les avances qu'il permet, il pourrait donc stimuler le mouvement des affaires, contribuer à la hausse des prix, engendrer la fièvre des spéculations. On a pu soutenir que la crise de 1825, a été aggravée par l'excès d'émission des billets de banque ; on n'a jamais dit que la création de lettres de change ait produit le même effet.

M. Wolowski, s'appuyant sur le colonel Torrens nous paraît avoir parfaitement éclairci cette question : « Celui, dit-il, qui paye avec une lettre de change contracte une dette ; celui qui paye avec un billet de banque se libère. Lorsque les lettres de change se multiplient sur le marché, la demande de la monnaie augmente ; au contraire, quand il arrive un supplément de billets de banque, l'offre de la monnaie s'accroît : l'intérêt hausse dans le premier cas, il baisse dans le second. Qu'il survienne une crise et le détenteur de lettres de change s'aperçoit bien vite qu'il n'est point dans la même position que le détenteur d'une pareille somme en billets de banque ou en espèces. Si les billets de banque et les lettres de change ne différaient point d'essence, à quoi servirait le marché monétaire et quelle serait la raison de l'escompte ? Tous les phénomènes qui se produisent à cette occasion ne sont que le résultat de la nature distincte de ces deux valeurs. Les lettres de change sont escomptées en billets de banque, c'est-à-dire qu'elles servent de garantie à une avance consentie en billets jusqu'à l'échéance [1]. »

L'histoire des crises montre à l'évidence la différence profonde de ces deux titres de crédit, car les embarras financiers résultent en grande partie de la difficulté d'obtenir les uns en échange des autres. En temps de crise, que demandent les commerçants ? Qu'on escompte leurs effets en or et en billets, afin qu'ils puissent se libérer envers leurs créanciers, et c'est pour en obtenir qu'ils payent 10, 12, 30, et 40 p. 100. Si la lettre de change et le billet de banque étaient la même chose et avaient, dans la circulation, le même effet, les crises seraient inexplicables.

Voyons maintenant quelle influence les billets de banque exercent sur les prix. Quoique M. Stuart Mill n'admette aucune différence générique entre le billet de banque et les autres titres de crédit, il croit cependant qu'il exerce une plus grande action sur les prix. Il formule son opinion dans les termes suivants : « Les effets de commerce ont plus d'influence sur les prix que les crédits aux livres, et les billets de banque plus que les effets de commerce. L'emploi de la puissance du crédit sous forme de crédit aux livres ne donne lieu qu'à un seul achat : si l'on fait un effet, cette même portion de crédit peut servir à autant d'achats que l'effet sera transmis de fois d'une main à l'autre, et tout billet de banque transforme le crédit

---

1. *La Question des Banques*, p. 423 ; Guillaumin. 1864.

du banquier en pouvoir d'acquérir égale somme entre les mains de chacun des porteurs successivement, sans diminuer en rien le pouvoir qu'ils ont d'acheter sur leur propre crédit. Bref, le crédit a le même pouvoir d'acquérir que la monnaie, et comme la monnaie agit sur les prix, non-seulement en raison de sa quantité, mais en raison de sa quantité multipliée par le nombre de fois qu'elle change de mains, ainsi en est-il du crédit, et celui qui se transmet de main en main est, dans cette proportion, plus puissant que le crédit qui ne sert qu'à un achat. »

M. Mill admet avec Tooke que les émissions n'ont pas amené la hausse des prix d'où ont résulté certaines crises commerciales, mais il croit qu'elles les ont aggravées, et voici comment : « Entre la période où la spéculation est ascendante et le moment de la révulsion, il y a un intervalle de plusieurs semaines et souvent de plusieurs mois pendant lequel on lutte contre la baisse. Les spéculateurs ne se soucient pas de vendre, et ils cherchent des fonds pour remplir leurs engagements ordinaires. A ce moment, presque toujours la somme des billets de banque augmente. Personne ne conteste cette augmentation. Je crois qu'il faut convenir que cet accroissement tend à prolonger les spéculations, à faire durer les hauts prix, et, par conséquent, prolonge et augmente la demande des métaux précieux pour l'exportation, trait caractéristique du temps qui précède immédiatement les crises commerciales. La continuation de l'écoulement des métaux précieux au dehors, exposant les banques à ne plus pouvoir payer leurs billets à présentation, elles sont réduites à restreindre leur crédit plus brusquement et plus durement qu'elles ne l'auraient fait si elles n'avaient pas soutenu la spéculation par des avances extraordinaires, au moment où la révulsion était devenue inévitable. »

Quoique l'opinion de M. Mill, exprimée dans les passages que je viens de transcrire, paraisse très-fondée, je suis disposé à croire avec Tooke que, sauf peut-être en 1825, l'émission des billets n'a point contribué à amener les crises monétaires. Quand on se rappelle que, dans le *clearing-house* de Londres seulement il se fait pour 150 millions de francs d'*affaires par jour*, et que les plus grandes fluctuations de la circulation dans toute *une année* ne dépassent pas en Angleterre ou en France 75 millions de francs, on est amené à conclure que l'influence des émissions sur les prix doit être à peu près nulle, tant leurs variations sont insignifiantes en présence de la somme totale des échanges.

D'ailleurs, un excès d'émission ne pourrait amener une hausse des prix qu'en augmentant la quantité totale de la *currency* mixte composée de métal et de papier. Or, nous avons vu qu'une plus forte émission aurait pour effet, le chiffre des transactions restant le même, de chasser une quantité correspondante de numéraire métallique. La *currency* ne serait donc point étendue, et il ne pourrait en résulter une hausse des prix.

En résumé, l'étude attentive des faits amène à croire que ce n'est point, comme on l'a cru, et comme on le répète encore, l'excès d'émission de billets de banque qui a provoqué les crises, en poussant à la hausse des prix et à l'écoulement du numéraire. Le mal qu'ont fait les billets des banques particulières consiste plutôt dans la contraction des moyens d'échange auxquels ils ont donné lieu en temps de crise par suite, soit des demandes de remboursement, soit du retrait volontaire des billets opéré par les banques même, comme on l'a vu en Écosse et en Amérique durant l'automne 1857.

II

Voici les chiffres de la circulation fiduciaire dans le Royaume-Uni, en janvier 1865.

Banque d'Angleterre.	19.571.118
Banques privées.	2.959.367
Joint stock banks.	2.737.440
Écosse.	4.325.591
Irlande.	5.661.026
L. st.	35.254.542

En janvier dernier, le chiffre total des billets de banque s'élevait ainsi à 881 millions de francs ; il y a une vingtaine d'années, il se rapprochait ordinairement d'un milliard. Il a donc certainement diminué, et ce n'est point l'effet de l'*act* de 1844, car, en général, les banques restent notablement au-dessous du maximum de l'émission autorisée.

D'autre part, il est également certain que depuis la même époque, le chiffre des transactions a dû augmenter d'un tiers, sinon davantage. Comment est-on arrivé à faire beaucoup plus d'échanges avec moins d'instruments d'échange, ou si l'on veut parler plus exactement, avec moins de monnaie (*currency*), or et billets? Cela provient de ce qu'on est parvenu à régler les opérations commerciales, à liquider les dettes réciproques au moyen de virements, sans employer ni écus, ni billets, et ces améliorations introduites dans le *clearing-house* de Londres ont contribué à généraliser l'emploi de ce système économique de payements.

Les chèques et les transferts aux livres agissent exactement comme les billets de banque pour opérer les échanges en vue desquels ils sont employés. *Ce sont comme des billets de banque circulant dans l'intérieur même des banques qui pourraient .es émettre.* A doit payer 1,000 livres à B : il peut aller à la Banque prendre sur ses dépôts dix billets de 100 l. st. et les remettre à B, qui les fera porter à son crédit, et en ce cas chaque opération nécessitera l'emploi de valeur égale en billets. Mais si A et B ont le même banquier, A peut aussi donner ordre de transférer ces 1,000 livres de son compte à celui de B, et alors l'échange des marchandises se fait en dehors de la Banque, et le payement s'opère par les écritures de la Banque, sans que la circulation fiduciaire augmente d'une seule livre. L'activité des affaires peut ainsi s'étendre énormément, sans qu'on emploie plus de billets.

Il ne faut point non plus qu'on s'imagine, comme on le fait si fréquemment, que le commerce obtiendrait plus d'avances et que le taux de l'intérêt diminuerait si plus de billets étaient émis. Le taux de l'intérêt ne dépend pas nécessairement de l'extension de la circulation, parce que ce n'est pas d'ordinaire, sous la forme d'une remise d'écus ou de billets, que se font les avances importantes aux grands négociants.

Si, par exemple, la Banque d'Angleterre avance à un *bill-broker* 500,000 l. st. pour lui permettre d'escompter plus d'effets, cela se fera en lui ouvrant un crédit sur les livres ou en l'ouvrant au compte de son banquier, s'il n'a pas de compte courant. Il emploiera ce crédit au moyen de chèques remis à ceux dont il escomptera les effets. Ceux-ci les enverront à leurs banquiers, et ces chèques seront transférés au compte de ces banquiers. Voilà toute l'opération terminée sans émission nouvelle. Ce sont des prêts de ce genre qui affectent le marché monétaire, abaissent le taux de l'intérêt et stimulent l'élan des affaires.

Souvent les émissions des banques privées augmentent quand les avances diminuent et réciproquement, parce que ces deux instruments de crédit ne correspondent pas aux besoins des mêmes personnes. Les billets sont aux mains des classes qui n'ont pas de comptes courants; les avances, au contraire, vont aux mains de ceux qui en ont. Les *bank-notes* forment les moyens d'échange du commerce de détail, les chèques et les crédits aux livres, les moyens d'échange du commerce en gros.

Lord Astburton écrivait, en 1847 : « C'est une grande erreur de croire que chaque fois qu'on demande de l'or à la Banque on lui remette des billets ou que quand elle fait des avances par la voie de l'escompte, des billets lui sont enlevés. Neuf fois sur dix ces grandes opérations se font par des transferts de dépôts, d'un compte courant à l'autre et non au moyen de billets. Il est possible et même probable que les billets aux mains du public n'augmenteraient pas si la Banque escomptait pour un million de livres d'effets. Seulement, en ouvrant ainsi un nouveau crédit, l'émission restant la même, le *banking department* serait affaibli; il aurait la même quantité de *bank-notes* et ses obligations seraient accrues. »

Ce serait aussi une erreur de croire que la diminution qu'on remarque dans le chiffre total des émissions en Angleterre dépende de la circonspection plus grande des Banques.

Dans les enquêtes ouvertes par le Parlement, les banquiers de province ont toujours maintenu qu'il ne dépendait pas d'eux de régler le montant de leurs émissions. La demande de billets est assez strictement limitée par le chiffre des transactions eu égard aux habitudes commerciales. Les billets émis reviennent bientôt vers l'établissement qui les a lancés, parce que nul ne garde plus de monnaie qu'il n'en a besoin. Le reste va se déposer aux Banques, qui peuvent en faire l'échange entre elles, et tout se ramène de nouveau à des crédits en compte-courant.

Les banques privées ne peuvent limiter leurs émissions qu'en livrant à leur clientèle les billets de la Banque d'Angleterre. Il en est du numéraire (*currency*) or ou billets, comme de tout autre instrument : la quantité dont on a besoin pour faire une opération donnée est parfaitement déterminée.

La Banque d'Angleterre elle-même a si peu la puissance de régler à son gré le montant de ses émissions, comme on l'avait cru à tort, qu'elle ne parvient même pas à restreindre le chiffre de ses billets en circulation en vendant des fonds publics. Le seul résultat qu'elle obtienne est de diminuer le montant de ses dépôts exigibles, et voici comment. Elle vend, et l'acheteur lui livre des billets; mais cet acheteur s'est procuré ces billets par un chèque sur la Banque émis par lui ou par son banquier, et la même quantité de billets est enlevée aux dépôts qui diminuent d'autant sans autre changement. Nous en trouvons un curieux exemple dans les chiffres du bilan de février 1861.

FONDS PUBLICS DANS LE BANKING DEPARTMENT

26 décembre......................	9.540.273
6 février......................	8.444.776
Diminution............	1.095.497

La circulation des billets reste la même :

26 décembre................................	20.254.689
6 février....................................	20.534.616

Mais les dépôts ont diminué :

26 décembre................................	19.333.651
6 février....................................	16.113.609
Diminution.............	3.220.042

Tous les faits que nous venons de signaler et dont la constatation date de ces dernières années, doivent tendre à modifier singulièrement les idées qu'on s'était faites au sujet de la circulation fiduciaire.

Ils prouvent manifestement deux choses : 1° Qu'on s'était beaucoup exagéré l'importance du billet de banque comme instrument de crédit et d'échange ;

2° Qu'en temps ordinaire le chiffre des émissions dépend des habitudes commerciales et des besoins du public, plus que de la volonté des banques, et des mesures qu'elles peuvent prendre pour le régler.

III

Les métaux précieux, comme l'a remarqué Humboldt, suivent un mouvement opposé à celui de la civilisation.

La civilisation s'avance de l'Orient vers l'Occident. Les métaux précieux vont d'Occident en Orient; ils tendent à quitter l'Europe pour se diriger vers l'Asie. C'est un fait qui remonte à la plus haute antiquité. Pline estimait que les Romains envoyaient tous les ans aux Indes 50 millions de *sesterces*. Montesquieu insiste sur cette circonstance remarquable du commerce avec l'Orient. D'après les calculs de Humboldt, la moyenne des envois d'argent vers l'Asie a dû s'élever à deux millions et demi de piastres de 1550 à 1600, à dix millions P., de 1716 à 1790, et de 1791 à 1809 à vingt-cinq millions et demi, accroissement qui s'explique par l'extension que prenait l'usage du thé. La somme totale, de 1530 à 1809, est estimée à deux milliards de piastres ou cinquante millions de kilos d'argent, c'est-à-dire plus du tiers de la masse d'argent envoyée d'Amérique en Europe pendant la même période et qu'on porte à 5,300 millions de piastres ou 132 millions de kilos de métal.

1. Voir un excellent article de M. Ad. Soetheer : *Golwahrung, etc.*, dans le *Vierteljahrschrift für Volkswirthschaft*, 3er Band, 1863.

De 1810 à 1845, les chiffres font défaut, les exportations de
métaux précieux vers l'Orient ne cessent pas, mais les achats
d'opium de la Chine dans l'Inde, et les dettes de l'Inde envers
l'Angleterre tendent à la réduire. Mais à partir de 1848 l'écoulement métallique a pu être assez bien contrôlé, et, depuis une
dizaine d'année surtout, il a pris une extension considérable,
comme on en jugera par le tableau ci-joint :

EXPORTATION D'ARGENT D'EUROPE VERS L'ASIE, A TRAVERS L'ISTHME
DE SUEZ, DANS LA PÉRIODE DE 1851 A 1862.

Années.	Valeurs en francs.	Poids en kilogr.
1851.	40.370.000	183.500
1852.	74.360.000	338.000
1853.	132.440.000	602.000
1854.	115.060.000	523.000
1855.	174.900.000	795.000
1856.	315.810.000	1.435.500
1857.	504.680.000	2.294.000
1858.	146.740.000	667.000
1859.	428.340.000	1.947.000
1860.	266.200.000	1.210.000
1861.	227.370.000	1.033.500
1862.	335.170.000	1.523.500
1851-1856, en tout.	852.940.000	3.877.000
— en moyenne.	142.156.000	646.000
1857-1862, en tout.	1.908.500.000	8.675.000
— en moyenne.	318.083.000	1.446.000
1851-1862, en tout.	2.761.440.000	12.552.000
— en moyenne.	230.120.000	1.046.000

L'Inde exporte beaucoup de ses produits et ne demande
presque point ceux des autres pays. La masse de la population
est très-pauvre; elle a peu de besoins et les industries locales
suffisent à y pourvoir. L'Europe est donc presque toujours en
dette avec l'Inde, et il faut combler la différence par des remises métalliques. D'autre part, depuis l'ouverture des ports

de la Chine, ce pays envoie pour des sommes considérables de soie et de thé en Europe et aux États-Unis. Les États-Unis, comme nous avons eu occasion de l'expliquer, chargent l'Angleterre de payer leur dette envers la Chine, en envoyant ses produits à Londres et à Liverpool. L'Angleterre est donc chargée de toutes ces remises à faire en Orient. Une partie de la créance de la Chine est couverte par les expéditions d'opium que l'Inde lui fait, et l'Angleterre, à son tour, tire sur l'Inde en raison des intérêts et des pensions payables par la Compagnie. Mais, toute compensation faite, la balance penche toujours pour de fortes sommes en faveur de l'Orient. Depuis douze ans, on peut porter ces remises à passer deux cents millions de francs par an pour l'argent seulement.

On se demande où vont s'accumuler ces millions qui sans cesse arrivent des mines d'Amérique pour se diriger vers l'Asie. Mais quand on sait que la Chine et l'Inde réunies comptent un demi-milliard d'habitants, on voit qu'ils ne reçoivent d'Europe qu'un demi-franc d'argent par tête et par an. M. Newmarch estime la masse de ce métal répandu dans l'Inde sous formes de joyaux, statues, monnaie, etc., à dix millions, dont le renouvellement à 4 p. 100 par an exigerait déjà cent millions annuellement.

Si le commerce européen n'avait pu puiser dans l'immense réserve métallique de la France, où l'or a pris la place de l'argent, ce métal aurait subi une hausse considérable, dont les conséquences auraient été bien plus fâcheuses que celles de la baisse de l'or.

IV

Tooke cite, dans son grand ouvrage sur l'*Histoire des prix* un article du *Morning Chronicle* qui explique, dit-il, avec une merveilleuse clarté le phénomène économique d'un écoulement de numéraire (*gold drain*). Nous croyons utile de donner ici la traduction de cet article qui, en effet, fait bien saisir cette cause déterminante des crises, encore si souvent contestée. Il est à peine nécessaire d'ajouter que l'auteur de cet article est un partisan du *banking principle*.

« La loi générale qui fait rechercher l'or pour l'exporter est extrêmement simple, et si on approfondissait avec soin toutes les circonstances qui accompagnent ce phénomène, on trouverait, je crois, qu'il présente bien moins d'obscurité qu'on ne le suppose. Le doit et l'avoir entre deux pays qui échangent leurs produits se balancent soit immédiatement, soit par l'intervention d'un troisième pays à qui l'un doit de l'argent et qui est à son tour créancier du second. En un mot, tantôt directement, tantôt indirectement, il s'opère un troc de marchandises contre marchandises. Toutefois, il arrive de temps en temps que certains payements, qui sortent du mouvement habituel des affaires, peuvent se faire plus avantageusement par l'envoi de métaux précieux que par celui de tout autre produit, et alors il est inévitable qu'une certaine quantité d'or ou d'argent sorte du pays débiteur.

« En temps de paix, la cause de cet écoulement de métaux précieux réside presque toujours dans de très-fortes importations qu'on n'a pas pu couvrir à temps par des exportations correspondantes, ainsi que cela arrive d'ordinaire à la suite d'une mauvaise récolte, qui impose l'achat de beaucoup de céréales étrangères.

« Toutefois, si un écoulement de ce genre a lieu, il est évident que, quand on aura envoyé assez d'or pour éteindre les dettes contractées, la balance devra se rétablir, les changes se remettront au pair et les opérations commerciales reprendront leur marche accoutumée. Il serait absurde d'admettre que, parce que certains négociants de Londres doivent à d'autres négociants de New-York cinq millions sterling pour des envois de blé et qu'ils les leur envoient, cet écoulement du numéraire ne puisse finir, si l'on ne prend des mesures énergiques pour y mettre un terme. Quelle que soit la loi qui règle les banques, il faut que ces commerçants payent leurs dettes, mais ils n'auront rien à payer au delà. Nous avons déjà assisté plusieurs fois à des écoulements d'or (*gold drains*) très-prononcés qui s'arrêtaient naturellement sans qu'on prît aucune mesure à cet effet. A condition que l'approvisionnement soit assez grand au commencement, on peut laisser aller l'exportation du numéraire jusqu'à ce que le besoin qu'on en avait soit satisfait, et il n'est pas nécessaire alors de troubler la marche des affaires par des mesures de rigueur. Ce serait à coup sûr une folie d'y avoir recours, si les transactions commerciales sont sainement conduites et si le marché n'est pas surchargé.

« Mais il peut arriver ou que l'approvisionnement de métaux précieux ne soit pas assez grand pour faire face à des besoins un peu étendus ou que l'exportation d'or soit si forte, si continue qu'il faille recourir à certaines mesures pour conserver la quantité de numéraire qui est indispensable. Alors il est nécessaire d'amener de force la vente de produits à l'étranger, afin de payer les créanciers avec des marchandises plutôt qu'avec de l'or, ou bien d'engager les étrangers à placer leurs fonds dans nos valeurs, afin que nous puissions payer nos dettes envers eux par une exportation de rentes sur l'État ou d'actions industrielles. Or, la loi de 1844 est calculée de façon à amener de force une exportation de produits pour remplacer celle du numéraire, et elle ne peut arriver à ce résultat qu'en déprimant les prix des marchandises, en diminuant ainsi l'avoir des négociants dont les ressources dépendent du crédit et qui, par des ventes au rabais, parviennent alors à réaliser leur *stock* à l'étranger, mais à perte.

« Si on veut voir dans cette mesure un moyen de rétablir l'équilibre, on peut ajouter que c'est un moyen désespéré et auquel il ne faut avoir recours qu'à défaut de tout autre.

« Le seul autre moyen, en dehors d'une contraction du crédit, d'arrêter la fuite de l'or est de porter le taux de l'escompte assez haut pour attirer les capitaux du dehors. L'escompte sera cher, mais il ne sera pas inabordable ou incertain, et le seul mal qui puisse en résulter pour le commerce, s'il est sain d'ailleurs, se résume en une diminution momentanée de ses bénéfices. C'est ainsi seulement qu'on est parvenu, cette année (1847) à mettre un terme à l'écoulement métallique, et en tant que l'*act* de 1844 a contribué à la hausse de l'intérêt il a empêché l'épuisement de l'encaisse de la Banque. Mais ce remède, sans contredit le plus efficace et le moins fâcheux de tous, peut ne pas être suffisant pour empêcher une crise de se produire, car quoi qu'on fasse, l'or doit s'en aller à l'étranger pour payer nos dettes et il n'est pas toujours certain que le vide puisse être rempli à volonté avec du métal attiré d'autre part. Il s'en suit que non-seulement la sécurité de notre commerce international, mais aussi la solidité de tout notre système financier exige que nous possédions un approvisionnement métallique assez grand pour faire face à tous les besoins qui peuvent résulter d'un change défavorable, ou ce qui revient au même, d'une balance défavorable de notre commerce avec l'étranger. Et il nous est facile de conserver cet approvisionnement, car dans le cours habituel des affaires du monde les métaux précieux tendent toujours à se diriger vers l'Angleterre. »

En 1855 et 1856 on vit se produire aussi en France un de ces écoulements continus de métaux précieux auxquels l'Angleterre est d'ordinaire seule exposée. De 420 millions en mai 1855, l'encaisse de la Banque tomba à 211 millions en novembre, à 199 millions en janvier 1856, et il ne remonta quelque temps à 286 millions en mai que pour tomber de nouveau à 163 millions en novembre. Pendant ces deux années, la situation monétaire demeura très-tendue; on parla même un moment de suspendre les payements en espèces. La Banque éleva bien le taux de l'escompte à 5 1/2 et à 6 p. 100 en octobre 1855 et l'intérêt fut même maintenu à ce taux du 26 septembre 1856 au 18 juin 1857; mais la mesure était insuffisante pour arrêter la fuite de l'argent. Les causes qui contribuaient à rendre le change défavorable à la France étaient, d'une part, des importations extraordinaires de céréales et de soie, et, d'autre part, les dépenses des expéditions à l'extérieur qu'il fallait liquider et d'importantes remises à faire, par suite des grandes entreprises lancées à l'étranger sous les auspices du *Crédit mobilier*. Pour remplir ses caisses qui se vidaient sans cesse, la Banque de

France eut recours à des achats de métaux précieux, au lieu de hausser le taux de l'escompte, comme l'aurait voulu le *banking principle*. Elle se procura pour 1,377 millions de fr., pour lesquels elle dut payer 15,893,000 fr. de primes. Voici comment Tooke apprécie ces mesures de conservation : « Ces opérations si coûteuses, dit-il, semblent n'avoir eu d'autre résultat que de soutenir l'encaisse de la Banque pendant quelques semaines. La première chose que firent ceux qui s'étaient engagés à fournir de l'or à la Banque, fut d'acheter sur toutes les places du continent toutes les traites à vue sur Londres qu'ils purent se procurer, de les envoyer à Londres et de les faire présenter aux débiteurs, afin de s'en faire remettre à Paris le montant en métal par leurs correspondants. Ensuite ils accaparèrent aussi les lettres de change à plus longue échéance; ils les envoyèrent aussi à Londres pour les y faire escompter et s'en firent aussi envoyer le montant en or.

« Mais ces achats devaient bientôt s'arrêter aux limites naturelles des échanges, car on ne peut pas demander à un pays de payer plus qu'il ne doit. La masse des lettres à vue et à longue échéance fut bientôt épuisée. D'ailleurs ces opérations éveillèrent l'attention et la direction de la Banque d'Angleterre prit des mesures pour se défendre, d'abord en élevant le taux de l'escompte afin de rendre les opérations des banquiers parisiens plus coûteuses, ensuite en rejetant de l'escompte les lettres de change qu'on supposait ou qu'on savait devoir servir à faire passer l'or d'Angleterre en France. L'unique résultat de ces moyens artificiels d'arrêter l'écoulement du numéraire était donc d'amener l'Angleterre à payer en métal, quelques semaines plus tôt, une grande partie de ses dettes vis-à-vis du continent, et de faire prendre à cet or le chemin des caisses de la Banque de France, où il ne restait pas longtemps, car, l'inévitable con-

séquence de l'état de la balance commerciale entre les deux
pays devait être de faire repasser le détroit aux métaux précieux, afin de rétablir l'équilibre entre les importations et les
exportations.

« Aussi longtemps que de semblables opérations se bornent
à payer fort cher l'avantage momentané de posséder une certaine quantité d'or, ceux-là en sont les dupes qui en supportent les frais. Une perturbation plus grave pourrait se produire
si on allait jusqu'à faire vendre à Londres des valeurs françaises payables en or, ce qui reviendrait à un emprunt fait à
l'étranger avec cette condition que tous les versements devraient se faire en or. Mais même cette mesure plus radicale
ne produirait, sur la bourse de Londres et sur celles des villes
étrangères, qu'un trouble momentané, et l'impuissance de la
France de se procurer par ce moyen une ressource permanente en cas de crise monétaire, serait plus évidente et les
frais qu'elle aurait à supporter plus considérables.

« D'après les comptes rendus de la Banque de France, voici
à peu près le chiffre des primes qu'elle a dû payer :

	Lingots achetés.	Primes.
1855, 1er juill. au 31 déc., 6 mois....	10.660.000 l. s.	160.000 l. s.
1856, 1er janv. au 30 juin, 6 mois...	8.000.000	120.000
1856, 1er juill. au 11 sept., 3 mois 1/2.	4.000.000	60.000
1856, 11 sept. au 9 oct., 1 mois.....	1.700.000	25.000
1856, 9 oct. au 11 déc., 2 mois....	3.000.000	45.000

« Et quel fut le résultat de ces immenses achats de métaux
précieux? De juillet à décembre 1855, l'encaisse tomba de
13 à 8 millions, malgré une dépense en primes de 160,000 l. st.
De janvier à juillet 1856, on ne peut signaler aucune amélioration bien sensible ; mais la Banque paya de nouveau
120,000 l. st. pour s'en procurer 8 millions. De juillet à oc-

tobre, l'encaisse perdit 2 millions st., malgré une dépense de
85,000 l. st. D'octobre à décembre, il se releva de 1 million,
mais on paya 45,000 l. st. de primes pour obtenir 3 millions
par des moyens tout artificiels. C'est ce que l'on appelle verser
de l'eau dans un tamis. »

La Banque d'Angleterre achète aussi des métaux précieux
pour les faire monnayer, mais, comme nous l'avons dit, loin
de payer une prime, elle donne un peu moins que la Monnaie,
3 l. 10 s. 9 d., au lieu de 3 l. 10 s. 10 1\2 d. Voici, d'après
les documents parlementaires, le résumé des opérations de la
Banque d'Angleterre en métaux précieux pendant l'année
1864 :

Achats d'or en barres.	7.013.766 l. st.
Achats en monnaie étrangère.	891.579
Total.	7.905.345
Elle a vendu :	
Or en barres.	996.018
Or en monnaies étrangères.	426.776
	1.422.794
Elle a reçu de la Monnaie en numéraire anglais.	9.033.078

Elle n'a point acheté ni vendu d'argent.

IMPORTATIONS ET EXPORTATIONS DÉCLARÉES DE MÉTAUX PRÉCIEUX, EN
ANGLETERRE ET EN FRANCE, DANS LA PÉRIODE DE 1848 A 1862,

I. Angleterre.

ANNÉES	OR		ARGENT	
	IMPORTATIONS	EXPORTATIONS	IMPORTATIONS	EXPORTATIONS
1848	Il n'en a pas été tenu note.	l. s. 1.555.396	Il n'en a pas été tenu note.	l. s. 7.041.594
1849	l. s. » »	1.190.924	l. s. » »	7.721.543
1850	» »	2.574.568	» »	4.365.778
1851	» »	3.975.364	» »	5.084.187
1852	» »	4.325.824	» »	5.969.640
1853	» »	12.751.778	» »	6.154.975
1854	» »	16.552.845	» »	6.033.723
1855	» »	11.847.213	» »	6.980.965
1856	» »	12.038.299	» »	12.813.498
1857	» »	15.061.500	» »	18.505.468
1858	22.793.126	12.567.040	6.700.064	7.061.836
1859	22.297.698	18.081.139	14.772.458	17.607.664
1860	12.584.684	15.641.578	10.393.512	9.893.190
1861	12.163.937	11.238.372	6.583.108	9.573.276
1862	19.903.704	16.011.963	11.752.772	13.314.228
1858 à 1862				
Import. en plus	16.203.057	» »	» »	» »
Export. en plus	» »	» »	» »	7.248.280

II. *France.*

ANNÉES	OR		ARGENT	
	IMPORTATIONS	EXPORTATIONS	IMPORTATIONS	EXPORTATIONS
1848	f. 43.762.000	f. 5.882.000	f. 194.505.000	f. 19.396.000
1849	11.882.000	5.645.000	229.113.000	46.847.000
1850	61.035.000	44.046.000	132.800.000	82.309.000
1851	115,826.000	31.224.000	158.649.000	100.681.000
1852	59.181.000	42.272.900	158.747.000	182.575.000
1853	318.787.000	29.728.000	96.096.000	229.453.000
1854	480.694.000	64.573.000	87.757.000	263.542.000
1855	380.910.000	162.667.000	78.106.000	318.051.000
1856	465.001.000	89.747.000	98.718.000	393.519.000
1857	568.692.000	162.870.000	98.270.000	458.089.000
1858	553.563.000	66.459.000	160.635.000	175.575.000
1859	726.810.000	187.467.000	210.538.000	382.060.000
1860	470.606.000	159.199.000	131.350.000	288.207.000
1861	244.592.000	268.327.000	174.590.000	234.152.000
Totaux.	4.501.341.000	1.320.106.000	2.009.874.000	3.174.456.000
1848 à 1861 Import. en plus	3.181.235.000	» »	» »	» »
Export. en plus	» »	» »	» »	1.164.582.000

OR ET ARGENT MONNAYÉS EN ANGLETERRE ET EN FRANCE
DE 1848 A 1862.

ANNÉES	ANGLETERRE		FRANCE	
	OR	ARGENT	OR	ARGENT
	l. st.	l. st.	fr.	fr.
1848	2.451.999	35.442	66.807.310	326.279.759
1849	2.177.955	149.592		
1850	1.491.836	129.086	85.192.390	86.458.485
1851	4.400.411	87.868	269.709.570	59.327.309
1852	8.742.270	189.596	27.028.270	71.918.445
1853	11.952.391	701.544	312.964.020	20.099.488
1854	4.152.183	140.480	526.528.200	2.123.887
1855	9.008.663	195.510	447.427.820	25.500.305
1856	6.002.114	462.528	508.281.995	54.422.214
1857	4.859.860	373.230	572.561.225	3.809.611
1858	1.231.023	445.896	488.689.635	8.663.568
1859	2.649.509	647.064	702.697.790	8.401.814
1860	3.121.709	218.403	428.452.425	8.084.199
1851	8.190.170	209.484	98.213.480	2.518.049
1862	7.836.413	148.518	214.241.990	2.519.398
1848-1862	78.268.506	4.104,251	4.748.799.040	680.126.531
Moyennes....	5.217.900	273.617	316.586.6	45.341.768

V

LA HAUSSE DE L'ESCOMPTE.

Extrait d'une lettre adressée au *Times* en janvier 1857, au sujet de la crise de cette année, par lord Overstone sous le nom de *Mercator* :

« Beaucoup de personnes attribuent les variations et surtout les élévations fréquentes du taux de l'intérêt aux vices de nos lois financières, et il les accusent d'avoir été impuissantes à assurer un escompte à bas prix.

« Mais, qu'on le sache bien, jamais le législateur ne s'est proposé d'atteindre ce but. Il savait bien que l'intérêt, c'est-à-dire le prix payé pour la jouissance du capital dépend du rapport de l'offre et de la demande. Régler ce rapport ou prétendre le modifier de quelque façon que ce soit, ne peut être l'objet de la loi qui n'a en vue que d'assurer la solidité de la circulation fiduciaire. Si elle voulait aller au delà, elle se briserait contre des impossibilités. Par quels moyens veut-on empêcher l'argent de passer d'un pays dans un autre ? L'argent tend à prendre le niveau d'une même valeur sur toutes les places commerciales du monde. Si l'intérêt est élevé à Hambourg ou à New-York et bas à Londres, combien de manières différentes n'y a-t-il pas pour le faire passer d'une place à l'autre, par des valeurs qu'on fait vendre, par des traites qu'on envoie à l'escompte, par des lettres de change tirées sur le crédit de celui qui les crée, etc. ? Quand récemment l'intérêt était à 8 p. 100 à Hambourg, tous ces moyens furent mis en œuvre à la fois afin d'enlever de l'argent au marché anglais, et la seule façon de défendre le *money-market* de Londres était de porter l'intérêt à peu près au même taux qu'à Hambourg. Pour empêcher les variations du taux de l'escompte à Londres, il faudrait pouvoir le régler sur le marché du monde entier.

« Quel que soit le motif qui élève le taux de l'intérêt dans d'autres pays, nous devons en ressentir le contre-coup. Il est impossible que nous ayons de l'argent en abondance et à bas prix tandis que nos voisins en manquent et le payent très-cher.

« Et, d'ailleurs, sur quoi se fonde-t-on pour prétendre qu'un pays qui subit de fréquentes variations dans le taux de l'intérêt se trouve dans une situation peu satisfaisante? N'est-ce pas, au contraire, le symptôme d'un développement rapide de la richesse nationale? Un intérêt fixe et inaltérable résulte ordinairement de la stagnation du capital et de l'industrie; tandis que les nations où le bien-être s'accroît vite par suite d'une grande activité industrielle et de l'essor des entreprises commerciales, voient se produire de fréquentes oscillations dans le taux de l'escompte. Y a-t-il une ville où la richesse s'accumule plus rapidement, où le commerce est plus actif, plus florissant qu'à New-York, et y a-t-il une place où le taux de l'intérêt soit soumis à des variations plus fréquentes et plus fortes? Voyez, d'autre part, la Hollande : ce pays possède de grands capitaux accumulés qui augmentent chaque année par de grandes épargnes, mais l'esprit d'entreprise y est peu développé. Là vous trouverez l'intérêt à bas prix et presque tou-

jours maintenu au même niveau. Dans le monde matériel,
dans le monde intellectuel et dans le monde économique,
partout vous retrouverez la même loi : on ne peut atteindre
de grands résultats sans des efforts proportionnés au but
qu'on a en vue. La santé du corps, la force de l'esprit, la
création de la richesse ne s'obtiennent que par le déploiement
de toutes nos facultés, par des luttes, par du travail accom-
pagnés de ces variations continuelles du rapport des choses
qu'implique le mouvement. Il faut donc nous guérir de ces
alarmes peu justifiées qu'inspirent les hausses de l'intérêt. Les
spéculations outrées, les entreprises mal conçues, de fausses
apparences de prospérité, voilà ce qui est à craindre et ce qui
peut amener des désastres. »

VI

L'histoire des banques américaines est un des principaux arguments invoqués par les adversaires de la liberté complète de l'émission des billets de banque. Mais je crois que les faits de cette histoire, dans la période antérieure à 1838, ont été trop insuffisamment recueillis pour qu'on puisse en déduire des conclusions très-solides. On attribue généralement les crises si graves qui ont à diverses reprises bouleversé la situation économique de l'Union tout entière aux excès d'émission de billets. C'est une opinion très-répandue en Amérique même, et plus d'une fois les Présidents de la République, comme Jackson et Buchanan, ont déclaré, dans leur message officiel au Congrès, que le système extravagant des banques et l'abus du papier-monnaie étaient la cause de tous ces désastres.

Voici ce que disait à ce sujet Jackson dans son discours d'adieu en 1836 :

« La Banque des États-Unis, par l'émission exagérée de ses billets, a expulsé l'or de la circulation. Elle a fait l'office de l'hôtel de la Monnaie ; elle a inondé le pays d'un moyen d'échange qui a tellement déprimé la valeur des métaux précieux, que ceux-ci ont été exportés à l'étranger comme marchandises. Les banques incorporées qui se sont élevées dans tous les États ont porté le mal au comble. Quand le chiffre des billets cesse d'être en rapport avec la quantité des métaux précieux, les prix haussent ou baissent avec le montant de l'émission, et la valeur de toutes les propriétés dépend ainsi, dans ces fluctuations incessantes, des résolutions d'établissements qui ont en vue leur intérêt, non celui de la nation. Nulle classe ne souffre davantage de ces variations dans l'intermédiaire des échanges que la classe ouvrière, parce qu'elle n'est pas à même de mettre son salaire au niveau des conditions nouvelles du marché. La hausse factice des prix, conséquence inévitable d'un accroissement des moyens de circulation, arrête aussi d'une façon très-fâcheuse le développement de notre industrie et de notre agriculture. En effet, tout coûtant plus cher chez nous, il nous est difficile de concourir avec les pays où les prix n'ont pas été exagérés sous l'influence d'un mauvais agent de la circulation. Nous avons donc à payer les importations qui nous viennent de ce pays. L'or s'écoule, le papier le remplace. Quand les caisses des banques sont épuisées, elles suspendent leurs payements; les billets cessent de circuler; tout moyen d'échange fait défaut, les affaires sont arrêtées et un grand nombre de personnes sont ruinées ou perdent une partie de leur avoir. Telles sont les conséquences désastreuses des brusques variations de l'intermédiaire des échanges (*currency*) quand la monnaie de papier est émise sans prudence et sans garanties suffisantes. »

En 1857, le Président Buchanan a exprimé une opinion semblable en parlant de la crise de 1857. Nous avons montré qu'il était complétement dans l'erreur quand il attribuait celle-ci à l'abus de la circulation fiduciaire. Je suis loin de prétendre que les banques n'aient point contribué à préparer les crises, mais je suis peu disposé à admettre que ce soit par l'excès de leurs émissions, car, depuis 1814 jusqu'en 1857, celles-ci n'ont guère dépassé le triple de l'encaisse métallique, ainsi que le montre le tableau suivant, dressé par M. Newmarch :

SITUATION DES BANQUES AUX ÉTATS-UNIS 1814-56.

Années Janvier.	Nombre de Banques.	Capital.	PASSIF.			ACTIF.				Billets par 100 liv. sterl.
			Billets.	Dépôts.	Total.	Portefeuille.	Terres.	Métal.	Total.	
		m.l.s.	m.l.s.	m.l.s.	m.l.s.	m. l. s.	m.l.s	m.l.s.	m. l. st.	
1814	89	10,5	5.6	»	»	»	»	3.1	»	186
1815	208	16.4	9.1	»	»	»	»	3.4	»	265
1816	246	18.0	13.6	»	»	»	»	3.8	»	360
1820	308	27.2	9.0	»	»	»	»	3.9	»	264
1830	350	29.0	12.2	»	»	»	»	4.4	»	300
1834	506	40.0	14.4	15.1	29.5	66.3	2.2	5.3	73.9	270
1835	704	46.2	20.1	16.6	36.7	76.4	2.2	8.8	87.4	229
1836	713	50.4	26.5	23.0	49.5	96.8	2.8	8.0	107.6	332
1837	788	58.1	30.4	25.5	55 9	110.6	3.8	7.6	122.0	403
1838	829	63.5	30.8	16.9	47.7	108.9	6.8	7.0	122.7	438
1839	840	65.4	34.2	18.0	52.2	112.1	3.3	9.0	124.4	379
1840	907	71.7	26.5	15.2	41.7	106.7	5.8	6.6	119.1	400
1841	784	62.7	22.9	14.0	36.9	93.1	6.9	7.0	107.0	330
1842	692	52.0	14.4	12.5	26.9	72.0	6.7	5.7	84.4	254
1843	691	45.8	10.7	11.2	21.9	60.6	4.6	6.7	71.9	159
1844	696	42.2	13.1	16.9	30.0	61.3	5.1	10.0	76.4	133
1845	707	41.2	16.0	17.6	33.6	65.2	4.4	8.8	78.4	181
1846	707	39.4	18.9	19.4	38.3	70.0	3.8	8.4	82.2	225
1847	715	40.6	18.8	18.8	37.1	71.3	4.2	7.0	82.5	268
1848	751	41.0	23.6	20.6	44.2	77.8	4.1	8.9	91.2	255
1849	782	41.5	21.2	18.2	39.4	74.5	4.7	8.7	87.9	244
1850	824	43.5	23.8	21.9	45.7	81.7	4.1	9.1	94.9	262
1851	879	45.6	28.0	25.8	53.8	92.0	4.0	9.7	105.8	288
1852	932	47.4	31.2	32.4	63.6	105.6	4.2	10.6	120.4	294
1853	1098	49.9	34.6	35.8	70.4	120.8	4.3	10.9	136.0	318
1854	1208	60.3	38.0	37.6	75.6	136.8	4.5	11.9	153.2	320
1855	1182	65.2	33.0	41.4	74.4	131.6	4.4	11.5	147.5	286
1856	1273	67.1	35.4	48.0	83.4	140.0	5.0	12.0	157.0	338

En présence de ces chiffres, on est bien disposé à croire que ce n'est point par leurs émissions exagérées de billets que les banques ont contribué aux crises; c'est principalement par

17

leurs avances faites trop légèrement ou avec une confiance
trop entière dans un avenir qui apportait de graves déceptions.
Si la circulation fiduciaire a aggravé le mal, c'est uniquement
par la contraction à laquelle elle était soumise quand la
défiance s'emparait du public.

En 1838, l'État de New-York a adopté pour les banques une
nouvelle législation qui, par un vote récent du congrès, tend à
devenir le régime général de l'Union.

D'après cette loi c'est un fonctionnaire spécial, le contrôleur
général des banques de l'État, qui fait confectionner les billets
et qui les remet aux compagnies qui veulent les émettre ; mais
celles-ci, pour les obtenir sont tenues de déposer une somme
égale en fonds publics, ou pour moitié en fonds publics et
pour l'autre moitié en titres d'hypothèques sur des terres en
plein rapport. Les billets de banque sont estampillés par le
contrôleur avec ces mots : *Garantis par des fonds publics.* Les
banques sont obligées, en outre, d'avoir dans leur caisse en
numéraire, un douzième du montant des billets qu'elles ont
émis et qui portent leur nom.

Les porteurs de billets ont le droit d'être payés sur l'actif des
banques avant tout autre créancier, même avant les déposants. Les billets de banque passant de main en main comme
la monnaie, sans que celui qui l'accepte puisse s'enquérir de
la solvabilité de celui qui les a émis, on a voulu garantir le
public contre toute chance de perte. Quant aux déposants, ils
font une affaire commerciale ordinaire, puisqu'ils touchent un
intérêt sur leurs dépôts; ils peuvent délibérer, examiner à qui
ils confient leur argent. C'est à eux de prendre les précautions
nécessaires pour se mettre à l'abri des faillites.

On voit que par ce système, la sécurité des porteurs de
billets est absolue. Ils ont pour se couvrir : 1° valeur égale

en fonds publics ; 2° encore valeur égale sous forme d'effets constituant le portefeuille ; 3° le montant des dépôts ; 4° un douzième en numéraire. En cas de suspension du remboursement des billets, le contrôleur fait vendre les fonds et les immeubles jusqu'à concurrence des billets non payés qui jouissent d'un intérêt de 14 p. 100, depuis la date du protêt. On ne peut donc concevoir d'événements ni de catastrophes économiques qui puissent faire perdre un seul dollar aux porteurs de billets. Aussi lors de la fameuse crise de 1857, n'ont-ils éprouvé aucune inquiétude : malgré la suspension générale des payements les billets continuaient à circuler au pair et même à 1 et 2 p. 100 de prime. Ce sont les prêts faits avec les dépôts à intérêt qui ont occasionné les plus grands désastres.

La situation actuelle des banques aux États-Unis a été très-clairement exposée par M. Wolowski, dans le § 31 de son livre sur les Banques. Nous nous permettrons d'y renvoyer le lecteur. Nous ajouterons seulement quelques données empruntées aux publications officielles les plus récentes. Les banques nationales, c'est-à-dire celles qui sont soumises au régime adopté en 1838 par l'Etat de New-York, et en 1863 par le congrès fédéral, continuent à gagner du terrain sur les banques libres ou régies par la loi des États particuliers. En novembre 1863, on comptait seulement 131 banques nationales ; en décembre 1864, il y en avait déjà 584 dont

le capital versé s'élevait à. . . . . 108,964,597 doll.
la circulation à. 65,864,650
et les fonds déposés à. 81,961,450

L'importance de l'émission décroît sans cesse, et l'article de la loi nouvelle qui oblige les banques à avoir un encaisse égal au quart des émissions et des dépôts réunis, ne peut manquer de le réduire encore. A New-York, le numéraire l'emporte ordinairement sur la circulation fiduciaire; celle-ci cesse donc de procurer aucune économie; mais, d'autre part, l'emploi des chèques prend des proportions inouïes.

Voici les chiffres des transactions opérées au moyen de chèques au *Clearing-house* de New-York, dans le courant du mois de décembre dernier (1864) :

Semaine finissant le 3 décembre.	549.927.690	dollars.
— 10 —	557.185.959	
— 17 —	517.534.142	
— 24 —	593.336.137	
	2.217.983.928	

Soit plus de 12 milliards de francs en un seul mois. Le total pour l'année 1863 s'était élevé à 16,984,952,255 dollars; et en 1864 il était monté à 25,562,348,219 dollars, soit 140 milliards de francs, presque le triple des affaires liquidées au *Clearing-house* de Londres. Même en tenant compte de l'augmentation du prix par suite de la dépréciation du papier-monnaie, ce sont là des chiffres vertigineux et qui donnent une idée de la prodigieuse activité qui règne à New-York dans le monde des affaires. Les transactions en fonds publics ne formaient qu'un demi pour cent de cette masse d'échanges liquidés par les chèques.

VII

Il est difficile de se rendre compte de la situation des banques en Suisse, parce que les publications exactes à ce sujet manquent complétement, même en Suisse. J'emprunte les données qui suivent à un très-bon article de M. H. Fick, professeur de droit à Zurich, publié dans les *Jahrbücher für national Œconomie*, de Bruno Hildebrand (1863), au livre de M. Eminghaus, *Die Schweizerische Volkswirthschaft*, et à un article de M. Dameth, *Journal des Économistes*, 1864, n° 7.

On comptait en Suisse, en 1863, une trentaine de banques ayant la qualité de société anonyme ou reconnues comme telles par les tribunaux. Plusieurs d'entre elles portent le nom de *Banque cantonale*, parce que le Canton a contribué à leur fondation par des souscriptions ou d'autres priviléges. Ainsi il y a la banque cantonale du Valais, la banque cantonale fribourgeoise, neufchâteloise, vaudoise, etc.; nulle d'entre elles ne possède le privilége exclusif de l'émission. Nulle part les billets ne jouissent du cours légal; le créancier peut toujours réclamer le payement en numéraire. Mais beaucoup de grandes institutions, et notamment les chemins de fer, acceptent les billets de la plupart de ces banques.

Nulle part, sauf dans le canton des Grisons (loi du 1er septembre 1862) et dans celui de Zurich, le législateur n'a soumis l'industrie des opérations de banque à une réglementation spéciale. Les particuliers, les Sociétés en nom collectif ou en commandite sont libres d'émettre des billets payables à vue. L'anonymat seul exige l'intervention de la loi, afin de constituer la personne civile capable d'ester en justice, de posséder, etc., et le privilége de la responsabilité limitée ne peut être obtenu que par une loi spéciale ou par l'intervention des fonctionnaires qui sont investis du pouvoir d'accorder l'autorisation nécessaire. Dans le canton de Berne (loi du 12 décembre 1860), de Neufchâtel (décret du 3 décembre 1852), de Soleure (art. 1218 du Code), et dans ceux où l'art. 37 du Code de commerce français est en vigueur : Vaud, Genève, Fribourg, une loi spéciale est indispensable pour constituer la société anonyme, et par suite une banque à responsabilité limitée. Le canton de Saint-Gall est le seul où la pratique et la jurisprudence permettent encore à toute compagnie d'acquérir l'anonymat sans aucune intervention de l'État. Il en était de même à Neufchâtel avant 1852.

Dans le canton des Grisons les société anonymes peuvent aussi s'établir par la seule volonté des associés, mais les opérations de banque sont exceptées : celles-ci sont soumises à l'autorisation préalable et à la surveillance de l'État.

Dans le canton de Zurich, les banques restent sous la dépendance du pouvoir exécutif, qui peut les réformer si « elles menacent le crédit ou les autres intérêts publics. » Une société anonyme ne peut se constituer qu'avec l'autorisation du Conseil d'État; mais pour supprimer une banque qui est considérée comme nuisible ou dangereuse, il faut une décision du grand Conseil. Toute émission de billets à vue doit être autorisée par le grand Conseil et est soumise au contrôle du Conseil d'État.

Ainsi donc, nulle part, sauf dans le canton de Saint-Gall, la liberté absolue de fonder une banque sous forme de société anonyme n'existe. Partout il faut une autorisation préalable, mais elle semble être très-libéralement accordée.

A la fin de 1863, il existait en Suisse de vingt-huit à trente établissements de crédit méritant le nom de banque en raison de leurs opérations d'escompte, de comptes courants, de virements, de dépôts et d'avances sur hypothèques, marchandises, etc.

La plupart de ces banques ont été fondées récemment par suite de l'impulsion que les chemins de fer ont imprimée aux affaires. La plus ancienne ne remonte pas à 1830.

Voici la date de leur établissement :

1833. Banque cantonale de Berne.
1837. Banque de Zurich.
— Banque de Saint-Gall.
1845. Banque de Bâle.
— Banque du commerce à Genève.
1846. Banque cantonale vaudoise.
1848. Banque de Genève.
1849. Caisse hypothécaire de Genève.
— Banque hypothécaire de Bâle campagne.
1850. Banque cantonale fribourgeoise.
1851. Banque hypothécaire de Thurgovie.
1852. Banque de Glaris.
1853. Banque générale suisse, à Genève.
— Caisse hypothécaire fribourgeoise.
1854. Banque d'Argovie.
— Banque Leu et comp., à Zurich (par actions).
— Banque cantonale neufchâteloise.
— Kredit anstalt, à Saint-Gall.
— Banque populaire de Bulle, à Fribourg.
— Comptoir d'escompte, à Genève.
— Banque de crédit, à Saint-Gall.

1856. Banque de Lucerne.
  —   Kredit anstalt, à Zurich.
1857. Caisse cantonale, à Lucerne.
1858. Banque cantonale du Valais.
  —   Banque de Soleure.
1861. Banque du Tessin.
1863. Banque fédérale.

Sur ces vingt-six établissements de crédit, une vingtaine émettent des billets. Leur circulation s'élevait, en 1859, à 17 millions et demi avec un capital de 43 millions.

CIRCULATION FIDUCIAIRE DES PRINCIPALES BANQUES SUISSES
1er JANVIER 1860.

Noms.		Capital.	Circulation.
Banque cantonale.	Berne.........	3.500.000 fr.	2.000.000 fr.
—	Zurich.........	6.000.000	3.180.000
—	Bâle..........	2.000.000	1.000.000
—	Fribourg.......	1.000.000	319.730
—	Thurgovie......	1.500.000	500.000
—	Glaris.........	1.000.000	730.000
—	Neufchâtel......	1.000.000	2.700.000
—	Argovie........	1.000.000	500.000
—	Lucerne.......	500.000	250.000
—	Valais.........	1.500.000	275.000
—	Soleure........	1.000.000	100.000
Banque fédérale.	Berne.........	60.000.000	»

La circulation est, on le voit, extrêmement restreinte, et comme elle est presque toujours couverte, suivant M. Dameth, par un encaisse métallique de valeur égale, elle ne produit aucune économie dans l'emploi des moyens d'échange.

Jusqu'à présent aucune des banques suisses n'a failli ou suspendu ses payements. Leurs bénéfices sont très-modérés et ne dépassent pas en moyenne 5 p. 100. Le taux de l'escompte est aussi très-fixe. Il ne s'élève guère au-dessus de 5 et ne tombe pas au-dessous de 4 p. 100. Le maximum, à Genève, a été de 7 p. 100. Mais comme la loi sur l'usure est encore à peu près partout en vigueur, les restrictions à l'escompte remplacent probablement la hausse de l'intérêt.

Sauf à Genève, le chiffre des affaires des banques suisses est aussi très-restreint. En 1859 le total des escomptes de la Banque cantonale de Berne ne s'est élevé qu'à 19 millions. Le grand nombre des banques semble donc avoir pour résultat, non, comme on le croit, d'étendre la circulation fiduciaire d'une manière illimitée, mais plutôt de la rendre nulle.

L'histoire des banques en Belgique conduit à des résultats semblables, comme on le verra par l'extrait suivant du rapport de M. Jamar, à la chambre des Représentants, sur la question de la liberté du taux de l'intérêt :

« La question de la liberté d'émission divise profondément la science : tandis que certains économistes veulent faire prévaloir le système de liberté absolue, les autres, partisans non moins dévoués cependant de la liberté dans toutes les autres matières, jugent que dans celle-ci la restriction est indispensable.

« A défaut, dans cette partie de l'organisation du crédit, de règles et de principes aussi incontestables que ceux que la science a élucidés et fixés dans d'autres parties de son domaine, l'observation des faits doit avoir, aux yeux du législateur, une importance plus grande.

« A ne prendre que ceux qui se sont produits en Belgique, depuis notre régénération politique, on ne saurait en tirer une conclusion favorable au système de la liberté d'émission.

« Il est utile de les remettre sous les yeux du pays, au moment où la question de l'organisation des banques préoccupe si vivement l'attention du monde industriel et commercial.

« Jusqu'en 1850, le système de liberté avait prévalu en Belgique ; quatre établissements de crédit s'étaient établis dans notre pays :

« La Société générale pour favoriser l'industrie nationale ;
« La Banque de Belgique ;
« La Banque Liégeoise ;
« Et la Banque de Flandre.

« Les deux premières présentent seules un intérêt sérieux au point de vue qui nous occupe.

« La Société générale, fondée en 1822, et constituée au capital de 60,000,000 de florins, avait le droit d'émettre des billets de banque, jusqu'à concurrence de cette somme.

« La Banque de Belgique, établie en 1835, au capital de 20,000,000 de francs, avait la faculté d'émettre des billets au porteur pour une somme égale.

« Cette faculté d'émission, accordée également aux Banques de Flandres et de Liége, n'était subordonnée à aucune restriction, quant à la nature des opérations auxquelles ces établissements entendaient consacrer leurs ressources et leur activité.

« Aussi, loin de se consacrer spécialement aux affaires financières et de donner au crédit commercial un puissant concours, ces institutions ne tardèrent pas à engager leurs capitaux dans des établissements industriels, qui seuls absorbèrent bientôt la majeure partie des ressources que réclamait le développement du crédit en Belgique.

« Cette immobilisation de leurs capitaux eut les plus fâcheuses conséquences.

« Pour avoir méconnu les règles salutaires qui doivent présider à l'organisation des banques d'émission, elles se virent deux fois en dix ans dans la nécessité de réclamer le secours de l'État.

« Enfin, en 1848, le gouvernement fut obligé d'engager sa garantie pour 54,000,000 de francs, en décrétant le cours forcé des billets émis par ces deux établissements et de ceux qui étaient nécessaires pour faire face aux besoins du Trésor et à la création d'un Comptoir d'escompte.

« Cependant la Société générale, avec un capital de 80,000,000 de francs, en y comprenant sa réserve, n'avait alors qu'une circulation inférieure à 20,000,000 de francs.

« La Banque de France, au contraire, avec un capital moindre, avait une circulation de 250,000,000, et les prêts considérables qu'elle dut faire au gouvernement la mirent seuls dans l'obligation d'avoir recours au cours forcé.

« Quant à la Banque néerlandaise, non-seulement elle ne dut pas avoir recours à ce regrettable expédient, mais son crédit ne subit aucune atteinte, et elle put prêter au commerce hollandais un puissant appui pour traverser la crise de 1848.

« La situation fâcheuse où se trouvaient les établissements de crédit belges détermina le gouvernement à présenter le projet de loi instituant la Banque nationale, qui fut sanctionné le 5 mai 1850.

« Depuis, quinze années se sont à peu près écoulées, et il n'est point sans intérêt de mettre, en regard du montant et du taux des escomptes faits au commerce et à l'industrie par la Société générale et la Banque de Belgique, de 1836 à 1850, le tableau des mêmes opérations faites par la Banque nationale, de 1851 à 1863.

« En 1836, la Société générale escompte, à Bruxelles, à Anvers et dans ses autres succursales, pour une somme de 58 millions.

« Le portefeuille de la Banque de Belgique reçoit pendant la même année pour 56 millions d'effets.

« Les opérations d'escompte des deux établissements s'élèvent donc à 114 millions en effets de commerce sur *la Belgique et l'étranger.*

« A quinze années de distance, ce chiffre n'a augmenté que de 44 millions de francs. En 1850, en effet, la Société générale escompte pour 80 millions, et la Banque de Belgique pour 78 millions.

« Le taux de l'intérêt varie de 4 et demi à 5 p. 100, et reste invariablement à 5 p. 100 pendant 1848 et 1849.

« La Banque nationale commence ses opérations en 1851.

« Elle escompte, l'année de son installation, pour 83,000,000 de francs d'effets de commerce *sur la Belgique*, et, en treize années, elle DÉCUPLE ce chiffre, qui, pour l'année 1863, s'élève à 821,000,000 de francs.

« Le taux moyen annuel de l'intérêt n'atteint 4 p. 100 qu'en 1857 et 1861.

« Ces chiffres indiquent quel concours puissant le commerce intérieur du pays trouve dans le nouvel établissement.

« Quant au gouvernement, il n'a pas moins à s'applaudir des conditions nouvelles dans lesquelles se fait le service du caissier de l'État.

« De 1840 à 1849, ce service coûte à l'État 2,700,000 de francs.

« Pendant la dernière période décennale, de 1854 à 1863, le gouvernement reçoit pour sa part de bénéfices 2,500,000 fr., déduction faite des indemnités payées par le Trésor pour le service du caissier de l'État.

« A ne considérer que ces résultats, on peut affirmer sans crainte qu'ils n'ont point trompé l'attente du ministre qui conçut la pensée de cette institution nationale, ni des Chambres qui lui prêtèrent, en 1850, un concours unanime.

« Le cadre de ce rapport ne nous permet pas de nous étendre sur les principes qui ont servi de base à l'organisation de la Banque nationale.

« Il importe cependant de remarquer que les principaux griefs adressés aux banques privilégiées ne sauraient s'appliquer à notre principal établissement de crédit.

« En effet, ce dernier n'est point une banque d'État : si le crédit public et le crédit privé se prêtent ici un mutuel appui, il n'existe entre eux aucune de ces alliances étroites et souvent si dangereuses quand une crise politique vient ébranler la situation financière de l'État.

« L'action de cet établissement n'est point limitée à un rayon plus ou moins étendu de son siége; mais, par le nombre et l'importance de ses comptoirs, il exerce une salutaire influence dans tous les centres industriels et commerciaux du pays.

« C'est ce qui faisait dire à un des partisans de la pluralité des banques, M. Léonce de Lavergne, de l'Institut, que ses adversaires ne pouvaient invoquer, comme un argument à l'appui de leur système, l'exemple de la Belgique.

« La Belgique, » dit M. de Lavergne [1], « est, comme éten-
« due, le dix-huitième de la France et le huitième comme
« population. Une seule banque d'émission y suffit, sans qu'on
« puisse en rien conclure. Il est seulement à remarquer que,
« dans ce petit pays, la banque centrale a vingt-sept succur-
« sales : si nous en avions autant, nous en aurions plus de
« cinq cents [2]. »

1. *La Liberté des banques. Revue des Deux-Mondes*, avril 1864.
2. La Banque de France ne compte que cinquante-trois succursales.

« Le capital de la Banque nationale n'est point converti en rentes de l'État ou immobilisé d'une autre manière : elle en a la libre disposition.

« Enfin, elle n'a point, comme la.Banque de France, le privilége *exclusif* d'émettre des billets de banque.

« La loi de 1850 n'apporte point, en effet, à l'émission de ces billets, des restrictions aussi sérieuses que beaucoup de gens semblent le croire.

« Non-seulement tous les particuliers ont le droit d'émettre des billets au porteur, sous la forme qu'ils jugent la plus convenable, mais les sociétés en nom collectif jouissent de la même faculté. Ce n'est que là où cesse la responsabilité personnelle de l'individu, banquier ou associé d'une maison de banque, que commence une restriction dont la loi a sagement réservé au législateur le soin d'apprécier l'opportunité et de fixer les limites.

« Il importe, à ce propos, de faire remarquer que le principe essentiel de la société en nom collectif, celui de la responsabilité illimitée des associés, régit aussi les banques d'Écosse, dont les partisans de la liberté des banques font ressortir, avec tant de raison, la féconde et salutaire influence sur le développement du commerce et de l'industrie de ce pays, où l'on ne compte pas moins d'un établissement de crédit, comptoir ou succursale d'une banque, par 8,000 habitants.

« On voit donc que cette voie de crédit n'est point fermée aux efforts de la plupart de nos maisons de banque, dont un grand nombre existe sous cette forme de société. Si elles n'usent point de la faculté que la loi leur accorde, c'est qu'elles pensent avec raison que, dans l'état actuel de nos mœurs et de nos habitudes commerciales, avec les notions si incomplètes d'une grande partie de nos populations sur le rôle et l'importance du crédit, l'émission de billets au porteur aurait des in-convénients que ne compenseraient pas les avantages que ces établissements pourraient en tirer.

« Le tableau qui suit donnera une idée des services rendus par la Banque au commerce et du taux auquel elle les a fait payer. »

TAUX MOYEN ET MONTANT DES EFFETS SUR LA BELGIQUE, ESCOMPTÉS A BRUXELLES, A ANVERS ET DANS LES COMPTOIRS PENDANT LES ANNÉES 1851 A 1664.

ANNÉES.	TAUX MOYEN de l'escompte *net* perçu par le Banque déduction faite du tantième alloué aux comptoirs.	TAUX BRUT.	MONTANT des EFFETS.	OBSERVATIONS.
1851	»	4 00 p. 100	83.720.090 40	(a) Le montant
1852	2 88 p. 100	4 p. 100 — 3 p. 100	»	des effets escomptés
(a)		traites acceptées.		par la Banque est de
1853	2 79 1/2	»	151.207.639 37	261.117.217-68ʳ ;
1854	3 40	»	207.662.419 58	mais le rapport an-
1855	2 84 1/2	»	275.778.907 92	nuel sur les opéra-
1856	3 26	3 65 p. 100	481.932.527 85	tions de cette année
1857	4 00	4 42	520.436.312 02	n'indique point le
1858	2 98	3 38 1/2	465.937.863 19	chiffre des effets sur
1859	2 89	3 36	577.101.284 15	la Belgique.
1860	2 96	3 45 1/5	729.542.170 66	
1861	3 44	4 03	779.969.658 09	
1862	2 88	3 43	774.064.513 78	
1863	2 88	3 72	820.900.953 90	
1864	»	5 53	824.351.888 58	

La Banque nationale fait aujourd'hui gratuitement le ser-vice de caissier de l'État. Il en résulte pour le Trésor une éco-nomie annuelle d'au moins 300,000 fr. La Banque doit, en outre, abandonner à l'État un sixième de ses bénéfices excédant 6 p. 100 du capital social. Par cette combinaison l'argent provenant des recettes publiques, et qui autrement resterait souvent sans emploi pendant assez longtemps, est immédiatement reversé dans la circulation par la voie de l'escompte et aide ainsi à abaisser le taux de l'intérêt.

Le tableau ci-dessous fera comprendre les avantages qui résultent pour l'État belge de ses conventions avec la Banque.

ANNÉES 1851 à 1864.

ANNÉES.	Part attribuée au Trésor dans les bénéfices de la Banque nationale. 1/6ᵉ des bénéfices excédant 6 p. 100 du capital social.	INDEMNITÉ payée par le Trésor pour le service du caissier de l'État.		
1851	»	200.000	1ʳᵉ convention.	
1852	158.417 24	200.000	»	
1853	155.364 45	200.000	»	
1854	239.117 65	200.000	»	
1855	273.179 14	200.008	»	
1856	321.103 66	100.000	2ᵉ convention.	La Banque s'est engagée à faire gratuitement et dans toute l'étendue du royaume, le service des recettes et des dépenses du Trésor, du 1ᵉʳ janvier au 31 décembre 1865.
1857	403.832 27	100.000	»	
1858	288.614 80	100.000	»	
1859	265.148 22	100.000	»	
1860	365.000 59	100.000	»	
1861	461.367 26	»	3ᵉ convention.	
1862	365.503 27	»	»	
1863	355.249 73	»	»	
1864	522.040 49			

En Angleterre, aux États-Unis, en Hollande, en Italie, la liberté du prêt à intérêt existe pour tout le monde; en France elle est le privilége de la Banque; en Belgique une nouvelle loi la garantit à tous, mais comme la Banque nationale jouit en fait du monopole de l'émission, elle ne profitera pas du bénéfice d'une hausse dépassant 6 p. 100. Voici le texte de cette loi.

« ARTICLE PREMIER. — Le taux de l'intérêt conventionnel est déterminé librement par les parties contractantes.

« ART. 2. — Le taux de l'intérêt légal est fixé à 5 p. 100 en matière civile, et à 6 p. 100 en matière de commerce.

« ART. 3. — Le bénéfice résultant pour la Banque nationale, de la différence entre l'intérêt légal et le taux d'intérêt perçu par cette institution, est attribué au Trésor public.

« ART. 4. — Toutes les dispositions contraires à la présente loi sont abrogées. »

L'organisation des comptoirs fondés par la *Banque nationale* de Belgique dans la plupart des villes du royaume nous semble offrir un assez grand intérêt pour mériter d'être également indiquée ici.

Dans la discussion de la loi qui institua la Banque nationale, l'un des membres de la Chambre des Représentants, M. Charles de Brouckere critiqua vivement l'obligation que l'on proposait d'imposer à la Banque, d'avoir des comptoirs d'escompte dans toutes les localités que le gouvernement désignerait.

« Les comptoirs d'escomptes obligés, disait-il, c'est pour
« moi la mort de la Banque ; c'est un suicide dans le projet.

« Je ne comprends pas que la Banque soit forcée de prendre
« du papier qu'elle n'aura pas vu. Le papier, me dira-t-on,
« aura été vu par les mandataires ? Oui, mais par quelle es-
« pèce de mandataires ? Par des mandataires locaux qui, très-
« souvent, auront intérêt à ce qu'on prenne ce papier ?

« Qu'est-ce que des comptoirs d'escompte, composés de
« cinq ou six négociants pris sur une place de deuxième ou
« de troisième ordre ? Et il y a des chefs-lieux de province
« qui, sous le rapport commercial , sont des places de cin-
« quième ou de sixième ordre.

« Mettre là un comptoir d'escompte de cinq ou six com-

18

« merçants, c'est arriver à ce résultat-ci : que l'un demandera
« qu'on lui passe la casse, et qu'en échange il rendra le séné.
« Au bout de quelque temps, la Banque éprouverait de cruels
« mécomptes. »

Le ministre des finances, M. Frère-Orban, répondit :

« La Banque ne doit pas s'engager avec trop de facilité
« dans les opérations qu'elle ne peut pas suffisamment sur-
« veiller. Aussi, pour obvier à cet inconvénient, ma pensée,
« à moi, serait de favoriser, dans les arrondissements, l'éta-
« blissement des comptoirs d'escompte par des sociétés qui
« existeraient au moyen de traités faits avec la Banque. Les
« opérations de ces comptoirs seraient faites alors par ceux-là
« même qui y auraient intérêt. Elles se feraient sans devoir re-
« courir à l'emploi de nouveaux capitaux. En vertu d'un traité
« avec la Banque, ces sociétés particulières, ces comités d'es-
« compte intéressés pourraient escompter, par exemple, à
« 4 sur place, ayant un réescompte immédiat à la Banque
« nationale au taux de 3 p. 100. De cette manière, toutes les
« localités pourraient profiter des avantages de l'escompte ,
« sans qu'il y eût chance de pertes pour la Banque elle-
« même. »

A l'exception de la succursale d'Anvers qui le sera bientôt,
tous les comptoirs de la Banque sont organisés d'après les
principes qui viennent d'être indiqués.

On a constitué, dans presque toutes les localités où se
trouve une agence de la Banque (aujourd'hui au nombre de 34),
un comptoir composé, selon l'importance de la circonscription, de trois à sept particuliers connus et considérés comme
les personnes les plus honorables et présentant le plus de garanties de solvabilité et d'impartialité.

Constitués en société en participation, ces comptoirs se

chargent de l'escompte des valeurs qui leur sont présentées par les banquiers ou négociants de la circonscription qui leur est assignée.

Ils ne peuvent escompter que le papier ayant au moins *deux signatures* et réunissant, en outre, toutes les autres conditions requises par les statuts de la Banque. Ils n'escomptent qu'au taux de la Banque, qui est uniforme pour le pays entier.

Tous les membres de comptoir sont solidairement responsables envers la Banque du payement des effets à leur échéance, quoique tous les effets acceptés par le comptoir, soient toujours endossés directement à la Banque. Les membres des comptoirs fournissent d'ailleurs un cautionnement qui varie de 20,000 à 700,000 francs.

L'agent de la Banque tient la comptabilité du comptoir. Il paye directement aux clients la valeur des effets escomptés, sur des bordereaux visés par le comptoir.

Les comptoirs jouissent du quart du produit de l'escompte.

Les autres opérations de la Banque dans les provinces, telles qu'avances sur fonds publics, etc., sont traitées directement par les agents pour compte et aux risques de la Banque.

Dans l'origine, on avait essayé d'assurer la marche des comptoirs, en les composant de banquiers. L'expérience a fait reconnaître qu'il était essentiel d'écarter complétement de ces institutions toutes les personnes s'occupant d'affaires de banque.

Pour donner au public la plus grande garantie d'impartialité possible, on tâche aujourd'hui de ne composer les comptoirs que d'anciens négociants ou de personnes dont le genre de commerce n'est pas celui qui forme la principale branche de l'industrie locale.

Afin d'assurer à la Banque un contrôle réel et désintéressé

sur les opérations du comptoir, on ne permet pas aux agents de la Banque d'être membres du comptoir.

A la demande motivée d'un banquier ou d'un négociant, la Banque l'autorise à présenter ses bordereaux à un autre comptoir que celui du ressort. Personne ne peut escompter directement dans plusieurs comptoirs.

Au moyen de ces mesures, tous les centres d'affaires qui ont la moindre importance sont dotés, sous le rapport de l'escompte, des mêmes avantages dont on jouit au siége principal de la Banque.

Il y a, pour ainsi dire, autant de banques de circulation qu'il y a de comptoirs d'escompte dans les provinces. Ces comptoirs forment des sociétés particulières qui participent à l'émission confiée à un établissement central.

A la fin de 1864, leur nombre s'élevait à vingt-cinq, établis dans les localités suivantes : Anvers, Alost, Arlon, Bruges, Charleroi, Courtrai, Dinan, Gand, Grammont, Hasselt, Huy, Liége, Louvain, Malines, Marche, Mons, Namur, Neufchâteau, Nivelles, Renaix, Saint-Nicolas, Termonde, Tournay, Turnhout, Verviers. Chaque province possède ainsi, en moyenne, trois comptoirs d'escompte, et l'on voit que des bourgs de moins de 3,000 habitants, comme Marche ou Neufchâteau, jouissent du même avantage que les plus grands centres de population.

Nous croyons aussi utile de faire connaître quels sont les rapports établis entre la Banque nationale et le Trésor public.

1° La Banque remplit les fonctions de caissier de l'État.

En cette qualité elle reçoit, dans tout le pays, tous les versements et payements que les particuliers ou les receveurs doivent effectuer à l'État. Les receveurs de toutes les branches du service, telles que contributions, postes, chemins de fer, etc., sont astreints à faire régulièrement, à des périodes ou dans des circonstances prévues, le versement à la Banque de l'intégralité de leur encaisse. Ce versement peut s'opérer dans l'agence de la banque de leur choix, même dans une autre province que celle de leur résidence.

Les quittances délivrées par la Banque n'engagent le trésor qu'après qu'elles ont été visées, dans les vingt-quatre heures de leur délivrance, par un agent du trésor.

La Banque fait, dans toutes les localités qui lui sont désignées par le ministre des finances, tous les payements qui incombent à l'État, de quelque chef que ce soit. Ces payements s'effectuent sur mandats des départements ministériels, des ordonnateurs ou agents comptables, dans les limites des crédits ouverts à ces derniers par l'administration du Trésor.

2° La Banque reçoit, conserve et restitue toutes les sommes, valeurs et titres appartenant à la trésorerie, à la caisse des dépôts, à la caisse d'amortissement, etc.

3° Elle fait le service des cautionnements, en ce sens qu'elle reçoit, contre ses quittances, les espèces, titres ou valeurs que les concessionnaires, entrepreneurs, adjudicataires, etc., ont à déposer au Trésor ou dans les divers départements ministériels, administrations, corps, etc., pour garantie de leurs engagements.

Il en est de même pour les cautionnements préalables à fournir par tous ceux qui ont l'intention de prendre part à une adjudication publique.

4° La Banque reçoit et conserve les titres au porteur de la dette publique belge, déposés pour être convertis en inscriptions nominatives sur le grand-livre.

Elle est chargée, de même, de remettre aux ayant droit, sur des mandats émis par l'administration de la dette publique, des titres au porteur pour les inscriptions reconstituées en cette catégorie de la dette publique.

5° La Banque reçoit, vérifie et paye les titres et valeurs achetés par la trésorerie, la caisse des dépôts, d'amortissement, etc, et de même elle remet, contre acceptation du payement, les titres vendus par ces caisses.'

Ce service s'effectue au moyen de mandats émanés du département des finances, spécifiant, selon l'occurrence, la somme à payer contre remise des titres désignés ou les titres à délivrer au porteur contre la réception de la somme mentionnée.

La Banque indique tous les deux jours, mais seulement sommairement, à la trésorerie, le solde des divers comptes ouverts.

Tous les quinze jours, elle remet au département des finances des comptes spéciaux donnant par agence le relevé complet du mouvement des espèces et valeurs qui s'est produit durant la quinzaine.

Les pièces comptables sont remises, sans exception, par les agents de la Banque, aux agents du Trésor de leur localité, qui les transmettent directement à la trésorerie, afin de mettre celle-ci à même de contrôler constamment et dans toutes ses parties les opérations de la Banque pour compte de l'État.

VIII

En 1861, le parlement anglais a adopté de nouvelles dispositions au sujet des bons de l'Échiquier qui les rapprochent, en certaine mesure, du type des billets à rente.

Voici la traduction littérale du texte imprimé sur les bons mêmes (*Exchequer bills*).

« L. 100.

« Ce bon de l'Échiquier donne droit à M***, ou à son ordre,
« de toucher 100 l. st. à la Banque d'Angleterre sur le fonds
« consolidé, à l'expiration de chaque période de douze mois
« durant les 5 ans à partir de la date ci-dessous.

« L'intérêt de ce bon sera payé tous les six mois à la Banque
« d'Angleterre, au taux qui sera notifié de temps à autre dans
« le *London Gazette*, par les soins du commissaire du Trésor.

« Ce bon peut être donné en payement pour la somme de
« 100 l. st., plus les intérêts échus, entre les mains des rece-
« veurs en acquit de toute taxe, aide, impôts ou au compte de
« l'échiquier à la Banque d'Angleterre, à toute époque des der-
« niers six mois de chaque année, à commencer du jour où ce
« bon aura cours en vertu de la loi. »

Des coupons sont ajoutés portant ces mots : « Ce coupon

« donne droit au porteur de recevoir les intérêts sur la somme
« ci-dessus, pour le semestre échu. »

La limite de l'émission de ces bons est fixée à 13,230,000 l. st.,
et la Banque peut avancer de l'argent jusqu'à concurrence de
cette somme sur dépôts de ces titres.

Cette combinaison est parfaitement conçue pour maintenir
les bons de l'échiquier au pair, car non-seulement le détenteur
est assuré de rentrer dans son capital par le remboursement à
bref délai, mais, en outre, il peut le remettre au gouvernement
en payement d'une somme de 100 l. st., ce qui équivaut à un
remboursement immédiat. Toutefois la variabilité du taux
de l'intérêt enlève à ce titre une partie de son mérite comme
agent de la circulation. Avec un intérêt fixe de 3,60 p. 100 et un
amortissement à plus longue échéance, les bons du Trésor se
soutiendraient aussi au pair et passeraient plus facilement
de main en main pour opérer des échanges. Les bons du
Trésor créés par M. Gladstone étant tous remboursables au
bout de douze mois, il fallait pouvoir élever l'intérêt au taux
du marché, pour éviter de trop fortes demandes de remboursement. L'intérêt fixe exigerait un amortissement par tirage au
sort.

Il serait très-désirable que des billets à rente fussent émis par
les divers États. La Société du crédit lyonnais en maintient,
paraît-il, dans la circulation pour plusieurs millions, mais
aussi longtemps que ces titres ne seront pas, comme les bons
de l'échiquier, reçus en payement par l'État, leur utilité sera
très-limitée. Ce seront des coupures de la rente ou des obligations
de sociétés privées, c'est-à-dire un fonds de placement ; ce ne
seront pas des instruments d'échange. Or, si un titre pouvait
réunir ces deux qualités, il présenterait un sérieux avantage.

IX

Extrait du discours prononcé par M. Frère-Orban, ministre des finances de Belgique, dans la séance de la Chambre des Représentants du 23 février 1865 :

« C'est la même erreur qui conduit certaines personnes à « conseiller d'accumuler, par tous les moyens, les dépôts dans « les banques. L'expérience a prouvé qu'une telle mesure, « bien loin d'être utile, est au contraire très-funeste et va di- « rectement à l'encontre du but que l'on veut atteindre.

« Aussi, je considère comme une règle essentielle en cette « matière de n'admettre, pour une banque de circulation, que « des dépôts sans intérêt, et de repousser absolument les dé- « pôts pour lesquels on payerait un intérêt quelconque.

« Pourquoi ce principe, qui est bon, qui est vrai, a-t-il été « généralement adopté? C'est que la faculté de payer un inté- « rêt sur les dépôts n'aurait d'autre effet que de compromettre « la circulation de la monnaie de banque. Je sais bien que, « dans les derniers temps, ce principe a été attaqué. On a re- « présenté le payement d'un intérêt sur les dépôts comme un « moyen de fournir au commerce des capitaux à bas prix. Mais

« je dis que nul ne peut rien contre la nature des choses, et
« que nul n'a la puissance de fabriquer des capitaux, si ce
« n'est par le travail ou par l'épargne. Or, attirer les capitaux
« pour les appliquer plus spécialement à l'escompte, c'est évi-
« demment les faire manquer ailleurs. Encore une fois, ce
« n'est pas accroître les capitaux, c'est purement et simple-
« ment les déplacer. Ils seront plus abondants pour l'escompte,
« je le veux bien; mais, d'un autre côté, quels seront les ré-
« sultats d'une pareille mesure ? Que la banque d'émission soit
« privilégiée, qu'il y ait une seule banque ou qu'il y en ait
« plusieurs, dans l'un comme dans l'autre cas, avec des incon-
« vénients plus ou moins graves, ces fonds seront mal em-
« ployés, car ils serviront à des opérations qui détruiront la
« sécurité que doit inspirer la monnaie de banque.

« Chercher, en effet, à concentrer, par les moyens les plus
« puissants, les capitaux dans une banque de circulation, c'est
« la mettre dans l'indispensable nécessité d'en rechercher
« l'emploi; cette nécessité sera d'autant plus impérieuse que,
« dans le système que je combats, elle serait obligée de boni-
« fier un intérêt. Et alors, au lieu d'aider le commerce pour
« des causes réelles, la banque, sous le couvert d'effets résul-
« tant d'opérations simulées, fera en réalité des avances au
« commerce; elle fournira des capitaux à ceux qui en man-
« quent; de nombreux engagements seront pris à terme, et le
« jour où ces engagements devront être réalisés, personne ne
« sera en mesure d'y satisfaire. Dans ce moment, tout le monde
« sera à la recherche de la chose unique que tout le monde
« voudra posséder et qui manquera partout, c'est-à-dire le
« vrai capital, le seul capital dont on aurait dû disposer.

« Que des établissements autres qu'une banque d'émission,
« qui n'ont pas à répondre de la circulation fiduciaire, que des

« établissements d'un autre genre fassent des opérations de cette
« nature, qu'ils appellent les capitaux qui ne doivent être em-
« ployés que dans un terme plus ou moins long, et rému-
« nèrent le dépôt de ces capitaux, soit! Dans ces conditions,
« je crois qu'une pareille opération, loin d'exposer à des
« dangers, présente, au contraire, un grand avantage pour le
« pays.

    « Mais lorsque les banques de circulation ont commis, et
« cela est arrivé dans divers pays, l'imprudence de se lancer
« dans de pareilles voies, à quoi ont-elles abouti fatalement ? A
« la suspension des payements en espèces. Toujours, lors-
« qu'elles avaient dévié de cette règle salutaire qui leur com-
« mande de se borner à l'émission de la monnaie de banque et
« à l'emploi des réserves métalliques, les banques ont compro-
« mis la sécurité de la circulation, toujours elles ont provoqué
« de grandes crises financières.

    « Une banque d'émission ne doit pas faire le plus d'escompte
« possible; elle ne doit pas faire de l'escompte à tout prix.
« Elle ne doit faire de l'escompte que dans la mesure de son
« émission et des comptes courants sans intérêt qui lui sont
« confiés. Elle ne doit couvrir ses opérations que par un capital
« aussi restreint que possible, strictement limité à l'importance
« de ses opérations.

    « Car, messieurs, il ne faut pas l'oublier, le but essentiel, la
« raison d'être d'une banque de cette nature, c'est l'émission
« de la monnaie fiduciaire et l'emploi des réserves métalliques :

    « L'émission de la monnaie fiduciaire, pour permettre au
« public d'employer comme capital une quantité plus ou moins
« notable de métal, agent onéreux comme monnaie ;

    « L'emploi des réserves métalliques, pour faire tourner au
« profit de la production les fonds qui sont en caisse chez tous

« les industriels et tous les négociants, et qui sont alors une
« charge pour la production. Versées à la Banque, ces réserves
« métalliques, et ce sont celles-là surtout qu'il faut attirer, ne
« doivent pas produire d'intérêt, pas plus qu'elles n'en pro-
« duiraient, si elles continuaient à former l'encaisse de ceux
« qui les détiennent.

« Et pourtant, messieurs, qu'on veuille bien le remarquer,
« elles ne seront pas données gratuitement à la Banque, loin
« de là : la Banque, en effet, devient alors la caisse commune
« de tous ceux qui lui confient des dépôts. Elle fait pour
« eux l'office de caissier; elle prend la responsabilité de la
« garde des métaux; elle opère pour eux leurs payements
« sans frais; et ainsi se forme, avec bénéfice pour tous,
« pour l'ensemble, pour la communauté, pour la généralité
« des habitants d'un pays, ce système de virement qui dis-
« pense de l'emploi onéreux des métaux dans le règlement
« des comptes. »

X

Il y a quelques années, on disait en Angleterre que l'épargne annuelle se montait à environ 60 millions sterling, entendant par épargne le surplus net, après déduction de toutes dépenses publiques et privées et de tous frais pour l'entretien de la machine sociale dans son état actuel.

Voici comment on peut classer les différents emplois qui absorbent le surplus net annuel :

1° Amélioration et extension des cultures : drainage, machines, constructions nouvelles ;

2° Amélioration et construction de maisons ;

3° Multiplication et amélioration des manufactures, machines, ateliers :

4° Travaux publics de toute nature, chemins, docks, ports, hôpitaux, ponts, colléges, écoles, etc.

5° Accroissement du capital commercial : navires, marchandises en magasin ou en mer, avances commerciales à l'étranger;

6° Placements à l'étranger ou aux colonies;

7° Accroissement d'objets mobiliers, bijoux, argenterie, meubles, etc.;

Si la dépense pour ces sept objets équivaut au surplus net, la marche du progrès de la richesse sera régulière; — si la dépense est inférieure à l'épargne, il y aura tendance à une baisse de l'intérêt, parce qu'il y aura beaucoup de fonds cherchant un placement; — si, au contraire, ces dépenses vont au delà de l'épargne, l'intérêt s'élèvera, et, d'une façon ou d'une autre, il y aura des difficultés financières.

Le meilleur moyen, quoique imparfait à certains égards, de mesurer l'épargne annuelle dans les îles Britanniques, est de consulter les chiffres qui indiquent l'accroissement du revenu.

Les tableaux de l'impôt sur le revenu nous en donnent le moyen; mais la réalité dépassera toujours le résultat obtenu, parce que les déclarations des contribuables sont toujours inférieures à la réalité.

L'*incom-tax* se divise en 5 rubriques (*schedules*) :

A Revenu des propriétés, maisons, terres, mines, chemins de fer, etc.
B Occupation de la terre.
C Dividendes.
D Profits du commerce, industrie.
E Revenus fixes d'emploi privé ou public.

Sur ces différents titres, l'augmentation du revenu en 5 ans (1854-1859), dans les trois royaumes a été de 28,400,000 millions sterling, ou 5,700,000 millions par an.

Voici le tableau de cette augmentation en millions de livres sterling :

1° *Angleterre et pays de Galles.*

	A	B	C	D	E	Total.
1854-55..............	100.8	41.1	24.8	14.6	13.5	254.8
1856-57.............	103.6	41.2	26.9	73.5	15.8	261.0
1859-60.............	112.1	42.9	28.3	81.9	17.0	282.3
Augmentation en 5 ans..	11.3	1.8	3.7	7.3	3.5	27.5
— annuelle. .	2.3	0.4	0.7	1.5	0.7	5.5

2° *Écosse.*

	A	B	C	D	E	Total.
1854-55................	12.1	5.7	»	11.9	0.8	30.5
1856-57................	12.5	5.9	»	11.1	0.9	30.5
1859-60................	14.0	6.3	»	8.6	1.0	29.9
Augmentation en 5 ans. .	1.9	0.6	»	3.3	0.2	0.6
—— annuelle..	0.4	0.1	»	0.6	»	0.1

3° *Irlande.*

	A	B	C	D	E	Total.
1854-55..............	11.9	2.6	1.4	4.8	0.9	21.6
1856-57..............	11.9	2.6	1.4	4.6	0.9	21.5
1859-60..............	12.9	2.8	1.4	4.9	1.0	22.9
Augmentation en 5 ans. .	1.0	0.2	»	0.1	0.1	1.3
—— annuelle..	0.2	»	»	»	»	0.3

4° *Royaume-Uni.*

	A	B	C	D	E	Total.
Augmentation en 5 ans. .	14.2	2.6	3.7	4.1	3.8	28.4
—— annuelle..	2.8	0.5	0.7	0.8	0.8	5.7

· Il faut remarquer que les revenus inférieurs à 100 l. st. sont omis, n'étant pas sujets à la taxe.

Le revenu total soumis à la taxe montait en 1860 à 335 millions sterling (8,375,000,000 fr.).

Le plus grand accroissement de revenu se remarque à la rubrique A, revenu de terres, maisons et mines. Or, ce revenu pourrait se capitaliser au denier 30, mais l'*Economist* ne capitalise l'accroissement annuel de revenu qu'au denier 20, et il néglige tous les revenus inférieurs à 100 l. st., sur lesquels il se fait aussi de grandes épargnes, petites relativement à chaque fortune mais importantes par leur grand nombre.

Le produit de 5,700,000 × 20 donne 114 millions comme épargne annuelle de l'Angleterre, durant les 5 années entre

1855 et 1860. Or, depuis cette époque cette épargne a certainement beaucoup augmenté.

Pour contrôler ce résultat, l'*Economist* se livre à différents
calculs. Ainsi il démontre que pour construction de nouvelles
maisons on a dépensé annuellement, de 1855 à 1860, 40 millions sterling.

Les dépenses pour les chemins de fer ont été comme suit :

	Millions.	Augmentation du capital.	Nombre d'années.	Accroissement annuel.
1847	159.4	»	»	»
1848	200.2	40.8	1	40.8
1849	229.7	29.5	1	29.5
1850	240.3	10.6	1	10.6
1851	248.2	7.9	1	7.9
1852	264.2	16.0	1	16.0
1857	315.2	51.0	5	10.2
1861	362.3	47.1	5	9.4

Ce qui fait dans les 10 dernières années une dépense annuelle de 10 millions sterling pour les chemins anglais seulement ; qu'on y ajoute 4 millions pour les *railways* de l'Inde et 6
pour la part de l'Angleterre dans tous ceux du monde entier, et
on arrivera à un total de 20 millions par an.

La plus forte mise dehors pour les chemins de fer a eu
lieu en 1848 où elle s'est élevée à 40 millions de livres sterling. Comme à cette époque l'épargne annuelle ne montait
qu'à 50 ou 60 millions, il est facile de comprendre qu'une aussi
énorme dépense pour un seul objet, devait paralyser complétement toutes les autres branches de l'activité nationale.

La dépense annuelle pour routes, docks, ponts, télégraphes,
églises, hôpitaux, etc., doit s'élever au moins à dix millions
par an. On arriverait ainsi à un total de soixante-dix millions
employés rien que pour les maisons et les objets d'utilité pu-

blique. Pour les cinq autres chefs : 1° amélioration du sol et et des cultures; 2° construction de nouvelles fabriques, machines, outils; 3° extension du commerce, navires, approvisionnements; 4° emprunts étrangers et coloniaux; 5° acquisition d'objets mobiliers; l'*Economist* admet que soixante millions suffisent à peine. Il croit aussi que l'accroissement annuel du capital doit monter au moins à cent trente millions sterling.

Seulement il faut remarquer que cet accroissement ne se fait pas entièrement sous la forme de l'épargne au sens ordinaire du mot.

Ainsi, chaque année, dans un pays qui progresse, le revenu des terres et par suite leur valeur augmentent d'une façon constante. Le fait a été partout constaté et la science économique en donne parfaitement la raison. Or, cet accroissement dans la valeur du capital d'une nation n'est pas, à proprement parler, le fait de l'épargne. C'est le résultat de l'augmentation de la population et du perfectionnement des procédés agricoles. Cela n'en constitue pas moins un accroissement très-réel du capital national, quoique la valeur qu'il représente ne soit pas à la disposition des entreprises nouvelles sous forme de capital circulant.

XI

DE LA PÉRIODICITÉ DES CRISES.

Quelques écrivains soutiennent que les crises reviennent
après un intervalle régulier et par la force même des choses.
Ils semblent vouloir appliquer au monde commercial la théorie de Vico du *cursus* et du *recursus*. C'est l'opinion développée
dans le livre de M. Juglar qui contient d'ailleurs tant de faits
intéressants ; c'est aussi celle de M. Mill qui croit que les crises
naissent de l'accumulation du capital aboutissant périodiquement à un état de pléthore faute d'emploi. Cette théorie ne
nous paraît pas fondée. Les crises reviennent fréquemment
parce que les causes qui les produisent se réunissent de plus
en plus souvent, ainsi que nous l'avons montré ; mais comme
nous avons essayé de le faire voir dans notre travail, chaque
crise a sa cause déterminante particulière, et ne résulte pas
nécessairement du retour périodique de certaines circonstances. M. J. E. Cliffe Leslie a inséré à ce sujet dans *l'Economist* du 19 et du 24 novembre 1864, deux lettres dont nous
donnons ci-dessous la traduction. Cet économiste distingué a
peut-être forcé un peu le système qu'il combat, mais quant au
fond des choses, il nous paraît avoir complétement raison.

Deux mois se sont bientôt écoulés, depuis que M. Disraeli a fait remarquer « qu'une bonne récolte avait seule pu préve- « nir les suites fâcheuses d'une spéculation excessive, et « que si nous avions été obligés d'exporter cette année « 20,000,000 l. st. pour payer des aliments, il eût été difficile « de calculer les conséquences désastreuses qui en seraient « résultées. »

Ceux mêmes qui ont le moins de confiance dans l'économie politique de M. Disraeli doivent, je le pense, admettre maintenant la vérité de sa remarque.

L'*Economist* a souvent signalé les embarras sérieux éprouvés par le commerce à la suite d'un soudain écoulement métallique amené par des achats de céréales ; néanmoins beaucoup de commerçants font leurs calculs au commencement de l'année sans prévoir une telle éventualité qui peut ou non se réaliser. Nos champs pouvaient être cette année aussi dépourvus d'aliments pour les hommes qu'ils l'ont été de fourrages pour les animaux.

Il n'y a point de cycles d'abondance ou de disette réguliers, sur lesquels les spéculateurs puissent compter. Si la succession de sept années d'abondance et de sept années de disette, dans l'ancienne Égypte, n'avait pas été une circonstance extraordinaire, la prédiction de Joseph aurait été inutile. Dans la moderne Angleterre, ainsi que le constate l'historien des prix, on a vu beaucoup de différentes proportions de saisons, favorables ou défavorables, pendant des périodes extrêmement longues. Les cinquante années, par exemple, de 1715 à 1765 furent caractérisées par une remarquable exemption de sai-

sons de disette comparées aux cinquante années précédentes ;
la cause principale du retour des prix exorbitants des denrées
alimentaires depuis 1793 jusqu'à 1814, fut le fréquent retour
de mauvaises récoltes, tandis que « depuis 1818 jusqu'en 1837
il n'y a eu que cinq saisons où le produit du blé fut décidément insuffisant. » La même irrégularité dans nos saisons a
toujours continué depuis, et personne ne pouvait raisonnable-
ment assurer il y a six mois qu'il serait inutile d'acheter pendant l'automne de cette année et de l'année suivante pour une
valeur de 35 millions sterling de grains, comme en 1861, ou
de près de 38 millions, comme en 1862.

Mais, outre les irrégularités de nos moissons, il y a évidemment beaucoup d'autres vicissitudes qu'il serait de la
plus grande imprudence d'oublier en comptant avec trop de
sécurité sur un prix peu élevé de l'argent ou sur une prospérité commerciale persistant pendant toute une année, et ce
serait une folie véritable que de baser des spéculations sur la
probabilité d'un tel état du marché pendant plusieurs années
successives.

Il y a cependant une théorie admise, plus ou moins clairement conçue et très-fermement crue, que les périodes de
prospérité et d'adversité commerciales reviennent aussi régulièrement que les marées ; et en conséquence de cette théorie,
on nous assura, l'an dernier, que nous étions à la veille d'un
cycle d'années où le commerce serait prospère et les prix
élevés. « Que de grandes fluctuations commerciales complé-
tant leur cours en une dixaine d'années, » disait M. Jevons,
dans son *Essai sur la question de l'or*, « troublent la marche
des affaires, c'est là un fait connu de tous ceux qui s'occupent
de ce genre de questions, » et il ajoute : « Personne, je pense,
ne peut douter que pendant l'année dernière (1862), et main-

tenant, nous n'ayons atteint ou ne soyons près d'atteindre la
limite extrême de la basse marée de notre mouvement commercial.» La tentative de M. Jevons, de mesurer l'effet pertur-
bateur de l'or nouveau sur les prix est entièrement basée sur
le retour périodique et uniforme de cette fluctuation de la spéculation et de la hausse et de la baisse des prix. Mais pour le
moment, je désire seulement constater les dangers de l'application pratique de cette doctrine des cycles et des flux et
reflux dans le domaine économique....

Si même il nous était possible de suivre à travers diverses
décades passées, les fluctuations alternatives des prix et les
vicissitudes du commerce, il serait absolument faux d'en conclure que le même ordre de choses dût se reproduire périodiquement dans l'avenir. Le libre échange seul a changé toutes
les conditions de la question. Les événements politiques, qui,
comme la guerre d'Amérique, affectent profondément le commerce, sont toujours différents et mobiles, et, ainsi que nous
l'avons déjà fait observer, nous ne pouvons pas dire s'il est
probable que nous ayons une suite soit de bonnes, soit de mauvaises saisons. En réalité, pas de retours périodiques, de
cycles économiques qu'on puisse démontrer dans l'histoire du
commerce. Cette théorie est basée principalement sur les
retours des paniques et des désastres commerciaux en 1847
et 1857. Ainsi M. Jevons signale particulièrement dans la préface d'une édition de *l'Essai sur l'or*, un passage de M. Chevalier, dans lequel M. Cobden écrivant en 1859, parle d'une
crise visitant le monde commercial dans chaque décade. Il y
a eu néanmoins, en 1847, deux crises commerciales, l'une au
printemps, et l'autre en automne, différant grandement l'une
de l'autre, ainsi que M. Tooke l'a fait remarquer avec insis-
tance, et il eût été tout aussi raisonnable à la fin de 1847 de

conclure qu'il y aurait une crise commerciale tous les six mois dans l'avenir, que de conclure du fait d'une crise survenant dans l'automne de 1847 et de 1857, qu'il y aurait une crise dans l'avenir tous les dix ans.

Les causes des crises de 1847 et 1857 furent complétement dissemblables et, dans les deux cas, anormales à un haut degré.

Rien n'est moins conforme à la théorie, soit des crises décennales, soit des périodes décennales d'expansion et de révulsion, que les fluctuations réelles des prix, et la marche des affaires depuis 1847 jusqu'en 1857, de même que dans les années qui ont précédé et suivi cette décade ; mais ainsi que le fait remarquer un écrivain qui s'est occupé de matières théologiques, «l'intelligence humaine, lorsqu'elle veut grouper et saisir les phénomènes épars, a besoin de nombres réguliers et quand il ne les trouve pas dans la nature, il les invente. Cette tendance est si forte que quand les faits n'offrent point ces rapports exacts, l'homme les crée par la force de son imagination, et il allongera ou diminuera les périodes d'après la mesure de ce lit de Procuste. De là vient que les spéculations des philosophes primitifs, l'histoire transmise par la tradition populaire et toutes les mythologies renferment des nombres symboliques, comme 3, 5, 7 et 10. »

Je veux seulement ajouter maintenant, que si les hommes d'affaires admettent la nouvelle traduction économique de cette phrase du poëte : « Il y a un flux et reflux dans les choses humaines, et quand on profite du flot qui monte, on arrive à la fortune, » et s'ils agissent en conséquence, leur barque pourrait bien échouer sur les écueils.

Quelques-uns de vos lecteurs diront peut-être que c'est se battre contre des moulins à vent que d'attaquer une théorie aussi peu solide que celle du retour régulier des crises après un cycle de dix ans; mais ce qui démontre que ce système mérite l'examen, c'est que récemment encore, dans un article sur le *money-market*, on lisait que le monde des affaires, en Angleterre, avait échappé en 1864 à de graves désastres « parce que le cycle décennal n'était pas accompli, et que le commerce n'avait pas encore eu le temps de développer complétement tous les éléments malsains qui semblent devoir être balayés tous les dix ans par une tourmente commerciale. »

Il est d'autant plus nécessaire de relever des passages de ce genre que l'on peut attribuer l'origine de ce mythe économique à certaines expressions qu'on trouve dans les meilleurs traités, comme celles-ci, par exemple : « le flux et le reflux de la spéculation, » « le retour périodique des crises, » « les périodes alternatives d'expansion et de révulsion, » quoique ces mots n'aient pas été employés pour marquer un retour régulier et périodique des désastres qui atteignent le commerce.

Un éminent philologue nous apprend que la tendance mythologique qui transforme un mot imagé ou une épithète en un être réel est loin d'être éteinte, et il serait facile de montrer par des preuves nombreuses que depuis les événements des années 1847 et 1857, on croit assez généralement que le retour des crises après une période décennale est un fait établi. Or, quoi qu'on fasse, on ne parviendra jamais à grouper les faits réels de 1847 et 1857, et ceux des années précédentes ou suivantes en cycle véritable. Mais, comme dit lord Bacon, « quand une fois l'esprit humain a adopté une opinion, quels que soient le poids et le nombre des exemples qu'on peut y opposer, ou bien il n'en tient nul compte, ou bien il les rejette au moyen de quelque distinction. »

On a beaucoup discuté sur les crises en dehors même de la théorie des cycles, et cependant les autorités mêmes de la science ne s'accordent pas sur le point de savoir quel degré d'alarme ou de contraction du crédit constitue une véritable crise, ni ce qui distingue une crise commerciale d'une crise monétaire. D'après quelques auteurs, il y a eu des crises dans toutes les années suivantes : 1793, 1795, 1797, 1810, 1811, 1816, 1825, 1832, 1836, 1837, 1839, 1840, 1847 et 1857, et même en d'autres années encore. Dans son discours célèbre sur le *currency-bill* de 1844, sir Robert Peel disait qu'il y avait eu alors dans les vingt dernières années, quatre grandes crises monétaires, à savoir : en 1825, 1832, 1837 et 1839. M. Tooke a vivement combattu cette énumération, effaçant absolument 1832 et 1839, et affirmant que, quoiqu'il y eût eu en 1836-37 des embarras sérieux sur le *money-market*, on n'avait pas eu à enregistrer des catastrophes assez graves pour parler de « crises commerciales. » M. Tooke soutient que depuis soixante ans, il n'y a eu que quatre véritables crises commerciales, à savoir : en 1792-93, 1810-11, 1825 et 1847. M. Tooke s'indigne surtout de ce que l'on compte 1839 parmi les années de crise. Cependant, dans les écrits de lord Overstone et ailleurs, 1839 est placé sur la même ligne que 1837, et, dans ces deux années, il faut reconnaître les symptômes qui, d'après M. Mill, constituent une crise.

Mais peu importe qu'il y ait eu crise en 1837 et 1839 ou qu'il n'y en ait pas eu, il est au moins certain qu'il y en eut deux en 1847. Non-seulement le premier ébranlement, celui du printemps 1847, a été appelé une crise commerciale dans les deux chambres du parlement, mais, dit M. Tooke, depuis 1825 on n'avait pas ressenti une commotion aussi violente, aussi terrible, et il ajoute qu'elle fut tout à fait différente de celle de l'automne de la même année. La cause de cette dernière fut non-seulement différente, mais opposée, car la panique d'avril fut amenée par l'écoulement métallique qui résulta de la maladie des pommes de terre et de la mauvaise récolte, tandis que ce fut la baisse du prix des blés et les pertes qui en furent la suite, qui causèrent la panique si désastreuse de l'automne. Sans l'écoulement du métal provoqué par les achats de grain (*corn-train*) et sans les faillites qui en furent les conséquences, l'absorption du capital par les chemins de fer n'aurait pas amené de crise du tout, pas du moins avant 1849, année où les pertes sur ces placements furent considérables. Dans ce cas, les théoriciens *du cycle* auraient insisté sur 1839 et 1849 au lieu de 1847 et 1857.

Certaines circonstances extraordinaires et accidentelles ou le concours de certaines circonstances ont occasionné chacune de ces tourmentes commerciales auxquelles on s'accorde à donner le nom de crises, en ont déterminé l'explosion, les caractères, la marche et la gravité. Par conséquent, les partisans de la périodicité cyclique doivent admettre que ces circonstances se présentent toujours à l'époque voulue pour constituer le cycle, ni trop tôt, ni trop tard. Les folles spéculations dans les placements américains de 1824-1825, qui déterminèrent la crise de cette dernière année, furent amenées par les victoires et la proclamation de l'indépendance des colonies espagnoles, pourvues des plus admirables ressources naturelles. Si un homme d'État comme Canning se vantait d'avoir fait servir le nouveau monde à rétablir l'équilibre de la vieille Europe, est-il étonnant que le commerce se figurât qu'il allait réaliser d'énormes bénéfices dans ces riches contrées rendues à la liberté. Sans cet aliment, la spéculation se serait occupée d'autre chose; mais rien n'aurait pu faire naître des espé-

rances aussi grandioses et aussi complétement et désastreuse-
ment démenties.

La famine de 1847, sans laquelle certainement il n'y eût
pas eu de crise en cette année, n'appartient probablement pas
« au cycle ordinaire » des faits commerciaux. Les faillites des
banques américaines, l'insurrection de l'Inde et les autres
désastres qui amenèrent la crise de 1857 doivent être consi-
dérées, en ce qui regarde l'Angleterre, comme des accidents du
dehors qui troublèrent la marche régulière des choses. Les
maisons qui succombèrent les premières en 1857 étaient déjà
ébranlées en 1847, et d'après la théorie du cycle, elles auraient
dû être balayées en 1847 avec les autres éléments malsains que
renfermait le monde commercial.

Personne, je crois, après avoir étudié l'histoire économique
de 1847 et 1857, ne soutiendra que sans certaines circonstances
extraordinaires, il y eût eu des crises alors. Or, l'idée que certains événements extraordinaires doivent arriver tous les dix
ans pour amener la crise obligée est si bizarre, que les théoriciens du cycle ont été conduits à imaginer un flux et un reflux
régulier dans les spéculations et dans le développement du
commerce, et de supposer qu'au moment où la marée tourne,
il se produit une dangereuse révulsion qui occasionne maints
naufrages. Quoique les négociants eux-mêmes et toutes les
branches du commerce soient soumis à de fréquents et profonds
changements, on croit que de génération en génération, en
paix ou en guerre, avec de bonnes ou de mauvaises récoltes,
avec la protection comme avec le libre échange, avec la vapeur
et l'électricité tout comme sans ces importants progrès, il doit
toujours se produire des périodes égales d'expansion et de révulsion, et que, au bout de dix ans, doit mûrir la même moisson
d'erreurs et de fraudes nécessaires pour engendrer une crise.

Et pourtant un moment de réflexion doit convaincre quiconque en est capable que les causes qui produisent de l'activité ou de la stagnation et des pertes, ne sont pas les mêmes dans chaque branche de la production. Une mauvaise récolte fait souffrir les fabricants d'étoffes, et une guerre étrangère qui ferme les manufactures de coton, fait gagner de l'argent aux fabricants d'armes. Chaque industrie a son histoire, et il n'y a point de fluctuation générale, comme le soutiennent M. Jevons et d'autres. Quand la spéculation est excitée, elle peut s'adresser à un ou deux objets ou à plusieurs, elle peut durer des jours, des mois ou des années; elle peut finir par des bénéfices ou des désastres. En 1825, la spéculation s'étendit à bien plus de marchandises qu'à toute autre époque, et néanmoins la fameuse théorie des grandes fluctuations commerciales décennales n'est pas du tout applicable aux événements de cette année. « La grande variation dans les prix des marchandises eut lieu dans l'intervalle entre les dernières semaines de 1824 et juin 1826. » *History of prices*, t. II, p. 156.

La hausse et la baisse des prix en 1836-1837 n'eut lieu que pour deux produits principaux et ne dura qu'une année en tout. Quelques marchandises déprimées par la contraction du crédit au commencement de 1837 se relevèrent à la fin de l'année et retombèrent en 1838, au printemps.

En 1847, il n'y eut pas d'autres spéculations que celles en grains; *History of prices*, t. IV, p. 334. Dans les blés les fluctuations ne s'étendirent que de la moisson de 1846 à celle de 1847, après laquelle il y eut des prix fermes pendant un an.

Entre 1847 et 1857, les variations de prix et la condition du commerce furent très-différentes de tout ce qui avait précédé, par suite de l'influence du libre échange, des révolutions sur le continent, de la guerre de Crimée, de la découverte de l'or et des dépôts en banque qui constituent, comme le dit M. Cardwell, un nouveau trait de notre système social.

D'après la théorie du cycle, une période de dépression et de bas prix aurait dû se prolonger jusqu'en 1853, et être suivie d'un temps d'activité, de hauts prix et de spéculation aboutissant à la crise de 1857. Mais au lieu d'une seule fluctuation embrassant les dix années, il y en eut de nombreuses, de violentes et de soudaines. J'en citerai seulement deux preuves.

1850 fut une année prospère, et 1851 commença sous d'heureux auspices, avec des prix croissants. Mais bientôt les difficultés arrivèrent. Le coton tomba entre janvier et la fin de mai de 70 p. 100 et l'historique de cette année est résumé ainsi dans dans *l'Histoire des prix :* « 1851 fut une année de grandes et ruineuses fluctuations dans les prix et de variations sur la plus large échelle. »

De même, les neuf premiers mois de 1853 furent une époque d'activité et de prospérité inouïes ; mais à la fin de l'année, une mauvaise récolte et une guerre imminente commencèrent à modifier la situation, et 1854 « fut caractérisé par un état de choses presqu'en tout l'opposé de 1853. »

Je pourrais montrer par beaucoup d'exemples encore que les vicissitudes des différentes branches de la production et les variations des prix, depuis 1857, et même pendant l'été dernier, constituent autant de faits qui viennent contredire la théorie du cycle ; mais il suffit de dire que les prix du coton ont haussé et baissé à chaque semaine, malgré la loi du cycle avec les bruits de paix ou de guerre qui arrivaient d'Amérique.

Pour ceux qui nient les progrès de l'humanité, l'idée d'un mouvement cyclique des choses et des catastrophes, revenant après des intervalles réguliers, doit avoir un attrait qui se conçoit ; mais elle plaît aussi à de meilleurs esprits, parce qu'elle présente un côté brillant dans les périodes ascendantes de la prospérité générale. Malheureusement c'est une idée qui, si elle se répandait parmi les hommes pratiques, aurait pour effet de réaliser les prévisions de ceux qui voient les choses humaines sous un mauvais jour ; car la croyance en une crise décennale tend non-seulement à en produire une à l'époque fixée par suite d'alarmes non fondées, mais encore à en faire naître à d'autres moments par suite d'une confiance aussi peu justifiée dans l'éloignement absolu de tout danger.

XII

EXTRAITS DE L'HISTOIRE COMMERCIALE ET FINANCIÈRE
DE L'ANNÉE 1864

par M. Newmarch, dans l'*Economist*.

11 mars 1865.

Sous le rapport commercial et financier, l'année 1864 présente des faits qui méritent d'être notés. D'abord on peut distinguer trois époques de *pression* (*pressure*), subies par le *money-market*, en janvier et février, quand la Banque maintint le taux de l'escompte à 8 p. 100, pendant trois semaines; en avril et en mai, quand le taux fut de 9 p. 100 pendant quinze jours; enfin en septembre et octobre, quand le taux fut maintenu de nouveau à 9 p. 100, pendant deux mois.

En second lieu, en dehors de cette période de gêne monétaire, on en constata une ou deux autres, pendant lesquelles se fondèrent un nombre considérable de sociétés par actions, tant pour l'intérieur que pour l'extérieur, et où on lança plusieurs emprunts d'État étrangers. Troisièmement, vers la fin de l'année on put se rendre compte des résultats réels des nouvelles sociétés (banques, compagnies commerciales et financières, etc.), fondées en 1863, avec grand éclat et avec de magnifiques promesses de primes.

La première des trois époques de *pression* monétaire (janvier, février), eut pour cause principale l'écoulement de l'or et de l'argent vers le Levant et vers l'Inde, afin de payer le coton, et aussi jusqu'à un certain point peut-être, les appréhensions résultant de la guerre du Schleswig-Holstein.

La seconde période de gêne fut occasionnée par un renouvellement du *cotton drain*; mais principalement par l'inquiétude résultant de la fondation d'un grand nombre de compagnies, et par l'absorption du capital nécessaire pour mettre en train cette foule d'entreprises lancées durant les douze mois précédents.

La troisième période de *pression* (septembre, octobre et novembre) fut plus grave et plus prolongée que les autres. La cause principale fut la probabilité d'une paix prochaine en Amérique, la baisse du prix des cotons qui en résulta et les pertes subies en conséquence par Liverpool et Manchester, et par les négociants faisant des affaires avec l'Inde. Les nouvelles Compagnies continuaient aussi à absorber le capital sur une plus large échelle peut-être que pendant les premiers mois de l'année. Le tableau suivant montrera par des chiffres l'action des causes qui amenèrent les différentes périodes de gêne monétaire.

CHANGES, PRIX DE L'ARGENT ET TAUX DE L'ESCOMPTE EN 1864.

	LONDRES SUR		New-York sur Londres à 60 jours.	Calcutta sur Londres à 6 mois.	Argent Standerd à Londres par once.	Taux de l'escompte à la Banque d'Angleterre.
	Paris à 3 mois.	Hambourg à 3 mois.				
			p. 100	d.	d.	p. 100.
2 janvier..	25.72 1/2	13.8 1/2	165	26	61 1/2	7
16 —	» .75	» .7 1/2	167	»	62	8
6 février..	» .85	» .8 1/4	172	27	61 3/8	»
20 —	» .80	» .8 1/2	173	26 1/2	61 1/4	7
5 mars...	» .72 1/2	» .8 1/4	174	» 3/8	» 1/2	6
19 —	» .70	» »	176	» 5/8	» »	»
2 avril...	» .57 1/2	» .7 3/4	177	» 3/4	» 3/4	»
16 —	» .50	» .8	181	» 7/8	» 5/8	7
7 mai...	» .90	» .11	192	» 5/8	61	9
21 —	» .75	» .9 3/4	193	»	60 7/8	8
4 juin...	» .67 1/2	» .8 3/4	193 1/2	» 1/8	61 1/4	7
18 —	» .62 1/2	» .9	211	25	» 3/8	6
2 juillet...	» .65	» »	234	24 7/8	» 1/8	»
16 —	» »	» .8 3/4	260	»	» »	»
13 août...	» .75	» .10 1/2	280	» 3/4	61	8
20 —	» .70	» .9 3/4	»	»	» 1/4	9
3 septemb.	» .67 1/2	» .9 1/2	»	25 1/4	» 5/8	9
17 —	» .80	» .10	273	» 3/4	» 3/8	»
7 octobre..	» .82	» »	233	»	60 1/2	»
21 —	» .85	» 1/4	209	» 1/8	» »	»
4 novembre	» .70	» .9 3/4	227	»	» »	»
18 —	» .65	» 1/4	263	»	61	8
8 décembre	» .57	» .8 1/4	240	» 1/2	» 1/2	7
22 —	» .52	» .7 3/4	260	»	» »	6

Nous pouvons lire dans ces colonnes l'histoire financière de l'année dernière, principalement dans la colonne 5, qui donne le taux du change à Calcutta, et dans les colonnes 2 et 3 qui donnent les prix du Paris et du Hambourg. En général, quand le taux du change à Calcutta baissait, les remises de numéraire pour payer le coton diminuaient, et à mesure que le taux de l'escompte s'élevait (colonne 7), les prix du Paris et du Hambourg échappaient à la tendance à la baisse qui pesait sur eux. Le prix de l'argent métal suivait exactement les demandes du marché de Calcutta.

Si nous ajoutons au tableau précédent un autre tableau donnant pour chaque mois les exportations de l'or et de l'argent vers l'Orient, nous verrons à quelle époque de l'année l'écoulement métallique se fit sentir de la manière la plus marquée.

EXPORTATION DE L'OR ET DE L'ARGENT VERS L'ORIENT DES PORTS D'ANGLETERRE.

1864.	Or.	Argent.	Total.
Janvier.	389.000 l. s.	1.118.000 l. s.	1.507.000 l. s.
Février.	198.000	653.000	851.000
Mars.	256.000	775.000	1.031.000
Avril.	298.000	478.000	776.000
Mai.	143.000	255.000	398.000
Juin.	120.000	208.000	328.000
	1.404.000	3.487.000	4.891.000
Juillet.	91.000	275.000	366.000
Août.	100.000	755.000	855.000
Septembre.	86.000	622.000	708.000
Octobre.	17.000	221.000	238.000
Novembre.	122.000	242.000	364.000
Décembre.	192.000	412.000	604.000
	2.012.000	6.014.000	8.026.000

EXPORTATION DE L'OR ET DE L'ARGENT DES PORTS DE LA MÉDITERRANÉE.

	1864.	1863.
De Marseille, par steamers anglais.	7.777.000 l. s.	5.788.000 l. s.
De Gibraltar — —	553.000	1.443.000
De Marseille, par steamers français.	7.770.000	3.837.000
Total.............	16.100.000	10.068.000
Des ports anglais.............	8.217.000	11.386.090
Total général........	24.317.000	21.454.000

20

En ce qui concerne l'influence exercée par la Banque d'Angleterre, l'effet des élévations du taux de l'escompte, surtout aux moments critiques, s'est considérablement accru par suite d'une règle que les directeurs adoptèrent en 1858, en raison de laquelle on cessait toute avance aux *bill-brokers*, excepté aux trimestres, en anticipation du payement des dividendes. Par suite de cette décision, les maisons d'escompte se virent obligées, en 1864, de se créer des ressources pour faire face à leurs affaires en dehors de la Banque d'Angleterre, et celle-ci put en conséquence employer ses fonds à escompter le papier des négociants qui s'adressaient directement à elle. La hausse ou la baisse du taux de l'escompte fixé par la Banque (*bank rate*) se faisait sentir à tout le *money-market* et surtout aux établissements d'escompte. Une autre modification, introduite également vers 1858 dans les usages de *Lombard-street*, donna aussi d'heureux résultats l'an dernier. Avant ce temps, nonseulement les banquiers de Londres, mais même ceux des comtés, avaient la coutume de déposer entre les mains des *bill-brokers* de grandes sommes « *at call*, » c'est-à-dire rigoureusement payables à première demande, mais en fait laissées entre les mains des dépositaires pour un temps indéterminé. Dans ces dernières années, on est convenu que l'argent de ces dépôts ne serait payable qu'à certains termes plus ou moins éloignés, d'après la convenance des parties. Le résultat de ce changement a été de supprimer ou du moins de réduire un élément d'incertitude, et par suite une cause d'erreurs dans les calculs.

En 1864, on a fondé, ou plutôt on a projeté bien plus de nouvelles sociétés encore qu'en 1863, comme le montre le tableau ci-après :

SOCIÉTÉS.	NOMBRE	CAPITAL autorisé.	CAPITAL offert.	VERSEMENTS.
Banques......	19	25.600.000	16.300.000	1.585.000
Sociétés financ.	26	38.150.000	23.550.000	2.213.750
— manufact. et commerciales.	78	38.195.000	29.210.000	3.608.500
Chemins de fer.	10	12.510.000	6.860.000	848.000
Assurances....	11	9.200.000	4.925.000	585.000
Navigation....	21	14.800.000	11.250.000	997.500
Hôtels.......	22	1.990.000	1.950.000	397.700
Mines........	41	4.189.500	3.265.000	775.250
Gaz.........	6	1.280.000	880.000	179.000
Divers.......	48	9.973.000	8.333.000	1.356.100
Total......	282	155.887.500	106.523.000	12.545.800

Comme on le voit, on a lancé, en 1864, 282 compagnies nouvelles, demandant 106 millions sterling de capital et 12 millions et demi de versements immédiats, tandis qu'en 1863, on n'avait compté que 263 compagnies, réclamant 70 millions de capital et 9 millions de versements. En outre, il y eut, en 1864, des extensions d'anciennes compagnies, exigeant 35 millions de capital nouveau et 12 millions de versements et de primes.

Ainsi les anciennes et les nouvelles entreprises demandèrent au public 141 millions de capital et 24 millions de versements. Dans les deux années 1863 et 1864, on a présenté au public anglais des projets impliquant le versement immédiat de 40 millions sterling et des versements subséquents pour au moins 200 millions. Les chiffres qui représentent ce genre d'activité ont été, en 1863 et 1864, deux fois plus élevés que le total de ceux qui se rapportent aux sept années de 1856 à 1862, période pendant laquelle le principe de la responsabilité limitée était déjà en vigueur.

Sans doute, il n'est pas rigoureusement vrai qu'il ait été contracté pour 200 millions d'engagements nouveaux, ni que

40 millions de capital aient été versés pour mettre ces entreprises à flot ; il n'en est pas moins certain que le public anglais
s'est engagé pour des sommes approchant de ces chiffres, el
nul ne contestera qu'il ne faille chercher l'explication de plusieurs des phénomènes du *money-market*, en 1864, dans le
développement excessif d'une nouvelle catégorie de placements.

Le tableau suivant donne quelques chiffres concernant le
commerce du coton durant les six années de 1859 à 1864.

Années.	Importé. mill. st.	Réexporté. mill. st.	Consommé. mill. st.	Prix moyen par livre.
1864.	84.0	22.0	53.0	22 1/2 d.
1863.	59.0	18.6	44.4	20 1/2
1862.	31.6	12.0	27.1	14 1/4
1861.	38.7	7.5	31.4	7 5/8
1860.	34.4	5.1	25.9	5 3/4
1859.	31.0	3.7	25.1	6 1/4

On pourra se faire une idée du commerce avec l'Orient, en
jetant un coup d'œil sur les chiffres ci-dessous :

ANNÉES	IMPORTATIONS.		EXPORTATIONS.		TOTAL.		
	Inde.	Orient.	Inde.	Orient.	march. import.	march. export.	or et argent export.
	m. s.	m. s.	m. s.	m. s.	m. s.	m. s.	m. s.
1861	26	13	17	6	39	23	10
1862	39	17	17	7	56	24	18
1863	53	22	22	11	75	33	23
1864	60	26	22	14	86	36	23

L'exportation annuelle de métal vers l'Orient, a été pendant les cinq années de 1857 à 1861 de 13 1/2 millions sterling, et, en 1863 et 1864, elle s'est élevée à 23 millions. L'expansion du commerce libre est si puissante, que même quand il s'adresse à des contrées très-arriérées, les échanges internationaux tendent à arriver à cet état d'équilibre, où ils constituent un troc de produits contre produits.

Dans ces derniers temps, nous sommes parvenus à combattre les conséquences de nos grandes importations de coton qui nous enlevaient des quantités excessives d'or et d'argent, et il est probable qu'en 1865, nos remises de métal seront beaucoup moindres qu'en 1863-1864, parce que le goût des produits anglais ira en augmentant, et donnera lieu à des échanges aussi réguliers et aussi bien équilibrés que ceux avec la France et l'Amérique.

Sans l'or fourni par la Californie et l'Australie, il est probable que le transfert brusque du commerce du coton de l'Occident à l'Orient aurait produit une convulsion commerciale sans exemple dans l'histoire. Les envois d'or de Melbourne et de San-Francisco sont arrivés aux moments les plus critiques, et nous ont permis de faire face aux demandes de l'Orient, avec une facilité qu'aucune autre ressource n'aurait pu nous procurer.

Tous ces faits montrent l'importance pour le commerce grandissant de ce pays, de posséder un approvisionnement central de numéraire assez grand pour faire face à l'écoulement de quelques millions, sans ébranler notre système de crédit, et sans porter brusquement l'escompte à un taux très-élevé.

Aucune précaution, croyons-nous, ne peut prévenir complétement, et en toutes circonstances, une *pression* monétaire, ou une panique financière, et encore moins les variations du taux de l'intérêt ; mais il est évident qu'un moyen infaillible d'augmenter ces paniques et les gênes financières, est, dans un pays qui a un grand commerce extérieur, d'empêcher la Banque centrale de se procurer et de conserver une réserve suffisante de numéraire.

FIN DES ANNEXES.

TABLE DES MATIÈRES

DEUXIÈME PARTIE.

DES CAUSES DES CRISES ET DES REMÈDES QU'ON Y PROPOSE.

ANNEXES.

FIN DE LA TABLE DES MATIÈRES.

LIBRAIRIE GUILLAUMIN & Cⁱᵉ

Rue Richelieu, 14, à Paris

2ᵐᵉ SUPPLÉMENT AU CATALOGUE GÉNÉRAL [1]

MARS 1875 A MAI 1876

NOUVELLES PUBLICATIONS

ANNUAIRE DE L'ÉCONOMIE POLITIQUE ET DE LA STATISTIQUE, par MM. Guillaumin, Joseph Garnier et Block. — **1875** (32ᵉ année), par M. Maurice Block. 1 vol. in-18. Prix.. **6 fr.**

   La collection, 33 volumes avec la *Table* des vingt-quatre premières années. Prix : 148 fr. 75.

ÉTUDE SUR LES TARIFS DE DOUANES ET SUR LES TRAITÉS DE COMMERCE, par M. Amé, conseiller d'État, directeur général des douanes. 2 vol. gr. in-8. Prix.. **15 fr.**

   « J'ai publié, en 1858, une étude sur les tarifs de douanes. Une seconde édition a paru en 1859..... « En reprenant l'exposé des faits et des théories au point où je l'avais laissé en 1859, je complète mon premier travail de manière à réunir dans un même cadre les origines du système protecteur, ses transformations successives, les résultats de la réforme entreprise il y a quinze ans et les divers incidents diplomatiques ou parlementaires qui y sont rattachés. » (*Préface de l'Auteur.*)

TRAITÉ THÉORIQUE ET PRATIQUE DES OPÉRATIONS DE BANQUE, par M. J.-G. Courcelle-Seneuil. 6ᵉ édition. Prix...................... **8** »

   « La banque n'est pas une routine ; c'est une science. » (Gilbart. *Practical treatise.*)

   Livre Iᵉʳ. Notions générales sur les monnaies, les capitaux et le crédit. — Livre II. Des diverses opérations de banque. — Livre III. Comment se combinent les diverses opérations de banque. — Livre IV. Systèmes divers d'organisation générale des banques. Projets. — Livre V. Maximes et notions pratiques. — Livre VI. Arithmétique des opérations de banque. — Appendice.

ARBITRAGES DE BANQUE, théorie et pratique, par MM. Schmidt et Th. Notthafft. 1 vol. in-18. Prix.. **10 fr.**

   Ce livre est analogue, pour la France, à celui des mêmes auteurs qui a eu un si grand succès en Angleterre. Il est indispensable aux hommes d'affaires, aux banquiers, qui étaient obligés depuis quelques années d'avoir recours aux publications allemandes ou anglaises, lesquelles ne leur donnent pas les formules pour la Bourse de Paris.

CHANGES ET ARBITRAGES. Nouveau traité théorique et pratique, avec usages financiers et systèmes monétaires de tous les pays et monographies des principales places cambistes, par Hubbin Le Fesvre, professeur de sciences commerciales, chef de bureau à l'École supérieure de commerce de Lyon. Cours professé à la Société des employés de banque de Lyon. 1 vol. in-8. Prix.. **10 fr.**

TRAITÉ DE DROIT FRANÇAIS PRIVÉ ET PUBLIC, par M. A. Moullart, professeur de droit et d'économie politique à Amiens. 1 vol. in-8. Prix.......... **10 fr.**

   (Mention très-honorable de l'Académie des sciences morales et politiques.)

   Ce traité présente, du droit français, un tableau aussi complet que j'ai pu le faire dans un cercle restreint. Le droit privé y est mêlé intimement au droit politique. Il m'a semblé qu'on ne devait pas scinder des lois qui nous dirigent dans la vie d'une façon indivisible. De même que la morale et la religion nous commandent d'exercer nos droits et nos devoirs de père et de propriétaire, on ne tardera pas à reconnaître comme un lieu commun qu'elles nous commandent aussi d'exercer les droits et les devoirs de citoyen. (*Introduction de l'Auteur.*)

ÉLÉMENTS DE DROIT FRANÇAIS, considéré dans ses rapports avec le droit naturel et l'économie politique, par M. E. Glasson, professeur agrégé à la Faculté de droit de Paris. 2 vol. in-18. Prix.. **8 fr.**

   (Ouvrage couronné par l'Institut.)

---

1. Publié en février 1874, in-8 de 124 pages. — Voir le 1ᵉʳ supplément, page 5.

CONFÉRENCE INTERNATIONALE DE BRUXELLES SUR LES LOIS ET COUTUMES DE LA GUERRE, par M. CHARLES LUCAS, membre de l'Institut (Académie des sciences morales et politiques). 3ᵉ édition, revue et augmentée. Broch. in-8. Prix 1 50

TABLE GÉNÉRALE ALPHABÉTIQUE ET CHRONOLOGIQUE des séances et travaux de l'Académie des sciences morales et politiques par noms d'auteurs et par ordre de matières, comprenant les 100 volumes des Séances et travaux de l'Académie (1842-1873). Br. in-8 .... 3 50

DE L'ASSISTANCE EN PROVINCE, spécialement de la mendicité et des dépôts de mendicité. — Réponse au Questionnaire officiel, par M. PEAU DE SAINT-MARTIN, juge de paix au 1ᵉʳ canton du Mans. Broch. in-8. Prix .... 3 fr.

CARNET DU VENDEUR, tables de parité indiquant au commerçant le résultat vrai de ses ventes, par M. EUG. BAUDRA. , avec une *Préface*, par M. PAUL COQ. 1 vol. in-12. Prix. 2 fr.

LE PAPIER MONNAIE DANS L'ANTIQUITÉ, par M. A.-N. BERNARDAKIS, membre correspondant de l'académie de Stanislas (Extrait du *Journal des Économistes*, numéro de mars 1874). Broch. in-8. Prix 2 50

LA MONNAIE ET LE DOUBLE ÉTALON, théories et pratiques fausses, principes tirés de l'expérience, — monnaie, valeur, richesse, — solution des questions pendantes, uniformité monétaire, par M. TH. MANNEQUIN, membre de la Société d'économie politique de Paris, ancien membre du Comité international des poids, mesures et monnaies à l'Exposition universelle de 1867. Broch. in-8. Prix 1 50

LA QUESTION MONÉTAIRE. Discussion à la Société d'économie politique belge, le 16 novembre 1873. Broch. in-8. Prix .... 1 fr.

LA QUESTION MONÉTAIRE, par M. AD. LE HARDY DE BEAULIEU, membre de la Chambre des représentants, président de la Société d'Économie politique belge. Brochure in-8. Prix .... 50 c.

COUP D'ŒIL GÉNÉRAL SUR LE CANADA, géographie, statistique, politique, finances, banques, productions, commerce, par M. EDMOND FARRENC (Extrait du *Journal des Économistes*, numéro de septembre 1874). Broch. in-8. Prix .... 1 fr.

RÉUNION DES DÉPUTÉS PARTISANS DE LA LIBERTÉ COMMERCIALE; procès-verbaux des séances.—Première partie, du 8 avril 1871 au 19 janvier 1872 1 vol. in-8. Prix .... 2 fr.

OR ET ARGENT, par M. HENRI CERNUSCHI. Broch. in-8. Prix .... 1 fr.

LES POSTES EN BELGIQUE AVANT LA RÉVOLUTION FRANÇAISE. par M. JULES WAUTERS. Broch. in-8. Prix .... 1 fr.

DE L'AGRICULTURE EN FRANCE. Sa situation, son avenir, conditions de son développement, par M. BOUTAREL. Broch. in-8. Prix .... 1 fr

UNE LEÇON DE DROIT PUBLIC A L'UNIVERSITÉ DE LOUVAIN, par M. ÉMILE DE LAVELEYE, professeur à l'université de Liége (Extrait de la *Revue de Belgique*). Broch. in-8. Prix .... 1 fr.

LES DROITS DE SOUVERAINETÉ DE L'ÉTAT SUR L'ÉGLISE EN BELGIQUE. Étude de droit public, par M. ADOLPHE PRINS, avocat près la cour d'appel de Bruxelles. Broch. in-8. Prix .... 2 fr.

LA DÉTENTION PRÉVENTIVE, par M. HERMANN PERGAMENI (Extrait de la *Revue de Belgique*). Broch. in-8. Prix .... 1 fr.

LE SUFFRAGE POLITIQUE. Observations sur le projet de loi électorale et sur le Raport de M. Batbie, par M. HENRI ROZY, professeur à la faculté de droit de Toulouse. Broch. in-8. Prix 1 50

LE MONOPOLE DES ALLUMETTES CHIMIQUES, par M. VESIN (Extrait du *Journal des Économistes*, numéro de mai 1874). Broch. in-8. Prix .... 1 fr.

ÉTAT DE LA QUESTION DES CAISSES D'ÉPARGNE EN FRANCE (Extrait du *Journal des Économistes*, numéro de juillet 1874). Broch. in-8. Prix .... 1 fr.

L'ÉCOLE PRIMAIRE ET LA CAISSE D'ÉPARGNE. Lettre adressée à un maire de l'arrondissement de Mortain, par M. ARTHUR LEGRAND, maire de Milly, conseiller général et député de la Manche. Broch. in-8. Prix .... 1 fr.

LES CAISSES D'ÉPARGNE SCOLAIRES ET LES PENNY-BANKS, par M. A. DE MALARCE (Extrait du *Journal des Débats*, octobre 1874). Broch. in-8. Prix. 50 c.

DE L'ENSEIGNEMENT ÉCONOMIQUE DANS LES FACULTÉS DE DROIT, par M. J. LEFORT, avocat à la cour d'appel, lauréat de l'Institut (Extrait du *Journal des Économistes*, numéro de février 1874). Broch. in-8. Prix .... 50 c.

POLITIQUE NATIONALE. Organisation du suffrage universel, constitution de la société française, par M. A. COURBEBAISE, ingénieur en chef des ponts et chaussées. Br. in-8. Prix .... 50 c.

DU CRÉDIT OUVRIER ET DU DROIT AU TRAVAIL CONSIDÉRÉ DANS SES RAPPORTS AVEC LE CRÉDIT OUVRIER (Extrait du *Journal des Économistes*, numéro de mai 1874). Broch. in-8. Prix .... 50 c.

DE L'ASSOCIATION ENTRE LES TRAVAILLEURS MANUELS, SON PASSÉ, SON AVENIR, par M. HENRI ROZY, professeur à la faculté de droit de Toulouse. Broch. in-8. Prix................................. 1 50

LE BRÉSIL, SA CONSTITUTION POLITIQUE ET ÉCONOMIQUE, par M. H. ROZY. Broch. in-8. Prix................................ 75 c.

RÉSULTATS ÉCONOMIQUES DU PAYEMENT DE LA CONTRIBUTION DE GUERRE EN ALLEMAGNE ET EN FRANCE, par M. LOUIS WOLOWSKI, membre de l'Institut, sénateur. (Extrait du *Journal des Économistes*, numéro de décembre 1874). Broch. in-8. Prix.................................... 1 fr.

ÉLECTEUR ET CONTRIBUABLE. D'un moyen pratique d'équilibrer le budget de l'État, par M. CHARLES MEUNIER, manufacturier, membre du conseil municipal de Paris. Broch. in-8. Prix................................. 1 fr.

DE L'INSTITUTION D'UNE CHAMBRE HAUTE, étude de droit constitutionnel et de législation comparée, par M. H. PASCAUD. Br. in-8. Prix................ 2 fr.

LE PROJET DE LOI ÉLECTORALE ET L'ÉMIGRATION INTÉRIEURE, par M. ACHILLE MERCIER (Extrait du *Journal des Économistes*, numéro de février 1875). Broch. in-8. Prix................................ 50 c.

DES PRIVILÉGES DE DIPLOME ET D'ÉCOLE, par M. COURCELLE-SENEUIL. (Extrait du *Journal des Économistes*, numéro de février 1875). Br. in-8. Prix..... 1 fr.

LA COMMISSION DE CONSTANTINOPLE ET LE NOUVEAU TON-NAGE OFFICIEL pour le canal de Suez, par M. J.-W. MERCHANT (Extrait du *Journal des Économistes*, numéro de décembre 1874). Brochure in-8. Prix .... 50 c.

LES CHEMINS DE FER ESPAGNOLS, leur salut par la fusion en deux grandes compagnies : le Nord de l'Espagne et le Sud de l'Espagne, par M. J. HUARD. Nouvelle édit. Broch. in-8. Prix... 1 fr.

MOVIMENTO COOPERATIVO, O RENDICONTO DELLE BANCHE PO-POLARI TEDESCHE NEL 31 DICEMBRE 1872, di SCHULZE-DELITZSCH, e di 133 banche popolari italiane nel 31 dicembre 1873, e cooperazione, di FRANCESCO VIGANÒ. Broch. grand in-8. Prix.. 5 fr.

PANE LIEBIG, PANE OSCURO, CUCINE ECONOMICHE, cooperazione, pel prof. FRANCESCO VIGANÒ. Broch. in-8. Prix............................ 1 fr.

DELLA EMIGRAZIONE ITALIANA IN AMERICA, COMPARATA ALLE ALTRE EMIGRAZIONI EUROPEE. Studj e proposte, per l'avvocato GIOVANNI FLORENZANO. 1 vol. in-8. Prix.. 7 fr.

Check Out More Titles From HardPress Classics Series In this collection we are offering thousands of classic and hard to find books. This series spans a vast array of subjects — so you are bound to find something of interest to enjoy reading and learning about.

Subjects:
Architecture
Art
Biography & Autobiography
Body, Mind &Spirit
Children & Young Adult
Dramas
Education
Fiction
History
Language Arts & Disciplines
Law
Literary Collections
Music
Poetry
Psychology
Science
…and many more.

Visit us at www.hardpress.net